STADT IN DER GESCHICHTE

Band 26

Stadt in der Geschichte

Veröffentlichungen
des Südwestdeutschen Arbeitskreises
für Stadtgeschichtsforschung

Band 26

Begründet von
Erich Maschke und Jürgen Sydow

Jan Thorbecke Verlag Stuttgart
2000

Stadt und Archäologie

36. Arbeitstagung
1997

Herausgegeben von
Bernhard Kirchgässner und Hans-Peter Becht

Jan Thorbecke Verlag Stuttgart
2000

Die Deutsche Bibliothek – CIP-Einheitsaufnahme

Südwestdeutscher Arbeitskreis für Stadtgeschichtsforschung:
… Arbeitstagung … / Südwestdeutscher Arbeitskreis für Stadtgeschichtsforschung. – Stuttgart: Thorbecke
Früher Schriftenreihe
36. Stadt und Archäologie. – 2000

Stadt und Archäologie / Hrsg.: Bernhard Kirchgässner und Hans-Peter Becht. Stuttgart: Thorbecke, 2000
(… Arbeitstagung … / Südwestdeutscher Arbeitskreis für Stadtgeschichtsforschung; 36)
(Stadt in der Geschichte; Bd. 26)
ISBN 3-7995-6426-8

Dieses Buch ist aus alterungsbeständigem Papier nach DIN-ISO 9706 hergestellt.

Gesamtherstellung: Jan Thorbecke Verlag, Stuttgart
Printed in Germany · ISBN 3-7995-6426-8

Inhaltsübersicht

Vorwort

Die Ergebnisse der modernen Archäologie haben so manche vertraute These historischer Forschung aus früheren Zeiten in Frage gestellt, wenn nicht sogar deutlich korrigiert. Die Ergebnisse im Freiburger Raum sind hierfür ein sprechendes Beispiel, so daß der Südwestdeutsche Arbeitskreis für Stadtgeschichtsforschung die Anregung gerne aufgegriffen hat, seine 36. Jahrestagung in Freiburg abzuhalten und dem Thema »Stadt und Archäologie« zu widmen.

Wir sind den Referenten wie auch den an der Diskussion lebhaft teilnehmenden Tagungsbesuchern zu aufrichtigem Dank verpflichtet, daß sie sich dieses Themas in so eingehender Weise angenommen haben. Selbstverständlich ist sich der Südwestdeutsche Arbeitskreis bewußt, daß diese Tagung – wie jede der vorangegangenen – nur paradigmatisch Themen aufgreifen konnte, die der Forschung Anregung zu weiterer Arbeit geben wollen. Insgesamt hat aber diese Arbeitstagung mit den weitgespannten Themen vom Hochmittelalter bis in die Neuzeit hinein eine Fülle bedenkenswerter Anregungen erbracht.

Dank schuldet der Arbeitskreis aber auch der gastgebenden Stadt und allen ihren Institutionen; für sie alle sei hier stellvertretend Stadtarchivdirektor Dr. Hans Schadek mit seinen Mitarbeitern genannt. Die städtischen Dienststellen wie der Stadtrat haben von den ersten Verhandlungen an ihre Hilfe zur Verfügung gestellt und so zu dem Ergebnis in umfangreicher Weise beigetragen. Schließlich darf der Arbeitskreis dem Ministerium für Wissenschaft und Kunst Baden-Württemberg für seine finanzielle Unterstützung der Drucklegung danken, wie auch all der anderen Stellen gedacht werden soll, deren fortlaufende Förderung unsere Arbeit ermöglicht.

Bernhard Kirchgässner *Hans-Peter Becht*

Archäologie in der Stadt

Zum Dialog der Mittelalterarchäologie mit der südwestdeutschen Stadtgeschichtsforschung[1]

VON MATTHIAS UNTERMANN

Die Bedeutung archäologischer Forschung in den mittelalterlichen Städten ist seit langem unumstritten. Baden-Württemberg hat sich allerdings erst relativ spät, seit den 1980er Jahren, mit anderen Regionen in eine Reihe gestellt, in denen die intensive archäologische Erforschung der mittelalterlichen Stadt schon länger einen Schwerpunkt bildete[2]. 1980–1985 haben auch hier wichtige, von Öffentlichkeit und Fachwelt als sensationell empfundene Funde die Bedeutung stadtarchäologischer Grabungen für die Erforschung der Kultur des hohen und späten Mittelalters überdeutlich gezeigt[3] – das Bürgerspital von Heidelberg, der Fischmarkt in Konstanz, die Stadtburg in Marbach und nicht zuletzt die Latrine des Freiburger Augustinerklosters[4]. Wenig später wurde dann in der Archäologischen Denkmalpflege ei-

1 Der Text des Vortrags wurde für den Druck nur geringfügig überarbeitet sowie mit Quellen- und Literaturnachweisen versehen.

2 Günter P. FEHRING (Hg.), Stadtarchäologie in Deutschland und den Nachbarländern: Ergebnisse, Verluste, Konzeptionen, Bonn 1988 (= Lübecker Schriften z. Archäologie u. Kulturgesch. 14); Helmut JÄGER (Hg.), Stadtkernforschung, Köln/Wien 1987 (= Städteforschung A 27); Heiko STEUER (Hg.), Zur Lebensweise in der Stadt um 1200. Ergebnisse der Mittelalter-Archäologie, Köln 1986 (= Zeitschr. f. Archäologie d. Mittelalters, Beiheft 4); zur Forschungsgeschichte verschiedener Projekte vgl. jetzt auch: Manfred GLÄSER (Hg.), Lübecker Kolloquium zur Stadtarchäologie im Hanseraum I [1995]: Stand, Aufgaben und Perspektiven, Lübeck 1997.

3 Der Beginn öffentlicher und politischer Aufmerksamkeit wird faßbar im Einbeziehen stadtarchäologischer Ergebnisse in die Stuttgarter Ausstellung »Der Keltenfürst von Hochdorf, Methoden und Ergebnisse der Landesarchäologie«, 14. August bis 13. Oktober 1985, Abteilung »Die mittelalterliche Stadt – ein Forschungsfeld der Archäologie. Ausgrabungen erschließen Leben und Alltag im Mittelalter«, mit Beiträgen von Judith OEXLE und Peter SCHMIDT-THOMÉ zu Konstanz und Freiburg (Ausstellungskatalog: Stuttgart 1985, hier: S. 449–507 mit Abb. 687–773).

4 Hartmut SCHÄFER, in: Marbach am Neckar, 700 Jahre Stadtrechte 1282–1982. Ausstellungskatalog Marbach 1982, S. 5–25; Gerd BIEGEL (Hg.), Ausgrabungen auf dem Augustinerplatz; Die kleine Ausstellung 1, Freiburg 1983; Judith OEXLE, Scherben sind Geschichte. Alte und neue Funde zur Konstanzer Stadtarchäologie, Begleitheft zur Ausstellung, Konstanz 1984; Michael SCHMAEDECKE u. a., Mittelalterliche und neuzeitliche Glasfunde aus Breisach am Rhein. Ausstellungskatalog Freiburg 1985; Die Burg Bietigheim. Beiheft zur Ausstellung Bietigheim 1985, Bietigheim 1985 (= Blätter zur Stadtgeschichte 3). Vgl. außerdem: [Beate SCHMID], Zwei Städte zwei Geschichten. Archäologie in Biberach und Mengen. Ausstellung Biberach/Mengen 1990 (mit Führungsblatt), Dietrich LUTZ (Red.), Vor dem großen

ne Epoche der Stadtarchäologie[5] eingeläutet. »Unter dem Pflaster liegt Geschichte«, hieß eine programmatische Broschüre der Landesregierung von Baden-Württemberg[6].

Archäologische Ausgrabungen auf innerstädtischen Bauplätzen gehören heute zur Routine denkmalpflegerischer Arbeit. Funde aus solchen Grabungen haben große und kleine Ausstellungen geprägt und auch die Mittelalter-Abteilungen mancher Museen grundlegend verändert; sie waren nicht zuletzt ein Anlaß für die Gründung der Außenstelle des Archäologischen Landesmuseums in Konstanz[7].

Bei genauem Hinsehen ist allerdings der wissenschaftliche Stellenwert von Archäologie in der Stadt, fast 15 Jahre nach dem Beginn großangelegter Stadtgrabungen, außerhalb der Mittelalterarchäologie selbst noch schwer zu fassen. Gerade für die Historiker erscheint der unmittelbare Wissenszuwachs durch archäologische Grabungen in den Städten angesichts ihrer hohen Erwartungen noch vielfach marginal – deutlich wird dies meines Erachtens, wenn moderne Stadtgeschichtspublikationen auch in Städten mit aktiver Stadtarchäologie deren Ergebnisse nur in geringem Umfang einbeziehen[8]. Nur selten werden archäologische Quellen und Beweisführungen in historische Argumentationen integriert. Der von beiden Partnern seit langem gesuchte Dialog[9] kommt nicht so recht voran.

Brand. Archäologie zu Füßen des Heidelberger Schlosses. Ausstellungskatalog Heidelberg, Stuttgart 1992; Von Gizelingen zum Ulmer Tor. Spurensuche im mittelalterlichen Geislingen, Begleitheft zur Ausstellung, Geislingen 1993.

5 Der andernorts oft benutzte Begriff »Stadtkernarchäologie« hat zu wenig hilfreichen methodischen Diskussionen Anlaß gegeben und wurde von der baden-württembergischen Mittelalterarchäologie nicht aufgegriffen.

6 Unter dem Pflaster liegt Geschichte. Stadtarchäologie in Baden-Württemberg, Stuttgart 1989.

7 Dieter Planck (Hg.), Archäologie in Baden-Württemberg. Das Archäologische Landesmuseum, Außenstelle Konstanz, Stuttgart 1994.

8 Vgl. Antjekathrin Grassmann, Lübeckische Geschichte, Lübeck 1988; Helmut Maurer, Geschichte der Stadt Konstanz I: Konstanz im Mittelalter, 1, Konstanz 1989. Ausdrücklich einbezogen wurden archäologische Forschungen in Freiburg i. Br.: Heiko Haumann, Hans Schadek (Hg.), Geschichte der Stadt Freiburg, 1, Stuttgart 1996, darin: Matthias Untermann, Archäologische Befunde zur Frühgeschichte der Stadt, S. 88–119. Hervorzuheben ist auch: Geschichte des Kantons Zürich 1: Frühzeit bis Spätmittelalter, Zürich 1995.

9 Von seiten der Geschichtswissenschaft bleibt die Würdigung des archäologischen Beitrags oft merkwürdig unscharf und betrifft nur selten die Frage nach der »hochmittelalterlichen« Stadt: vgl. z. B. Herbert Lorenz, Die Archäologie. Der unbekanntere Weg ins Mittelalter, in: Ferdinand Seibt u. a. (Hg.), Vergessene Zeiten. Mittelalter im Ruhrgebiet, 2, Essen 1990, S. 270–273; Werner Rösener, Archäologie und Geschichtswissenschaft: Erwartungen der Mediävistik von der Archäologie des Mittelalters, in: Jürg Tauber (Hg.), Methoden und Perspektiven der Archäologie des Mittelalters. Kolloquium Liestal 1989, Liestal 1991 (= Archäologie u. Museum 20), S. 101–111; Heinz Stoob, Stadtgeschichte und Archäologie. Gedanken zur Standortbestimmung (Vortragsresumé), in: Fehring (wie Anm. 2), S. 15–16. Insgesamt wird die Debatte eher von der Archäologie getragen: Heiko Steuer, Der Beitrag der Archäologie zur Stadtgeschichtsforschung, in: Fritz Mayrhofer (Hg.), Stadtgeschichtsforschung. Aspekte, Tendenzen, Perspektiven [Kolloquium Linz 1990], Linz 1993 (= Beiträge z. Gesch. d. Städte

Dafür gibt es auf seiten der Archäologie verschiedene Gründe. Hochgesteckte historische und mittelalterarchäologische Fragestellungen zu Beginn solcher Ausgrabungen münden kaum jemals in rasch greifbare, neue Erkenntnisse. Betrachtet man die Anzahl abschließender, monographischer Publikationen zu archäologischen Stadtgrabungen in den letzten zehn Jahren, so sind diese in Baden-Württemberg, trotz höchster Grabungsintensität, fast an einer Hand abzuzählen[10] – dieses Faktum wird sich auch in den kommenden Jahren nicht grundlegend ändern. Hier wird nicht etwa mangelnder Fleiß der beteiligten Archäologen sichtbar, sondern es zeigen sich grundsätzliche Probleme der Materialfülle und -präsentation. Ebenso wie bei der Mehrzahl spätmittelalterlicher Urkunden und Akten können einzelne Fundstücke und Strukturen allein durch übergreifende Fragestellungen zum Sprechen gebracht werden.

Allzuoft müssen sich nicht nur Historiker, sondern gerade auch die Archäologen bei jedem Versuch eines Überblicks über stadtarchäologische Ergebnisse auf rasch veröffentlichte, aber vorerst unbewiesene Aussagen der Ausgräber stützen[11] – oder aber mit nur kleinräumig gültigen Daten argumentieren, die am eigenen Ort

Mitteleuropas 12), S. 173–196; Barbara SCHOLKMANN, Der Beitrag der Archäologie zur Erforschung der Stadt der Stauferzeit, in: Karl-Heinz RUESS (Red.), Die Stadt der Stauferzeit, Göppingen 1991 (= Schriften z. staufischen Gesch. u. Kunst 11, S. 79–105; DIES., Stadtarchäologie und Stadtgeschichtsforschung: Das Beispiel Sindelfingen, in: Joachim JAHN u. a. (Hg.), Oberdeutsche Städte im Vergleich. Mittelalter und Frühe Neuzeit, Sigmaringendorf 1989 (= Regio. Forschungen z. schwäb. Regionalgesch. 2), 55–73; Herbert JANKUHN, Möglichkeiten und Grenzen archäologischer Stadtkernforschung, in: Wolfgang PINKWART (Hg.), Genetische Ansätze in der Kulturlandschaftsforschung. Festschrift für Helmut Jäger, Würzburg 1983 (= Würzburger geogr. Arbeiten 60), S. 389–403; vgl. zum älteren Gang der Diskussion: Hektor AMMAN, Die Möglichkeiten des Spatens in der mittelalterlichen Städteforschung der Schweiz, in: Zeitschr. f. Schweizer Gesch. 23 (1943), S. 1–28; Rudolf LAUFNER, Jürgen SYDOW, Archäologische Methoden und Quellen zur Stadtkernforschung und ihr Verhältnis zu den historischen Quellen und Methoden. Protokoll der Tagung des Arbeitskreises für Stadtforschung, Hamburg 1959, in: Westfälische Forschungen 13 (1960), S. 181–194.

10 Michael SCHMAEDECKE, Der Breisacher Münsterberg, Stuttgart 1992 (= Forschungen u. Berichte d. Archäologie d. Mittelalters in Baden-Württ. 11); Maureen CARROLL-SPILLECKE, Die Untersuchungen im Hof der Neuen Universität in Heidelberg, Stuttgart 1993 (= Materialhefte z. Archäologie in Baden-Württ. 20); Matthias UNTERMANN u. a., Die Grabungen auf dem ›Harmonie‹-Gelände in Freiburg im Breisgau, Stuttgart 1995 (= Forschungen u. Berichte d. Archäologie d. Mittelalters in Baden-Württ. 19); Andrea BRÄUNING, Um Ulm herum, Stuttgart 1998 (= Forschungen u. Berichte d. Archäologie d. Mittelalters in Baden-Württ. 23). Hinzu kommen einige umfangreiche Fundvorlagen: Christiane SCHNACK, Mittelalterliche Lederfunde aus Konstanz, Stuttgart 1994 (= Materialhefte z. Archäologie in Baden-Württ. 26); Matthias UNTERMANN (Hg.), Die Latrine des Augustinereremiten-Klosters in Freiburg im Breisgau, Stuttgart 1995 (Materialhefte z. Archäologie in Baden-Württ. 31); Ulrich MÜLLER, Holzfunde aus Freiburg/Augustinereremitenkloster und Konstanz, Stuttgart 1996 (= Forschungen u. Berichte d. Archäologie d. Mittelalters in Baden-Württ. 21).

11 Für Baden-Württemberg sind dies vornehmlich die jährlich erscheinenden Vorberichte in: Archäologische Ausgrabungen in Baden-Württ. 1981 ff., Stuttgart 1982 ff.; für Bayern die Vorberichte in: Das archäologische Jahr in Bayern 1980 ff., Stuttgart 1981 ff. – Für Rheinland-Pfalz und andere Regionen ist ein Überblick deutlich schwieriger zu gewinnen.

und im eigenen Team erarbeitet wurden[12]. Beide Einschränkungen gelten in besonderem Maße für den 1992 anläßlich einer Ausstellung mit großem Aufwand erarbeiteten Sammelband »Stadtluft, Bettelmönch und Hirsebrei. Die Stadt um 1300«[13], der bis auf weiteres das Referenzwerk zur südwestdeutschen Stadtarchäologie darstellen wird.

Gründungszeit und Stadtmauerverlauf – die einzigen gemeinsamen Fragestellungen?

Archäologische Forschung in Arealen mittelalterlicher Städte sieht sich, wie fast jeder Bereich der Mittelalterarchäologie, in einem vielschichtigen Umfeld. Das wichtigste Merkmal ist ihre enge Anbindung an Fragestellungen der historischen Stadtforschung. Dort haben sich Interessen und Themen in den letzten Jahrzehnten bekanntlich gewandelt[14]: Im Rückblick oft schlicht erscheinende topographische Fragen nach dem Alter und den Entwicklungsringen der Stadt, nach Lage und Bauform der Stadtmauern sind Themen der Wirtschafts- und Sozialgeschichte gewichen; Fragen nach der quellenarmen Frühzeit treten heute vor der Auswertung der in großer Zahl vorhandenen spätmittelalterlichen und neuzeitlichen Archivmaterialien zurück. Es ist kein Zufall, daß die Stadtarchäologie, die auf Grundlage materieller Überreste »Leben und Alltag im Mittelalter« erschließen kann, gerade zu einem Zeitpunkt aufblühte[15], als auch in der deutschen Geschichtswissenschaft die »Alltagsforschung« Einzug hielt.

12 Dies gilt auch für meine eigenen Beiträge zu Freiburg (vgl. Anm. 8–10).

13 Stadtluft, Hirsebrei und Bettelmönch. Die Stadt um 1300, Stuttgart 1992.

14 Hier soll der Hinweis auf die Kolloquien und die Reihenpublikationen des Münsteraner Instituts für vergleichende Städtegeschichte (Städteforschung, A 1 ff., Köln/Wien 1976 ff.) sowie des Südwestdeutschen Arbeitskreises für Stadtgeschichtsforschung (Stadt in der Geschichte 1 ff., Sigmaringen 1977 ff.) genügen.

15 Vgl. Karl-Heinz RUESS (Red.), Alltag in der Stauferzeit. Vorträge der 9. Göppinger Staufertage, Göppingen 1984 (= Schriften z. staufischen Gesch. u. Kunst 10); Die Erforschung von Alltag und Sachkultur des Mittelalters, Wien 1984 (= Veröff. d. Inst. f. mittelalterl. Realienforschung Österreichs 6). Das Thema »Alltag« wurde besonders in Ausstellungen betont: Rosemarie POHL-WEBER (Hg.), Aus dem Alltag der mittelalterlichen Stadt. Handbuch zur Sonderausstellung, Bremen 1982 (= Hefte d. Focke-Museums 62); Alltag zur Sempacherzeit: Innerschweizer Lebensformen und Sachkultur im Spätmittelalter, Luzern 1986; Vivre en Moyen Age. 30 ans d'archéologie médiévale en Alsace, Straßburg 1990 (deutsche Ausgabe u. d. T. Leben im Mittelalter, Speyer 1992); Walter MELZER, Alltagsleben in einer westfälischen Hansestadt, Soest 1995 (= Soester Beiträge z. Archäologie 1). – Der unkritisch-illustrative Einsatz von mittelalterarchäologischen Fundobjekten, der für die »Dynastie-« und »Hofkultur-Ausstellungen« so charakteristisch ist, wurde allerdings auch von »sozialgeschichtlich« orientierten Ausstellungen kaum überwunden: Cord MECKSEPER (Hg.), Stadt im Wandel, 4 Bde., Stuttgart-Bad Cannstatt 1985; Ferdinand SEIBT u. a. (Hg.), Vergessene Zeiten. Mittelalter im Ruhrgebiet, 2 Bde., Essen 1990. Auch die »Sachkulturforschung« des Instituts für mittelalterliche Realienkunde Österreichs nimmt die archäologisch ergrabenen Realien nur am Rande zur Kenntnis; vgl. aus dessen Publikationsreihe den Band 2: Das Leben in der Stadt des Spätmittelalters, Wien 1977 (= Österr. Akad. d. Wiss., phil.-hist. Kl., Sitzungsberichte 325).

Wie in Norddeutschland schon lange, ist auch die südwestdeutsche Archäologie vielfach eingedrungen in Themen der »klassischen« Stadtgeschichte mit ihren festgefügt erscheinenden historischen Methoden und Vorstellungen und ihren althergebrachten Kontroversen zu Stadtgenese und Stadtentwicklung – deren topographische Überlegungen bekanntlich auf Schriftquellen sowie auf Ausdeutungen der sichtbaren Stadtgestalt beruhen[16]. Ein großer Teil des Dialogs zwischen Geschichtswissenschaft und Archäologie wird, realistisch gesehen, noch immer nicht über aktuelle Themen der Wirtschafts- und Sozialgeschichte geführt[17], sondern betrifft weiterhin topographische und chronologische Fragen[18]. Ein Grund für dieses konventionelle Verhalten liegt vielleicht darin, daß beide Parteien, aber auch die Öffentlichkeit von solchen Fragen fasziniert sind; darüber hinaus leuchtet die Beweiskraft materieller Überreste in quellenarmen Frühzeiten besonders ein – und Teile von Stadtbefestigungen sind archäologisch meist ohne größeren finanziellen und wissenschaftlichen Aufwand zu präsentieren. An vielen Orten hat die Archäologie topographische Thesen der älteren Stadtgeschichtsforschung widerlegen können oder aber nachdrücklich bestätigt.

Das Beispiel von Freiburg kann das Wechselspiel beider Disziplinen eindrucksvoll deutlich machen[19]. Die Forschungsgeschichte war hier über lange Zeit hinweg »archäologiefrei«. Man hat Freiburg bekanntlich aufgrund der Marktrechtsurkunde von 1120 zum Musterfall einer Gründung aus »wilder Wurzel« stilisiert; Otto Feger sprach sogar vom »Paukenschlag« in der Entwicklung des Städ-

16 Davon geprägt sind bis heute die »Städteatlanten«, leider auch in Städten mit »aktiver Stadtarchäologie«: vgl. z. B. Heinz STOOB (Hg.), Lübeck, Altenbeken 1984 (= Dt. Städteatlas III 6); Joseph MILZ, Duisburg, Köln ^{2}1985 (= Rhein. Städteatlas IV 21).

17 Hier stehen die Forschungsansätze meist noch unverbunden nebeneinander; zu Konstanz vgl. z. B. Paul BAUR, Testamente und Bürgerschaft. Alltagsleben und Sachkultur im spätmittelalterlichen Konstanz, Sigmaringen 1989 (= Konstanzer Gesch.- u. Rechtsquellen 31). Auch in Lübeck, wo die Zusammenarbeit von Historikern, Archäologen und Bauhistorikern sehr eng war, fällt die Zusammenführung der Forschungsergebnisse schwer: Alfred FALK, Rolf HAMMEL, Archäologische und schriftliche Quellen zur spätmittelalterlich-neuzeitlichen Geschichte der Hansestadt Lübeck. Materialien und Methoden einer archäologisch-historischen Auswertung, Bonn 1987 (= Lübecker Schriften z. Archäologie und Kulturgesch. 10); Häuser und Höfe in Lübeck, 1, Lübeck 1993; kritischer Rückblick: Alfred FALK, Sachkultur, Archäologie und schriftliche Überlieferung, in: Mamoun FANSA (Hg.), Realienforschung und Historische Quellen, Oldenburg 1996 (= Archäologische Mitt. aus Nordwestdt., Beiheft 15), S. 115–126.

18 Judith OEXLE, Helmut MAURER, Der Salmannsweiler Hof und das hospitium des Abtes Frowin, in: Schriften d. Vereins f. Gesch. d. Bodensees u. seiner Umgebung 105 (1987), S. 1–17; Hans SCHADEK, Thomas ZOTZ (Hg.), Freiburg 1091–1120. Neue Forschungen zu den Anfängen der Stadt, Sigmaringen 1995 (= Archäologie u. Gesch. Freiburger Forschungen z. ersten Jahrtausend in Südwestdt. 7). Auch hier fehlt oft noch viel, um die Forschungsergebnisse zusammenzuführen: Frank MEIER, Konstanzer Stadterweiterungen im Mittelalter, Konstanz 1990 (= Konstanzer Dissertationen 277); Helmut MAURER, Konstanz: Die Mauern einer Bischofsstadt im Hochmittelalter, in: Stadt- und Landmauern, 1: Beiträge zum Stand der Forschung, Zürich 1995 (= Veröff. d. Inst. f. Denkmalpflege an der ETH Zürich 15.1), S. 23–29.

19 Zum aktuellen Freiburger Forschungsstand vgl. jeweils HAUMANN/SCHADEK (wie Anm. 8).

tewesens[20]. Die Architekturhistoriker Ernst Hamm und Karl Gruber haben solche Vorstellungen im Grundriß einer »durchgeplanten Stadt« fixieren wollen, den sie weithin unkritisch mit dem heutigen Stadtgrundriß gleichsetzten[21]. Grubers Darstellung (Abb. 1) zeigt gleich große Häuser »gleicher und freier Bürger«: So wie in diesem Bild die sozialen und rechtlichen Unterschiede innerhalb der Bewohnerschaft geleugnet wurden, so blieb die Burg, der Sitz des Stadtherrn, bewußt außerhalb des Blickfelds. Kritik an der Gründungstheorie setzte von allen Seiten ein: Ferdinand Güterbock, Bernhard Schelb und Werner Noack wiesen auf die mögliche Existenz von älteren Siedlungskernen im Freiburger Stadtgebiet hin und erhoben damit Bedenken gegen die angenommene Stadtgründung »auf der grünen Wiese«[22]. Bernhard Diestelkamp hat dann den Stillstand der historischen Forschung mit einem grundlegenden Zweifel an den Vorgängen der Freiburger Marktgründung und Stadtentstehung überwunden[23]. Erst seit den Publikationen von Hagen Keller ist allgemein akzeptiert, daß gerade schriftliche Quellen erkennen lassen (darunter die rekonstruierte Marktrechtsurkunde selbst), daß in Freiburg bereits vor 1120 *burgenses* ansässig waren und daß der Markt an einer älteren Siedlung gegründet wurde[24].

Die archäologische Disziplin hat sich an diesen Kontroversen zunächst nicht beteiligt. Im Rückblick lassen sich leicht Fragen formulieren, zu denen Archäologen Wichtiges hätten beitragen können: Wie alt sind die ältesten Siedlungsreste in

20 Georg von BELOW, Die Stadtgründungen im Mittelalter mit besonderem Hinblick auf Freiburg, Freiburg 1922; Otto FEGER, Das älteste Freiburger Stadtrecht im Rahmen der südwestdeutschen Stadtentwicklung, in: Schau-ins-Land 81 (1963), S. 18–31, hier: S. 20.

21 Ernst HAMM, Entstehung und Entwicklung des Altstadtgrundrisses von Freiburg im Breisgau, Diss. TH Karlsruhe 1920; DERS., Die Städtegründungen der Herzöge von Zähringen in Südwestdeutschland, Freiburg 1932 (= Veröff. d. Alemannischen Inst. 1), S. 25–93, Abb. 3; Karl GRUBER, Die Gestalt der deutschen Stadt, München 1952 (2. Aufl. 1976), S. 57–61 mit Abb. 43–61; vgl. bereits DERS., Bilder zur Entwicklungsgeschichte einer deutschen Stadt, Diss. Karlsruhe/München 1914.

22 Ferdinand GÜTERBOCK, Zur Entstehung Freiburgs im Breisgau. In: Zeitschr. für Schweizer Gesch. 22 (1942), S. 185–219, hier: S. 195 ff.; Bernhard SCHELB, Zwei Siedlungen des Frühmittelalters auf dem Boden der Stadt Freiburg, in: Schau-ins-Land 68 (1949), S. 3–22; Werner NOACK, Fragen des Kunsthistorikers an den Historiker im Zusammenhang mit der Vorgeschichte der Freiburger Stadtgründung, in: ebd. 73 (1955), S. 3–17. Später dazu: Wolfgang STÜLPNAGEL, Der Boden Freiburgs vor und nach der Gründung der Stadt, in: ebd. 86 (1965), S. 70–86; Berent SCHWINEKÖPER, Topographische Grundlagen zur Freiburger Stadtgründung, in: Wolfgang MÜLLER (Hg.), Freiburg im Mittelalter, Bühl 1970 (= Veröff. d. Alemannischen Inst. 29), S. 7–23.

23 Bernhard DIESTELKAMP, Gibt es eine Freiburger Gründungsurkunde aus dem Jahre 1120?, Berlin 1973; dazu Hans SCHADEK, Neuere Beiträge zum ältesten Freiburger Stadtrecht, in: ZGO 127 (1979), S. 391–396; Marita BLATTMANN, Die Freiburger Stadtrechte zur Zeit der Zähringer, Würzburg 1991 (= Veröff. aus d. Archiv d. Stadt Freiburg i. Br. 27).

24 Hagen KELLER, Über den Charakter Freiburgs in der Frühzeit der Stadt, in: Helmut MAURER, Hans PATZE (Hg.), Festschrift für Berent Schwineköper zu seinem 70. Geburtstag, Sigmaringen 1982, S. 249–282; DERS., Die Zähringer und die Entwicklung Freiburgs zur Stadt, in: Karl SCHMID (Hg.), Die Zähringer. Eine Tradition und ihre Erforschung, Sigmaringen 1986 (= Veröff. z. Zähringer-Ausstellung 1), S. 17–29.

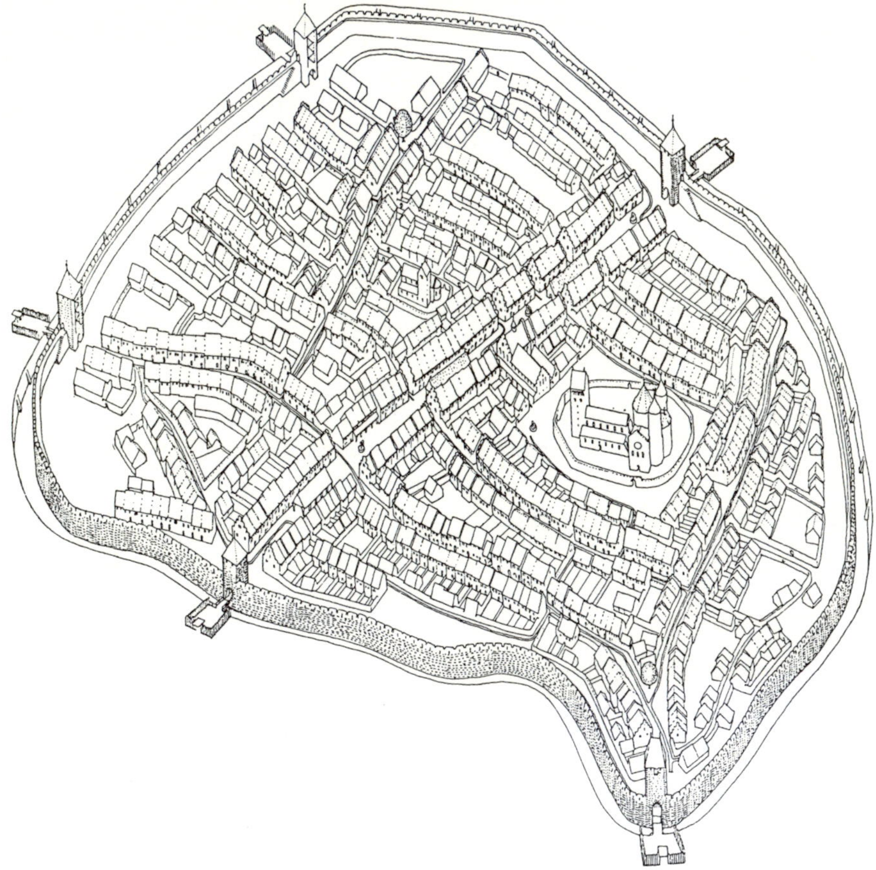

Abb. 1: Idealisierende Darstellung der Stadt Freiburg »um 1200« von Karl Gruber, 1952.

der Freiburger Altstadt? Wo genau liegen die in der Wildbannurkunde von 1008 genannten Orte Wiehre und Adelhausen? Wann wurde die Freiburger Stadtmauer gebaut? Entstammen die Straßen tatsächlich der »Erstanlage« der Siedlung oder wurden die bekannten Baufluchten erst später fixiert? Es gibt zahlreiche Gründe, warum diesen Fragen nicht nachgegangen wurde.

Kirche und Burg, Herrensitz und Siedlung – die Anfänge der baden-württembergischen Mittelalterarchäologie

Archäologie, die Erforschung der im Boden verborgenen Überreste älterer Zeiten als wissenschaftliche Arbeitsweise hat sich in vielen Regionen zunächst nur mit vormittelalterlichen Epochen beschäftigt – dies gilt auch für Baden-Württemberg. In Magdeburg, Lübeck, Hamburg und Frankfurt wurde schon der Wiederaufbau nach dem Zweiten Weltkrieg von archäologischer Forschung begleitet[25]; im Rheinland setzte die fachgerechte Untersuchung des Untergrunds von Kirchen schon in den zwanziger Jahren ein und erlebte nach dem Zweiten Weltkrieg eine Hochblüte[26].

In Baden-Württemberg begann die institutionalisierte »Mittelalterarchäologie« erst 1960 mit der Ausgrabung der Stadtkirche St. Dionysius in Esslingen[27]. Wie im Rheinland galt auch hier in der Folgezeit Kirchenarchäologie als wichtigstes Element jeder Siedlungsarchäologie – sei es in der Stadt oder auf dem Dorf[28]. In der Baugeschichte besonders der Stadtkirchen spiegelt sich, nach dieser These, die gesamte Geschichte der Siedlung wie in einem Brennglas; »profane« Areale kamen lange Zeit nur in Gestalt von dörflichen Wüstungen, Pfalzen und Burgen in den Blick der Forschung[29].

25 Reinhard SCHINDLER, Ausgrabungen in Alt-Hamburg, Hamburg 1957; Ulrich FISCHER, Altstadtgrabung Frankfurt am Main, in: Ausgrabungen in Deutschland, 2, Mainz 1975 (= Röm.-Germ. Zentralmuseum zu Mainz. Monographien 1,2), S. 426–436; Ernst NICKEL, Der Alte Markt in Magdeburg, Berlin 1964; Alfred FALK, Doris MÜHRENBERG, Geschichte der Lübecker Archäologie, Lübeck 1997 (= Archäologische Ges. d. Hansestadt Lübeck, Jahresschrift 1/1996), S. 16–21.

26 Wegweisend: Hans LEHNER, Walter BADER, Baugeschichtliche Untersuchungen am Bonner Münster, in: Bonner Jahrbücher 136/137 (1932), S. 3–216 (auch gesondert erschienen), Überblick zu den Untersuchungen nach 1945: Kirche und Burg in der Archäologie des Rheinlandes, Düsseldorf 1962 (= Kunst u. Altertum am Rhein 8).

27 Günter P. FEHRING, Die Ausgrabungen in der Stadtkirche St. Dionysius zu Esslingen a. N., in: Zeitschr. d. Dt. Vereins f. Kunstwiss. 19 (1965), S. 1–34. Abschlußpublikation: Die Stadtkirche St. Dionysius in Esslingen, 3 Bde., Stuttgart 1995 (= Forschungen u. Berichte z. Archäologie d. Mittelalters in Baden-Württ. 13).

28 Günter P. FEHRING, Arbeiten der Archäologie des Mittelalters in Südwestdeutschland. Rückblick und Ausblick, in: Nachrichtenbl. d. Denkmalpflege in Baden-Württ. 13 (1970), S. 66–69; DERS., Kirche und Burg, Herrensitz und Siedlung. In: ZGO 120 (1972), S. 1–50. Dietrich LUTZ, Die Archäologie des Mittelalters in Baden-Württemberg, Entwicklung und Aufgaben. Mit einer Bibliographie 1945–1975, in: Forschungen u. Berichte d. Archäologie d. Mittelalters in Baden-Württ. 4, Stuttgart 1977, S. 247–307; DERS., Bibliographie zur Archäologie des Mittelalters in Baden-Württemberg 1945–1980, in: Zeitschr. f. Archäologie d. Mittelalters 9 (1981), S. 145–200; Hartmut SCHÄFER, Mittelalterarchäologie in Sakralbauten, in: Dieter PLANCK (Hg.), Archäologie in Württemberg, Stuttgart 1988, S. 413–428.

29 An größeren stadtarchäologischen Projekten ist lediglich die Flächengrabung im »Wurmbergquartier« von Sindelfingen (1968–1973) zu nennen: Barbara SCHOLKMANN, Sindelfingen/Obere Vorstadt, eine Siedlung des hohen und späten Mittelalters, Stuttgart 1978 (= Forschungen u. Berichte d. Archäologie d. Mittelalters in Baden-Württ. 3).

Abb. 2: Idealisierender Hofstättenplan der Stadt Freiburg von Werner Noack, 1939.

In Esslingen wurde die zuvor nur aus Schriftquellen bekannte Frühgeschichte durch die Grabungsergebnisse eindrucksvoll bestätigt: Am Beginn steht die Eigenkirche des alamannischen Herrenhofs. Nach der Übergabe dieser Kirche an Fulrad von Saint-Denis ist der Bau eines kleinen Klosters, einer »cella«, zu erschließen; in der Kirche fanden nun zahlreiche Männer und Knaben ihr Grab – vermutlich Mönche. Die zweite Kirche, in der charakteristischen Baugestalt karolingischer Klosterkirchen, erhielt eine Krypta für die Reliquien des heiligen Vitalis. Der Umwandlung in ein Stift mit Pfarrechten, mit mehreren Bauphasen des 10. bis 12. Jahrhunderts, folgt dann im frühen 13. Jahrhundert der Neubau einer Stadtpfarrkirche – zur gleichen Zeit, als Esslingen auch in der schriftlichen Überlieferung als Stadt im hochmittelalterlichen Sinn faßbar wird.

Esslingen ist bezeichnend für die archäologische und historische Forschungssituation: Trotz intensiver Grabungen in vielen Teilen der Stadt[30] und andauernder historischer Studien sind wesentliche Fragen der Frühgeschichte noch nicht geklärt: Wo befand sich die Siedlung, die zu der frühen Kirche gehörte? Welchen Umfang und welche Gestalt hatte der karolingische Klosterort, in dem immerhin Münzen geprägt wurden? Was passierte in der »dunklen Zeit« zwischen dem späten 9. und dem mittleren 12. Jahrhundert in Esslingen? Sogar für die intensiv diskutierte Frage, wo sich die Pfalz der staufischen Könige in Esslingen befand, sind Antworten nur als Hypothesen möglich[31].

In Freiburg hat erstmals Wolfgang Erdmann 1970 Bauarbeiten im Münster zum Anlaß genommen, die archäologischen Befunde zum Vorgängerbau zusammenzutragen[32]. Für die Stadtgeschichte blieben seine Folgerungen mager: Die ohne fachgerechte Freilegung dokumentierten Mauern erlauben nämlich keine gesicherte Aussage dazu, in welcher genauen zeitlichen Relation der erste Kirchenbau zur Marktgründung von 1120 stand; geklärt ist lediglich, daß das Areal vor dem Bau der romanischen Kirche nicht genutzt war.

Kirchenarchäologie, so muß festgehalten werden, kann zwar Fragen nach dem Alter, vielleicht auch nach dem Rang und nach der Kontinuität einer Siedlung beantworten[33] – die Klärung der Profantopographie bedarf jedoch einer ganz anderen Intensität archäologischer Forschung. Hier in Freiburg hat kürzlich Ralf Burgmaier die langjährigen archäologischen Beobachtungen zur sich wandelnden Gestalt und Nutzung des Münsterplatzes ausgewertet[34].

Die »Stadtsanierungsprogramme« der achtziger und neunziger Jahre haben die archäologische Denkmalpflege vor eine neue Situation gestellt: Großangelegte Neubauten, meist mit ausgedehnten Tiefgaragen versehen, wurden in die Zentren gesetzt, um die Städte wieder zu beleben. Damit verbunden war ein Verlust an historischer Substanz, nicht nur an Bauten, sondern gerade auch an den im Boden erhaltenen Überresten der alten Städte. In Baden-Württemberg wurde dies zur Geburtsstunde der »Stadtarchäologie« – der Beginn der schon erwähnten archäologischen Großprojekte in Heidelberg, Ulm und Konstanz, aber auch weniger spektakulärer Untersuchungen in vielen anderen Städten des Landes, nicht zuletzt in Freiburg.

30 Überblick: Hartmut SCHÄFER, Zur Entwicklung Esslingens im 13. Jahrhundert, in: Rüdiger BECKSMANN (Hg.), Von der Ordnung der Welt. Mittelalterliche Glasmalereien aus Esslinger Kirchen, Esslingen 1997, S. 25–32.

31 Helmut MAURER, Esslingen, in: Thomas ZOTZ (Hg.), Die deutschen Königspfalzen, 3: Baden-Württemberg, Lfg. 1–2, Göttingen 1988/93, S. 95–118; Walter BERNHARDT, Die Pfalz in Esslingen, in: Staufische Pfalzen, Göppingen 1994 (= Schriften z. staufischen Gesch. u. Kunst 14), S. 25–47.

32 Wolfgang ERDMANN, Die Rettungsgrabungen 1969 im Münster Unserer Lieben Frau zu Freiburg, in: Nachrichtenbl. d. Denkmalpflege in Baden-Württ. 13 (1970), S. 1–24.

33 Vorbildlich jetzt: Carola JÄGGI, Hans-Rudolf MEIER, Renata WINDLER, Martin ILLI, Die Stadtkirche St. Laurentius in Winterthur, Zürich/Egg 1993 (= Zürcher Denkmalpflege. Archäologische Monographien 14).

34 Ralf BURGMAIER, Der Freiburger Münsterplatz im Mittelalter – ein archäologisches Mosaik, in: [Freiburger] Münsterblatt 3 (1996), S. 5–21.

Die Entdeckung der zähringerzeitlichen Stadt Freiburg

Vor kaum mehr als fünfzehn Jahren (1981) hatte die Entdeckung eines Kellers aus dem Jahr 1173 durch Peter Schmidt-Thomé und Leo Schmidt erstmals gezeigt, daß in Freiburg noch unerkannte, materielle Überreste der Zähringerzeit existieren[35] – eine Beobachtung, die in den nicht von Krieg und Wiederaufbau zerstörten Teilen der Altstadt inzwischen vielfache Bestätigung fand[36]. Im Jahr 1988 begannen dann großflächige Grabungen in der Altstadt[37], seit 1992 gibt es, entsprechend dem Rückgang der Baukonjunktur, nur noch kleine Untersuchungen. Anlaß für die Grabungen war nicht primär der Wunsch, archäologische Antworten auf alte Fragen der Stadtgeschichtsforschung zu suchen, sondern zunächst nur die denkmalpflegerische Notwendigkeit, auf große Bauprojekte zu reagieren: Archäologische Kulturdenkmäler hoher, wenn auch nicht im Detail benennbarer Qualität und Wertigkeit mußten vor ihrer absehbaren und endgültigen Zerstörung dokumentiert werden. Der Denkmalwert dieser Areale bestätigte sich gerade darin, daß die Ausgrabungen wichtige neue Einblicke zu vielen vergangenen Lebensbereichen und in viele Epochen der Stadtgeschichte eröffneten.

Bedeutsam für die alten Fragen nach der Freiburger Frühzeit erwiesen sich Grabungsergebnisse auf dem Grundstück des traditionsreichen Harmonie-Kinos am Südrand der Altstadt. Die 1990 durchgeführten Grabungen sind bereits abschließend ausgewertet und ausführlich publiziert (Abb. 4–5)[38]. Das untersuchte Baugrundstück war, so kann man sagen, ein unbeschriebenes Blatt der Stadtgeschichte, eine anonyme Parzelle. Lediglich in der badischen Revolution von 1848 spielte dort das Versammlungslokal der progressiven Bürgerlichen Lesegesellschaft eine Rolle – was nach deren Auflösung 1852 zur Neugründung unter dem programmatischen Namen »Harmonie« führte.

Das Areal befand sich weder im Blickfeld der jüngeren Stadtgeschichtsforschung, noch war es von den Zähringerstadt-Forschern Hamm, Gruber und Noack beachtet worden: Auf ihren »Hofstätten-Plänen« erkennt man dort sogar einen »weißen Fleck« (Abb. 1–2)[39]. Bekannt war lediglich, daß am Südrand der Parzelle die Stadtmauer der Altstadt verläuft und dort heute noch die Stützmauer zur tiefer gelegenen, ehemaligen Schneckenvorstadt bildet. Die Grabungsbefunde erwiesen sich deshalb als ganz überraschend: Zutage traten Baustrukturen aus der

35 Leo Schmidt, Peter Schmidt-Thomé, Ein Keller aus der Frühzeit der Stadt Freiburg, in: Denkmalpflege in Baden-Württ. 10 (1981), S. 43–46; Leo Schmidt, Kellerkartierung und Hausforschung in Freiburg i. Br., in: Denkmalpflege in Baden-Württ. 14 (1985), S. 112–122.
36 Zahlreiche Bauten wurden dokumentiert von Immo Beyer vom Städtischen Hochbauamt Freiburg.
37 Vorberichte: Archäologische Ausgrabungen in Baden-Württemberg 1988, Stuttgart 1989, S. 296–298; ebd. 1989, Stuttgart 1990, S. 299–303; ebd. 1990, Stuttgart 1991, S. 243–246; ebd. 1991, Stuttgart 1992, S. 279–283.
38 Untermann, Harmonie (wie Anm. 10).
39 Gruber, Gestalt (wie Anm. 21), S. 60, Abb. 44; Werner Noack, Kunstgeschichtliche Probleme der mittelalterlichen Stadtplanung, in: Oberrheinische Kunst 8 (1939), S. 5–18, hier: Abb. 3.

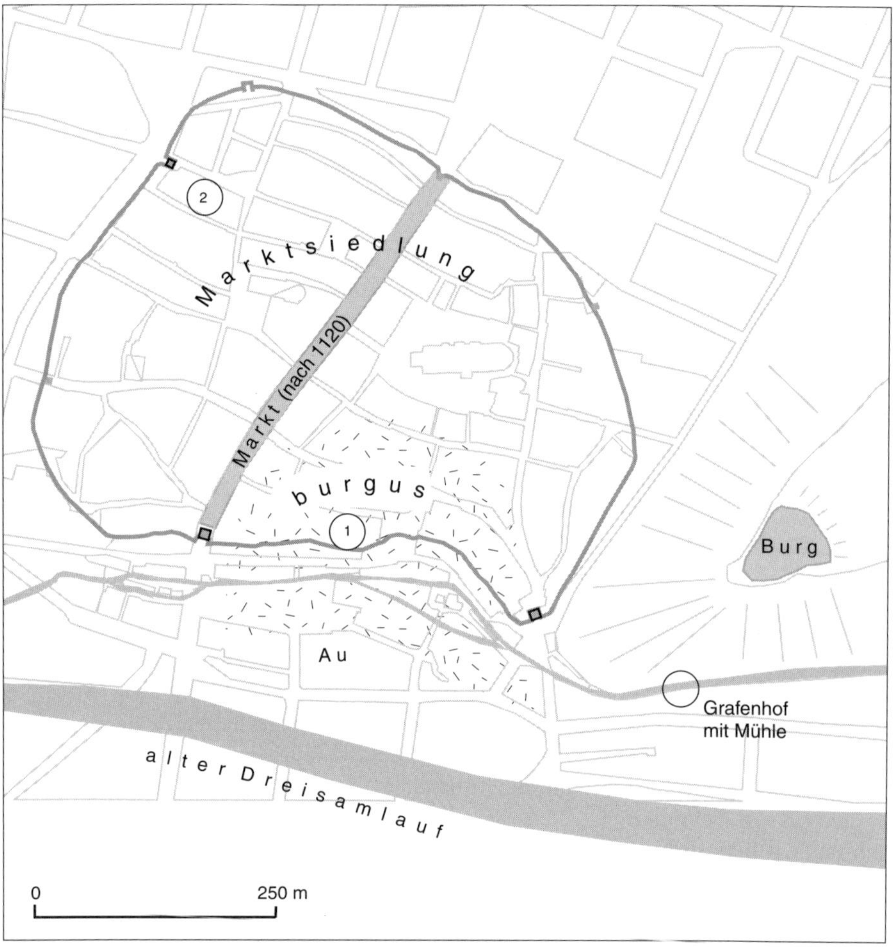

Abb. 3: Freiburg, Plan der Altstadt mit Rekonstruktion des *burgus* und der ältesten Stadtmauer; 1: Grabungsgelände Harmonie (Grünwälderstraße 16–18), 2: Grabungsgelände Gauchstraße/Unterlinden.

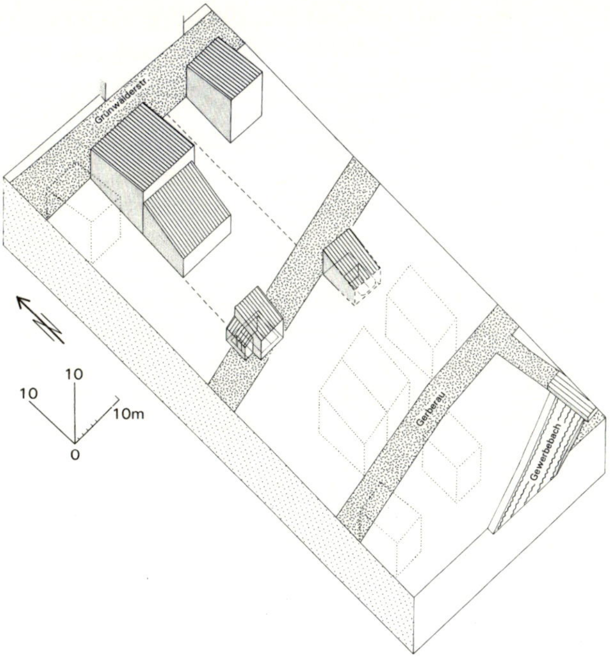

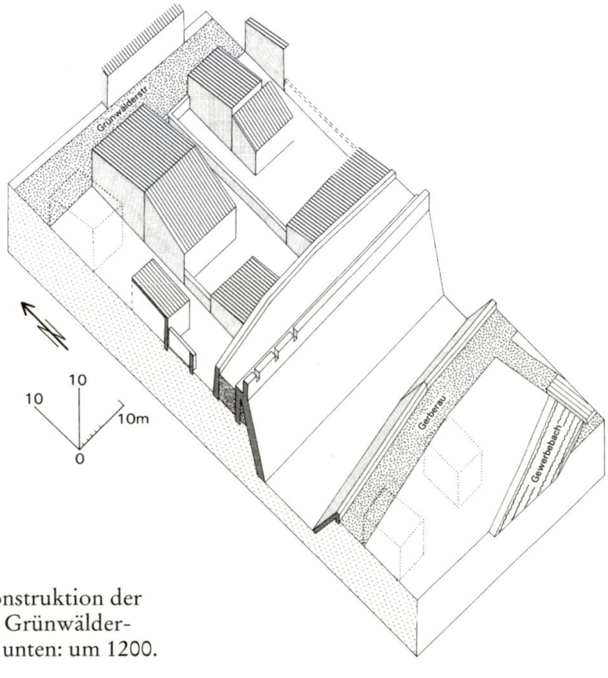

Abb. 4 und 5: Freiburg, Rekonstruktion der Siedlungsstruktur im Bereich Grünwälderstraße 16–18; oben: um 1120, unten: um 1200.

Frühzeit der Stadtgründung, die schon für den Bau der Stadtmauer wieder abgebrochen wurden: ein Holzhaus mit holzausgekleidetem Keller, durch dessen Verfüllung das Fundament der Stadtmauer quer hindurchläuft, sowie ein zweites Holzhaus mit einem steinernen Keller.

Erstmals klar faßbar wurde überdies die eigentümliche Bauform der Freiburger Stadtbefestigung[40]: Sie besteht, wie man schon lange wußte[41], aus einem senkrechten, schwach fundamentierten Mauerabschnitt, dem eine schräge Schürze vorgelegt ist, die von der Grabensohle an schräg aufsteigt und sich oben mit der senkrechten Mauer vereinigt. Hinter dieser Mauer wurde wenig später, aber nach einer frühen Planung, Erde aufgeschüttet: Man hat in Freiburg keinen hölzernen Wehrgang an die Mauer angefügt, sondern einen breiten Wall, einen Rondenweg. Diese Zone hielt wirksam die bürgerliche Bebauung von der Mauer fern und gestattete einen leichten Zugang zu allen Partien. Zum Stadtinneren hin war dieser Rondenweg von einer hohen Stützmauer begrenzt, die meist von Hof- und Gebäudemauern gebildet wurde.

Diese neue Rekonstruktion ist inzwischen bei mehreren Untersuchungen an anderen Stellen bestätigt worden[42]. Stellenweise war der Rondenweg zunächst schmaler angelegt worden, und zwar entsprechend älteren Parzellengrenzen – die Planung der Stadtmauer wurde also, wie kaum anders zu erwarten, während der Bauarbeiten modifiziert. Nur an einer Stelle der Freiburger Altstadt ist diese Rondenweg-Situation heute noch unmittelbar ablesbar. Die Aufschüttung wird dort als Garten genutzt – dies entspricht mittelalterlicher Tradition. Seit dem frühen 16. Jahrhundert hat die Stadt für die private Nutzung dieser sogenannten »Zinnengärten« einen »Zinnenzins« erhoben; die erhaltenen Allmendzinsbücher[43] erlauben die Aussage, daß solche Zinnengärten die Stadtmauer fast im ganzen Umfang der Altstadt begleitet haben – von historischer Seite war der Schluß von diesen Quellen auf die Bauform der Stadtmauer zuvor nicht gezogen worden. Im 18. Jahrhundert in Privatbesitz überführt, fielen die meisten dieser Zinnengärten im 19. und 20. Jahrhundert Hinterhausneubauten zum Opfer[44].

Die Kontaktzone zwischen Stadtumwehrung und Stadt, nämlich die Parzellen unmittelbar hinter der Stadtmauer, erwiesen sich in Freiburg als strukturell beson-

40 Monika Porsche, Die mittelalterliche Stadtbefestigung von Freiburg im Breisgau, Stuttgart 1994 (= Materialhefte z. Archäologie in Baden-Württ. 22).

41 Peter Schmidt-Thomé, Die Stadtbefestigung von Freiburg im Breisgau zum Ende der Zähringerzeit. Neue archäologische Befunde, in: Château Gaillard 14 (1990), S. 375–392; Hans Schadek, Peter Schmidt-Thomé, Die Stadtbefestigung von Freiburg im Breisgau in der Zähringerzeit, in: Karl Schmid (Hg.), Die Zähringer. Schweizer Vorträge und neue Forschungen, Sigmaringen 1990 (= Veröff. z. Zähringer-Ausstellung 3), S. 351–373.

42 Herrenstraße/Auf den Zinnen; Konviktstraße 40–42; Gerberau 27; Oberlinden 2 (Dokumentation im Landesdenkmalamt Baden-Württemberg, Außenstelle Freiburg, Archäologie des Mittelalters).

43 StadtA Freiburg E 1 A IVa 1 ff. Zum »Harmonie«-Areal vgl. Dietrich Hakelberg, Regesten zur Besitzergeschichte der Häuser Grünwälderstraße 14–20 (1400–1800), in: Untermann, Harmonie (wie Anm. 10), S. 219–242, hier: S. 226–230.

44 Untermann, Harmonie (wie Anm. 10), S. 121–130.

ders aussagekräftig. Diese Beobachtung gilt für alle, nicht nur für die südwestdeutschen Städte[45].

Das Freiburger Hofstättenmaß – rehabilitiert?

Besonders bemerkenswert ist es schließlich, daß in der Harmonie-Grabung eine hochmittelalterliche, durch spätere Teilungen verunklärte Parzellengliederung unmittelbar greifbar wurde (Abb. 6)[46]: Zwei hochmittelalterliche Parzellenmauern kamen zutage, eine davon innerhalb der barocken Großparzelle. Die äußeren Parzellengrenzen stammten nachweisbar aus jüngerer Zeit. Die mittlere, vollständig erfaßte Parzelle hatte eine Größe von 16,25 mal 34 Metern, das entspricht in der Breite genau dem oft genannten Freiburger Hofstättenmaß von 50 Fuß, die Länge beträgt wenig mehr als die dort genannten 100 Fuß. Die beiden seitlichen Parzellen weisen, wenn man die nachträglich abgetrennten Nachbargrundstücke hinzurechnet, genau dieselben Maße auf. Auch die heutigen Parzellen Salzstraße 18 und 20 sind 50 Fuß breit, wegen des Abstands der beiden Straßen aber deutlich tiefer als 100 Fuß.

Das Freiburger Hofstättenmaß erscheint nach Marita Blattmann erstmals in der rekonstruierten Stadtrechtsfassung von circa 1152[47]. Die historische Stadtforschung ist völlig davon abgekommen, Maßangaben zu den Hofstätten in den zähringischen Stadtrechten wörtlich zu nehmen – bestenfalls gelten diese Maße als Steuerberechnungs-Grundlage, keinesfalls aber als Beleg für eine tatsächliche, regelhafte Parzellierung und Aufteilung des Stadtareals[48]. Archäologische Beobachtungen in anderen Städten haben zwar frühe, später aufgeteilte Großparzellen erschließen können, nicht aber deren einheitliche Größe[49]. Der archäologische Befund rehabilitiert eine wichtige Erkenntnis der älteren Forschung, die besonders Hans Strahm ausgesprochen hatte[50]: Die Austeilung von städtischen Siedlungsflächen war mit der Vorstellung von einheitlich großen »areae« verbunden – die Größendifferenzen der Freiburger Parzellen sind dabei sicher nicht mit Ungenauigkeiten mittelalterlicher Vermessung zu erklären, sondern mit Pragmatismus: Straßen- und Wegenetz wa-

45 Gabriele ISENBERG, Fragestellungen und Probleme der archäologischen Erforschung mittelalterlicher Stadtbefestigungen, in: DIES., Barbara SCHOLKMANN (Hg.), Die Befestigung der mittelalterlichen Stadt, Köln/Weimar/Wien 1997 (= Städteforschung A 45), S. 27–33, und weitere Beiträge in diesem Band. – Zu Baden-Württemberg vgl. Archäologische Ausgrabungen in Baden-Württemberg 1986, Stuttgart 1987, S. 241–246 (Ravensburg), S. 270–274 (Kirchheim); EBD. 1987, Stuttgart 1988, S. 247–252 (Kirchheim), S. 318–322 (Biberach); EBD. 1988, Stuttgart 1989, S. 298–301 (Mengen); BRÄUNING, Ulm (wie Anm. 10).

46 UNTERMANN, Harmonie (wie Anm. 10), S. 151–153 mit Abb. 170–172 und Beil. 2–4.

47 BLATTMANN, Stadtrechte (wie Anm. 23), S. 40, 177–178, 535, 711.

48 Berent SCHWINEKÖPER, Beobachtungen zum Problem der »Zähringerstädte«, in: Schau-ins-Land 84/85 (1966/67), S. 49–78, hier: S. 65 mit Anm. 21.

49 Überblick: Heiko STEUER, Freiburg und das Bild der Städte um 1100 im Spiegel der Archäologie, in: SCHADEK/ZOTZ (wie Anm. 18), S. 79–123, hier: S. 98–102.

50 Hans STRAHM, Die Area in den Städten, in: Schweizer Beiträge z. allg. Gesch. 3 (1945), S. 22–61.

Abb. 6: Freiburg, Rekonstruktion von Hofstätten (50x100 Fuß) im Bereich Salzstraße/Grünwälderstraße; frühe Steinbauten schwarz, Stadtmauer und Stadtgraben dunkel gerastert.

ren hier wohl schon fixiert. Die Parzellen sollten offenbar nicht dasselbe Flächenmaß erhalten, aber dieselbe Breite an der Straße – eben diese Breite ist ja (als Fassadenbreite) öffentlichkeitswirksam. Die im Harmonie-Areal gewonnenen Aussagen zur frühen Parzellenteilung sind nicht aus frühneuzeitlichen Katasterplänen und schon gar nicht aus schriftlichen Quellen zu erschließen, sondern nur aus detailgenauer archäologischer Dokumentation. Die hohe Besitzmobilität der Grundstücke, die vielfach geteilt und wieder zusammengelegt wurden, ist in Freiburg archäologisch und seit dem 15. Jahrhundert auch in Schriftquellen hervorragend zu fassen. Insofern waren die »archäologiefreien« Ansätze von Ernst Hamm und Werner Noack[51], Freiburgs Hofstätten zu rekonstruieren, aber auch ähnliche Versuche in anderen Städten zum Scheitern verurteilt.

Festzuhalten ist, daß die Parzellierung gleich breiter Hofstätten in Freiburg – und sicher auch andernorts – im 12. Jahrhundert nicht das gesamte Stadtareal umfaßt hat. Die Ausgrabung von acht Parzellen zwischen Gauchstraße und Unterlinden, nahe dem ehemaligen Dominikanerkloster im Nordosten der Altstadt, zeigt deutlich, daß die Parzellen dort anders abgesteckt wurden (Abb. 7)[52]. Im 12. Jahrhundert war das Areal noch lange Zeit unbebaut – die Stadtmauer muß hier grüne Wiese umschlossen haben, modern gesprochen, Bauerwartungsland. Schon vor dem Bau der Häuser sind jedoch die Straßen abgesteckt und mit festgestampftem Kies befestigt worden[53]. Die zuerst umgrenzte Parzelle war ein 50 mal 100 Fuß großes Eckgrundstück an Unterlinden, das bis zur Mittellinie der »insula« reicht. In Stein gebaut wurde jedoch zuerst die Hofmauer der kleinen Parzelle Gauchstraße 21, die zu einem Steinhaus der Zeit um 1200 gehört. Die westlich angrenzenden Parzellen haben bis ins späte Mittelalter hinein hölzerne Hofumgrenzungen behalten. Ihre Bebauungszeit läßt sich durch die Sinkgruben bestimmen, die für die Latrinenanlage jedes einzelnen Hauses gegraben wurden und die jeweils zu den ältesten Baumaßnahmen gehören – alle diese Sinkgruben entstammen der ersten Hälfte des 13. Jahrhunderts. Die Großparzelle im Nordosten ist im 14. Jahrhundert aufgeteilt worden – aber auch die kleinen Grundstücke wurden teilweise in winzige Einheiten von kaum vier Metern Breite gestückelt.

Im Grabungsareal an der Gauchstraße, dies sei noch am Rande erwähnt, werden wichtige Einblicke in die Sozialstruktur der spätmittelalterlichen Stadt möglich, zumal schriftliche Quellen einigen Aufschluß zu Bewohnern und Eigentümern der Häuser bieten. Faßbar sind Befunde zu Parzellennutzung, Handwerk und Nachbarschaftspolitik, aber auch zu einem bemerkenswerten innerstädtischen Wü-

51 HAMM, Entstehung (wie Anm. 21), S. 40–47 und 81–93; NOACK, Probleme (wie Anm. 39), Abb. 3.

52 Matthias UNTERMANN, Archäologische Befunde zur Frühgeschichte der Stadt Freiburg, in: SCHADEK/ZOTZ (wie Anm. 18), S. 195–230, hier: S. 218–222.

53 PORSCHE, Stadtbefestigung (wie Anm. 40), S. 94–106; Matthias UNTERMANN, Archäologische Beobachtungen zu den Freiburger Altstadt-Straßen und zur Entstehung der »Bächle«. In: Zeitschr. d. Breisgau-Gesch.vereins »Schau-ins-Land« 114 (1995), S. 9–26, hier: S. 15–17.

stungsprozeß im 14. und 15. Jahrhundert, zu dem die Archäologie bereits auf mehreren Freiburger Grundstücken wichtige Beobachtungen beitragen kann[54].

Zwischen Erdreich, Statistik und Zirkelschluß – Archäologische Beweisführungen

In zwei schon »klassischen« Forschungsthemen der Freiburger Frühgeschichte erscheint die Archäologie besonders gefordert, nämlich bei den Fragen: Wie alt ist Freiburg wirklich?, und: Wie gründet man eigentlich eine Stadt?

Zur Entstehungszeit einer Stadt können Archäologen solide Aussagen beitragen. Sie stützen sich bekanntlich auf eine Vielzahl von Methoden zur Altersbestimmung von Strukturen und Objekten[55]. Genannt seien hier nur die Stratigraphie, die formale Typologie in Verbindung mit Seriation und statistischen Verfahren, die Dendrochronologie[56] sowie die ^{14}C-Datierung durch Kohlenstoff-Isotope. Alle diese Verfahren haben unterschiedliche Voraussetzungen und eine unterschiedliche »Genauigkeit«: Damit ist vor allem die statistische Genauigkeit gemeint, also die Auswahl und die Spannweite möglicher richtiger Daten. Im günstigsten Fall jahrgenaue Datierungen von Fundstücken und Proben liefern nur wenige Disziplinen, vornehmlich die Numismatik und die Dendrochronologie – ob das datierte Objekt allerdings auch seinen Kontext datiert, ist dann immer noch zu klären: Münzen können erst viele Jahrzehnte nach ihrer Prägung in den Boden geraten, und auch Bauhölzer können viel älter sein als das Gebäude, in dem sie sich befinden.

Die Datierung archäologischer Kontexte ist deshalb ein vielschichtiges Verfahren. Über die systematischen Beschränkungen der einzelnen Datierungsmethoden hinaus muß der Historiker, wenn er mit archäologischen Datierungen arbeitet, noch weitere Probleme in Rechnung stellen.

Die Beschreibung der stratigraphischen Kontexte, der Verhältnisse zwischen den einzelnen Mauern und Erdschichten, geschieht während der Grabung und ist Grundlage aller Schlußfolgerungen[57]. Dies setzt Erfahrung, Kompetenz und nicht zuletzt Kontrolle durch Fachkollegen voraus, zumal gerade im Bereich der Mittel-

54 Matthias UNTERMANN, »Us hüser sol man nit gärten machen«. Städtische Wüstungen, in: HAUMANN/SCHADEK (wie Anm. 8), S. 494–496.
55 Hingewiesen sei auf die kritischen Bemerkungen und die Literaturangaben bei G. Ulrich GROSSMANN, Einführung in die Historische Bauforschung, Darmstadt 1993.
56 Vgl. dazu in diesem Band den Beitrag von M. Neyses.
57 Zum Verfahren: Edward C. HARRIS, Principles of Archaeological Stratigraphy, London 1979. Es ist bezeichnend, daß diese Publikation zwar in mehrere romanische Sprachen, aber nicht ins Deutsche übersetzt ist. Ebenso fehlt eine Standards einfordernde Hinführung zu Grabungstechnik, Auswertung und Publikation, wie sie z. B. Philip BARKER, Techniques of Archaeological Excavation, London 1977 (2. Aufl. 1982), und Andrea CARANDINI, Storie dalla terra. Manuale dello scavo archeologico, Bari 1981, bieten. Die Ausführungen von Egon GERSBACH, Ausgrabung heute, Darmstadt 1989, werden komplexen Befundsituationen, wie sie die Archäologie in Kirchen, Burgen und Städten prägen, nicht gerecht; zur »Bauarchäologie« vgl. GROSSMANN, Einführung (wie Anm. 55).

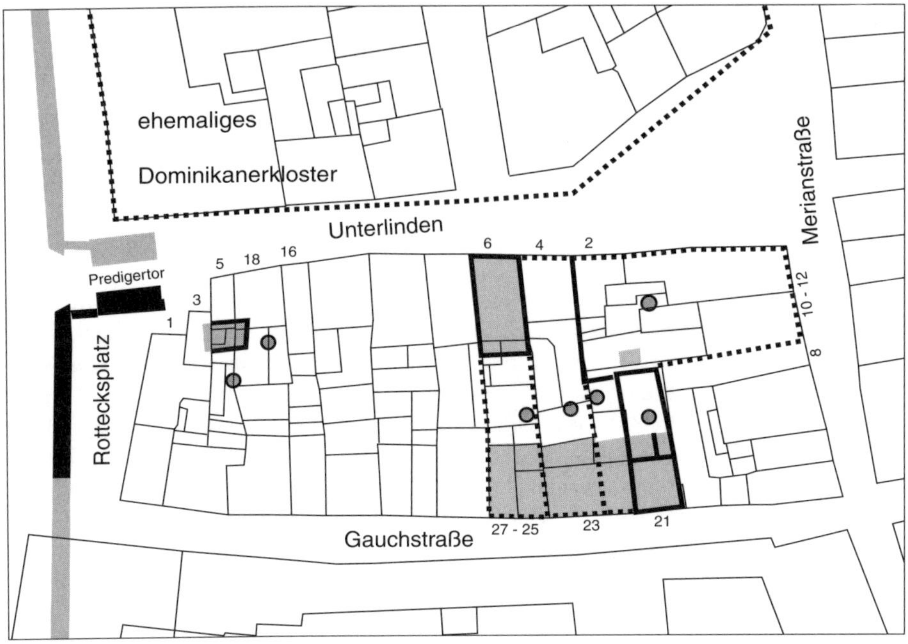

Abb. 7: Freiburg, Grabungsareal Gauchstraße/Unterlinden, mit Eintragung der ältesten Steinbauten und Parzellengrenzen (um 1200/1250).

alterarchäologie vielerorts keine erfahrenen Spezialisten tätig sind und dieses Fach an den Universitäten noch selten vertreten ist. Allzu viele moderne mittelalterarchäologische Publikationen leiden darunter, daß unzureichend ausgebildete und angeleitete Archäologen den stratigraphischen Problemen nicht gewachsen waren, schon vor Ort oder bei der Auswertung, und daß sie dann falsche Abfolgen und Chronologien postulieren[58]. Bei ausführlicher Befundpublikation lassen sich solche Fehler erkennen, wenn auch im Nachhinein nicht unbedingt bereinigen. Der wissenschaftliche Prozeß, den eine sachgerechte Auswertung von Grabungsbefunden in Gang bringt, fällt heute allzu oft einer Illusion zum Opfer, daß mit Kurz- und Vorberichten »das Wesentliche« über eine ausgegrabene Situation schon gesagt sei.

Der im Prinzip richtige Grundsatz, daß der Ausgräber selbst seine Befunde angemessen auswerten und publizieren soll, hat sich schon in der Vergangenheit als nicht praktikabel erwiesen – daraus kann aber nicht folgen, daß Grabungsauswer-

58 Vgl. z. B. die Rezensionen von Uwe Lobbedey, in: Bonner Jahrbb. 194 (1994), S. 731–736, und in: Hess. Jahrb. f. Landesgesch. 45 (1995), S. 380–383; zu Freiburg vgl. die Rezension von Christoph Ph. Matt, in: Zeitschr. d. Breisgau-Gesch.vereins »Schau-ins-Land« 116 (1997), S. 395–398.

tungen eine leicht zu bewältigende Aufgabe für Examenskandidaten und Berufsanfänger sind. Dann ist es nämlich (aus der Sicht eines Landesamtes) nicht immer zu vermeiden, daß richtig dokumentierte Befunde später fehlerhaft interpretiert werden – das ist ebenso unerfreulich wie eine Publikation mit fehlerhaften Lesungen archivalischer Quellen.

Auch eine sachgemäße archäologische Dokumentation hat ihre Eigenheiten, mit denen schon fortgeschrittene Fachstudenten oft schwer zurechtkommen. Dennoch gibt es keine gedruckte Anleitung zum »Lesen« archäologischer Dokumentationen, und auch in der universitären Ausbildung spielt dieses Thema allenfalls am Rand eine Rolle. Als Beispiel sei hier nur das sogenannte »Profil« angeführt, der senkrechte Schnitt durch Mauern und Erdschichten (Abb. 8). Eine solche Schnittzeichnung ist ein hervorragendes didaktisches Element, um ältere und jüngere Horizonte sowie deren Bezug zu Gebäuden darzustellen. Allerdings können Profile, für sich genommen, niemals Beweiskraft haben, auch wenn sie mit aller Sorgfalt vor Ort dokumentiert werden. Gerade in der Stadt zeichnen sich archäologisch relevante Ereignisse in einem solchen Profil oft gar nicht oder sogar in irreführender Weise ab. Zum Beispiel steht dem archäologisch klar faßbaren Anwachsen der Erdschichten ebenso häufig ein Bodenabtrag gegenüber, dem die Befunde mehrerer Siedlungsperioden zum Opfer fallen können. Sachgerechte stadtarchäologische Forschung läßt sich auch deshalb nicht auf die Dokumentation von »Baugrubenwänden« reduzieren, ohne den Anspruch auf Wissenschaftlichkeit aufzugeben. Aussagen zu Bauabfolgen und Strukturwandlungen erlaubt nur die weitest mögliche Kombination aller Beobachtungen und aller Datierungsmethoden, die dem Objekt entsprechend gewichtet werden müssen: Eine sorgfältige, fachgerechte Flächengrabung hat deshalb regelmäßig mehr Gewicht als Dokumentationen unter »Baustellenbedingungen«.

Archäologische Datierungen sind weder objektiv-naturwissenschaftliche Tatsachenaussagen, noch entspringen sie dem Gespür des Kenners, sondern es handelt sich um komplexe geisteswissenschaftliche Hypothesen, deren Prämissen offengelegt werden müssen und die einer nachvollziehbaren Begründung bedürfen. Erfahrungsgemäß neigen Archäologen allzuoft dazu, ihre Datierungen an bekannte Schriftquellen oder an altgediente, eigene wie fremde Hypothesen anzugleichen – wenn sie selbst die Gefahr des Zirkelschlusses nicht sehen, wird der Stadthistoriker besonders kritisch zurückfragen müssen.

Münzen und Bauhölzer – das Alter Freiburgs

Wie beantwortet sich auf diesen Grundlagen die Frage nach dem Alter Freiburgs[59]? Die ältesten in Freiburg gefundenen Münzen entstammen, entsprechend

59 Hierzu bereits UNTERMANN, Befunde (wie Anm. 52), S. 208–212; kritische Anmerkungen zum folgenden von Rolf d'AUJOURD'HUI, in: Zeitschr. f. Archäologie d. Mittelalters 23/24 (1995/96), S. 239–248. Zur dort angesprochenen Frage der Keramikdatierung bleibt die Vorlage ausreichend datierter Basler Funde abzuwarten.

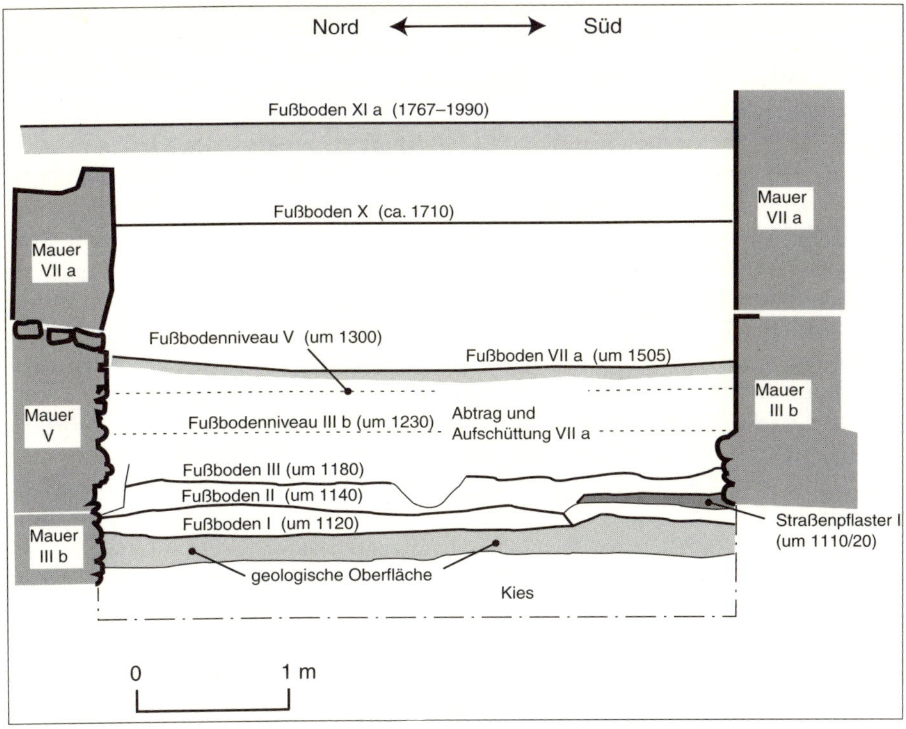

Abb. 8: Freiburg, Salzstraße 20; Querschnitt (Profilzeichnung) im Bereich des Hinterhauses: die Fußböden IIIb und V sind einem späteren Bodeneingrifff zum Opfer gefallen (Abtrag VIIa) und nur aus den Fundamentoberkanten bzw. Putzgrenzen der Mauern zu rekonstruieren.

ihrem Auftreten in Schatzfunden des Ostseeraums, dem ersten Viertel des 12. Jahrhunderts[60]. Die älteste im Freiburger Altstadtgebiet vereinzelt gefundene Keramik ist prähistorisch, stammt vermutlich sogar aus vorrömischer Zeit. Auch römische Scherben kamen in jeder Grabung zum Vorschein; sie sind klein, stark verrollt, jedenfalls keine Indizien für römische Besiedlung des Altstadtgebietes[61]. Die älteste in größeren Mengen gefundene Keramik entstammt erst der Zeit um 1100, sie steht zugleich am Beginn einer dann ungebrochenen Keramikabfolge. Es handelt sich um

60 Ulrich KLEIN, Frühe zähringische Münzen in Ostsee- und Heimatfunden, in: Schweizer. Numismat. Rundschau 74 (1995), S. 75–84. Vgl. dazu jetzt: Michael SCHMAEDECKE, Ein Münzfund des 12. Jahrhunderts aus Müllheim, Kreis Breisgau-Hochschwarzwald, in: Fundberichte aus Baden-Württemberg 22/1, 1998, S. 737–755.
61 Stephan KALTWASSER, Die hochmittelalterliche Keramik der Grabung auf dem »Harmonie«-Gelände in Freiburg, in: UNTERMANN, Harmonie (wie Anm. 10), S. 247–312, hier: S. 279; nach Mitteilung von S. Kaltwasser zeigen die bereits ausgewerteten, aber noch unpublizierten Keramikfunde von den Parzellen an der Gauchstraße und von den Anwesen Salzstraße 20 und Oberlinden 19 dasselbe Bild.

Töpfe und um Ofenkacheln – also um klare Indikatoren einer Siedlung. Die Datierung der Komplexe ist an Nordschweizer Funden gewonnen worden. Die älteren, münzdatierten Keramikformen der Zeit um 1060/70 fehlen in Freiburg ganz, belegt ist hier erst die nachfolgende Keramikgeneration; ihre Datierungsspanne umfaßt die Zeit vom letzten Drittel des 11. Jahrhunderts bis etwa um 1130[62].

Die recht verschiedenartigen Mauerwerke der ältesten Gebäude und der Stadtmauer erlauben keine unabhängige Datierung; im Kontext mit den Bauholzdaten des 12. und 13. Jahrhunderts läßt sich aber eine klare Entwicklung aufzeigen[63], die ebenfalls nicht vor die Zeit um 1100 zurückreicht. Die ältesten in Freiburg angetroffenen Bauhölzer sind dendrochronologisch in das Jahrzehnt nach 1120 datiert und zwar jeweils schon im Kontext mit Steinhäusern[64]. Demgegenüber sind die frühen Holzhäuser, wie sie der Stadtmauer zum Opfer fielen, nicht dendrochronologisch datierbar; ihre Kellerverfüllung enthält Keramik der Zeit um 1140[65].

Auf verschiedenen Freiburger Parzellen sind ^{14}C-Proben genommen worden, sie datieren, nach den Veröffentlichungen des Städtischen Hochbauamts[66], in Zeiträume vom 7. bis 11. Jahrhundert. Insgesamt stößt der Einsatz dieses Verfahrens für die Zeit des Hochmittelalters noch immer auf große Bedenken; die hohe Ungenauigkeit von Einzelproben läßt sich allenfalls durch Serienuntersuchungen (von einer Fundstelle) überwinden[67]. In Freiburg lag die älteste Erdschicht von früher prähistorischer Zeit bis ins 12. Jahrhundert durchgehend offen: Organisches Material konnte über eine überaus lange Zeitspanne hinweg in die dünne Lehmschicht gelangen, die im Altstadtbereich den quartären Schotterkegel bedeckt. Deshalb hätten selbst zuverlässige, frühmittelalterliche Daten nicht mehr Aussagekraft als die verstreuten, bereits angesprochenen, prähistorischen, römischen und frühmittelalterlichen Keramikfunde – auch ein römisches ^{14}C-Datum wäre in Freiburg keineswegs überraschend, da das Stadtgebiet sicherlich zu jeder Zeit begangen und landwirtschaftlich genutzt wurde. Als einziger zuverlässiger und datierender Siedlungsindikator kann in unserer Region eine »größere Menge« von Keramik dienen.

Zusammengenommen ist also die archäologische Aussage zum Alter von Freiburg eindeutig: Die Aufsiedlung des Altstadtareals beginnt frühestens im späten 11. Jahrhundert; nach 1120 wird ein rascher Ausbau mit Steinhäusern faßbar, gleich-

62 Kaltwasser (wie Anm. 61); zu den Ofenkacheln vgl. jetzt Sophie Stelze-Hüglin, Von Kacheln und Öfen, Diss. Freiburg 1998, ms., mit unabhängig gewonnenen, im Ergebnis gleichen Datierungsansätzen.

63 Untermann, Harmonie (wie Anm. 10), S. 134–140.

64 Frank Löbbecke, Das Freiburger Wohnhaus des 13. Jahrhunderts. Ein Haustyp und seine Vorstufen, in: Zeitschr. d. Breisgau-Gesch.vererins »Schau-ins-Land« 116 (1997), S. 127–140.

65 Kaltwasser (wie Anm. 61), S. 268.

66 Immo Beyer, Dokumentationsmappen, Stadt Freiburg im Breisgau, Hochbauamt: Haus Münzgasse 1, 1996; Haus zum Wetzstein, 1996; Haupthaus des Grafenhofs um 1000, 1997; vgl. dazu die oben, Anm. 58, zitierte Rezension von Ch. Ph. Matt.

67 Vgl. z. B. Annamaria Matter, Frühmittelalterliche Gebäude und fünf Mörtelmischwerke des ehemaligen Chorherrenstifts in Embrach (Kanton Zürich), in: Zeitschr. f. schweizer. Archäologie u. Kunstgesch. 51 (1994), S. 45–76, hier: S. 68–69.

zeitig nimmt die Keramikscherbenmenge stark zu. Im Fundmaterial sind an keiner Stelle der Stadt ältere Siedlungskerne erkennbar, auch nicht im Umkreis der oft genannten Martinskirche am Rathaus. Falls man auf der Hypothese älterer Siedlungen des frühen 11. Jahrhunderts oder gar der Karolingerzeit bestehen will, müßte es sich jeweils um Bewohner gehandelt haben, die (im Gegensatz zu allen Bewohnern frühmittelalterlicher Dorf- oder Höhensiedlungen des Breisgaus[68]) keinerlei Keramik oder andere im Boden überdauernde Objekte benutzt hätten – alle diese Hypothesen sind mithin in höchstem Maße unwahrscheinlich.

Archäologisch führt also kein Befund über die von Historikern inzwischen neu beachtete Freiburger Gründungsnachricht der Marbacher Annalen für das Jahr 1091 zurück[69]. Zwischen dem »Gründungsdatum 1091« und der Marktrechtsverleihung 1120 kann die Archäologie allerdings mit ihren Funden nicht unmittelbar differenzieren. Die Frage: »1091 oder 1120?«, gilt aber bekanntlich nicht bloßen Jahreszahlen, sondern den frühen Entwicklungsschritten hin zur hochmittelalterlichen Stadt. Dazu gibt es weitere wichtige archäologische Beobachtungen, die hier stichwortartig zu einer Hypothese zusammengefaßt seien (Abb. 3).

Die Stadtmauer war zu Beginn der Aufsiedlung sicherlich noch nicht geplant – sonst wäre der frühe Abbruch hochmittelalterlicher Bauten kaum zu erklären. Die älteste Besiedlung konzentrierte sich auf der Südseite der Salzstraße, also auf dem Hochufer der Dreisam. In allen anderen Zonen der Stadt fehlt die älteste Keramiksorte der Zeit um 1100, auch die dendrochronologischen Daten setzen dort erst kurz vor 1150 ein. Zur (nicht ausreichend faßbaren) Burg auf dem Schloßberg[70] gehört der von Hans Schadek lokalisierte Grafenhof in der Oberau, der dort der barocken Festung zum Opfer gefallen ist[71]. Die Stadtmauer durchschneidet im Süden ein bereits aufgesiedeltes, bebautes Areal und umschließt im Nordwesten freie Flächen. Ihr Umriß ist klar von der Marktstraße her zu erklären. Diese Marktstraße befindet sich am Westrand der älteren Siedlung, in damals wohl noch nicht bebautem Gelände. Bald nach 1120 werden auf zahlreichen Grundstücken die ältesten Holzhäuser Zug um Zug durch Steinbauten ersetzt – ein Prozeß, der dann im späten 12. Jahrhundert weitgehend abgeschlossen ist.

Ohne jeden Zwang kommen historische Quellendeutung und archäologische Befunde zur Deckung. Überspitzt gesagt, wird ein »1091« gegründeter Burgus un-

68 Vgl. z. B. Ralf LOMMERZHEIM, Die frühmittelalterlichen Siedlungen von Merdingen und Breisach-Hochstetten in Südbaden, Diss. Bonn 1988, ms.; Heiko STEUER, Karolingerzeitliche Funde vom Zähringer Burgberg, Gemeinde Gundelfingen, Kreis Breisgau-Hochschwarzwald, in: Archäologische Ausgrabungen in Baden-Württ. 1986, Stuttgart 1987, S. 186–190.

69 Karl SCHMID, Freiburg 1091?, in: SCHADEK/ZOTZ (wie Anm. 18), S. 125–149.

70 Alfons ZETTLER, Das Freiburger Schloß und die Anfänge der Stadt, in: SCHADEK/ ZOTZ (wie Anm. 18), S. 151–194.

71 Hans SCHADEK, Bürger und Kommune, in: SCHADEK/ZOTZ (wie Anm. 18), S. 231–267, hier: S. 260–267. Andere Lokalisierungsversuche sind damit obsolet. Zur baugeschichtlichen Interpretation der von BEYER, Dokumentationsmappe »Haupthaus« (wie Anm. 66), erneut vorgetragenen Deutung vgl. bereits UNTERMANN, Befunde (wie Anm. 52), Anm. 22 und Abb. 12.

terhalb der Burg nach der Marktgründung 1120 teilweise in die neu geplante, ummauerte Stadt einbezogen. Der Markt respektierte die ältere Siedlung, die Stadtmauer jedoch nicht mehr.

Hier richten sich neue Fragen an die Historiker, die sich wohl nur in Kenntnis der Entwicklung anderer Städte beantworten lassen: Wie muß man eine frühe Siedlungsstruktur verstehen, die gewissermaßen versetzt zur Stadt des 12. bis 14. Jahrhunderts liegt? Was bedeutet es, wenn eine ganze Häuserzeile dem Bau einer Stadtbefestigung geopfert wird und zudem ausgerechnet die Gewerbebetriebe, der Grafenhof und die Grafenmühle außerhalb bleiben? Welche Personengruppen haben die Parzellen innerhalb der Stadtmauer bebaut und genutzt?

Wegebau und Wasserversorgung – Infrastruktur für die Bürger

Am Beginn der planmäßigen Stadtanlage stand der Bau der Stadtmauer und der Straßen[72]. Die Pflasterung öffentlicher Verkehrswege mit festgestampftem Kies war an vielen Stellen der Stadt als jeweils älteste Baumaßnahme zu fassen – vielfach geht der Straßenbau dem genauen Abstecken der Parzellengrenzen voraus. Noch im 12. Jahrhundert hat man auf der ersten Straßenoberfläche eine zweite aufgebracht, im Bereich des Predigertors ist die Straße sogar mehrfach repariert worden. Die frühen Steinhäuser rechnen überall mit einem dieser frühen Straßenniveaus. Es folgt dann eine mächtige Aufschüttung, die alle Erdgeschosse auf der Straßenseite versinken ließ. Das neue Niveau entsprach, wie die neu eingezogenen Decken und die Türen zeigen, dem heutigen Straßenpflaster und blieb in den folgenden Jahrhunderten unverändert. Josef Diel hat schon 1981 diese Aufschüttung der Straßen mit dem Bau der Stadtbäche, der Freiburger »Bächle«, erklärt[73] und inzwischen darin breite Zustimmung gefunden[74].

Nur diese Aufschüttung ermöglichte es, das Bächlewasser am Schwabentor hineinzuführen, ohne weiteren technischen Aufwand in die Straßen zu verteilen und am unteren Ende wieder gesammelt aus der Stadt herauszuleiten. Das System entstammt freilich nicht einem einzigen Bauvorgang – die Grünwälderstraße zum Beispiel ist erst später aufgeschüttet worden und auch die Ableitung in die Vorstadt Neuburg machte erst mit deren Bau im mittleren 13. Jahrhundert einen Sinn. Was war der Grund für dieses Infrastrukturprojekt? Im Freiburger Untergrund steht das Grundwasser ungewöhnlich tief an, etwa bei 15 Metern, und der Schloßberg weist keinerlei Quellen auf[75]. Insofern war das Altstadtareal immer schon siedlungsfeindlich, und es ist leicht erklärlich, warum die 1008 genannten Orte Her-

72 Porsche (wie Anm. 40); Untermann, Altstadt-Straßen (wie Anm. 53).
73 Josef Diel, Die Tiefkeller im Bereich Oberlinden, Freiburg 1981 (= Stadt u. Gesch. 2), S. 42.
74 Zum folgenden: Untermann, Altstadt-Straßen (wie Anm. 53), mit den archäologischen und archivalischen Belegen.
75 Ekke Günther, Stau und Schwankungen des Grundwassers in der Freiburger Bucht und ihre Abhängigkeit vom geologischen Untergrund, in: Decheniana 98 A (1938), H. 1, S. 13–30.

dern, Wiehre und Adelhausen diese Fläche aussparen und selbst an Stellen liegen, die gut mit Wasser versorgt sind. Tiefbrunnen waren in Freiburg nur mit hohem Aufwand zu graben; auf keinem einzigen Privatgrundstück ist bislang ein solcher Brunnen des 12. Jahrhunderts entdeckt worden. Das Alter der wenigen städtischen Grundwasserbrunnen, zum Beispiel an Oberlinden und auf dem Markt, ist nicht bekannt. Die Bächle versorgten alle Straßen mit Wasser – anders als einige Jahrzehnte später in Bern[76] dienten sie nicht zugleich der Abfallentsorgung. Aus dem späten Mittelalter wissen wir, daß erst nach Feierabend Kehricht in die Bächle geworfen werden durfte. 1238 sind die Bächle das erste Mal in Schriftquellen genannt – die Umbauten der Häuser, die auf das neue Straßenniveau reagieren, entstammen einheitlich dem Jahrzehnt zwischen 1170 und 1180 – und zwar an der Herrenstraße und Salzstraße ebenso wie am Markt und an der Turmstraße, also im gesamten Stadtgebiet.

Wie alt die Trinkwasserleitung ist, die zumindest seit dem frühen 14. Jahrhundert die zahlreichen Brunnen der Stadt mit Quellwasser versorgte, ist noch nicht bekannt[77]; der älteste Leitungsplan zeigt den Ausbauzustand im Jahr 1535. Im Vergleich mit anderen südwestdeutschen Städten ist ein Bau der verzweigten Druckwasserleitung spätestens im 13. Jahrhundert erfolgt[78].

Markt, Stadtmauer, Straßen und Wasserversorgung bilden die Hauptelemente einer städtischen Infrastruktur – in Freiburg entstammen sie nicht einer stringenten Planung, sondern mehreren »Ausbaustufen«. Marita Blattmann hatte in ihrer 1991 erschienenen Publikation der Stadtrechte noch zurückhaltend gefolgert, daß die im Marktrecht festgelegte Verwendung eines Drittels vom erbenlosen Nachlaß »ad edificationem loci«, auf eine Stadtmauer zu beziehen sei, wenn die Freiburger Mauer nicht jünger wäre[79] – die archäologische Frühdatierung der Stadtmauer war zur Zeit der Drucklegung gerade noch nicht erarbeitet. Insgesamt ist die Freiburger Infrastruktur, so darf der Archäologe aus den mehrfachen, unübersehbaren Eingriffen in private Rechte erschließen, ein Projekt der Herrschaft, nicht der Kommune – auch hier ergeben sich neue Fragen an die Historiker.

Kleinräumig und in ihrer Kontinuität bedroht – archäologische Forschungsprojekte in der Stadt

Sachlich und methodisch steht archäologische Forschung in der Stadt, wie jetzt schon deutlich sein sollte, vor einem charakteristischen Problem: Sie arbeitet zwar

76 Zu Bern: Vom Lenbrunnen und anderen »nützlichen Wassern«, in: Schulpraxis. Zeitschr. d. Bernischen Lehrerinnen- und Lehrervereins 88 (1998), Heft 4, bes. S. 24.

77 Matthias UNTERMANN, »So vil wassers, alse wir bedurfen«. Brunnen und Wasserleitungen, in: HAUMANN/SCHADEK (wie Anm. 8), S. 496–500.

78 Basel: K. HUBER, Die Basler Waserversorgung von den Anfängen bis heute, in: Basler Zeitschr. f. Gesch. u. Altertumskd. 54 (1955), S. 63–122, hier: S. 75–80; Münster im Breisgau: Matthias UNTERMANN, André BECHTOLD, Die Stadtwüstung Münster im Breisgau, in: Denkmalpflege in Baden-Württ. 26 (1997), S. 73–82, hier: S. 78.

79 BLATTMANN (wie Anm. 23), S. 74, Anm. 196, 335.

sehr intensiv, zugleich aber überaus mosaikartig. Gegraben wird auf Parzellen, die gerade von Umbauten betroffen sind – oft in bestehenden Baustrukturen, was große technische Probleme bereiten kann –, und häufig müssen noch stehende, historische Gebäude in die Untersuchungen einbezogen werden. Selbst in jahrzehntelang archäologisch intensiv erforschten Städten wie Basel, Duisburg oder Lübeck ist die im Boden verborgenene Frühgeschichte allenfalls auf wenigen Prozent der Stadtfläche untersucht. Wenn man jedem Grabungprojekt gerecht werden will – und jede Parzelle hat, wie jede Stadt, ihre eigene Geschichte –, müssen die Schwerpunkte im weiten Feld grundsätzlicher Fragestellungen ständig neu gesetzt werden. Dieser vorhersehbar sprunghafte und mosaikartige Charakter archäologischer Arbeit erschwert sowohl die Formulierung von Fragestellungen wie von Ergebnissen – zumal dann, wenn eine Stadt nicht über Jahre hinweg kontinuierlich archäologisch betreut werden kann. Gerade die kursorische Betreuung von Städten durch ein Landesamt, wie es zum Beispiel in Baden-Württemberg üblich ist, erbringt nur dann relevante Ergebnisse, wenn die zuständigen Wissenschaftler Schwerpunkte bilden (Heidelberg, Esslingen, Freiburg) – und dies bedeutet zugleich, daß man in der Mehrzahl der Städte einer Region auf archäologische Forschung ganz verzichtet.

Projekte wie Lübeck, Duisburg und Konstanz haben gezeigt, daß die intensive archäologische Betreuung einer Stadt (mit Großgrabungen, Beobachtungen von Leitungsgräben und kleineren Baustellen) überregional bedeutende Ergebnisse hervorbringt[80]. Die enge Anbindung an kommunale Gremien, DFG-Sonderforschungsbereiche und einzelne Personen – das zeigen diese Orte ebenso deutlich – führte jeweils zu einer begrenzten Blütezeit der Projekte. Die unvollendete, zeit- und personalintensive Auswertung der dokumentierten Befunde ist an vielen Orten gefährdet, wenn nicht schon gescheitert[81]. Dies kann, denke ich, keine »innere

80 Lübecker Schriften z. Archäologie und Kulturgesch. 1 ff., Bonn 1983 ff.; Günter KRAUSE, Stadtarchäologie in Duisburg 1980–1990, Duisburg 1992 (= Duisburger Forschungen 38); DERS., Archäologische und naturwissenschaftliche Untersuchungen im Bereich der Duisburger Altstadt, in: Germania 72 (1994), 2, S. 529–579. Zu den Konstanzer Befunden fehlen laufende und abschließende Befundpublikationen; vgl. die Vorberichte in: Archäologische Ausgrabungen in Baden-Württemberg 1984, Stuttgart 1985, S. 240–250; EBD. 1985, Stuttgart 1986, S. 228–235; EBD. 1986, Stuttgart 1987, S. 253–267; EBD. 1987, Stuttgart 1988, S. 243–247 und 355–367; EBD. 1988, Stuttgart 1989, S. 276–284; EBD. 1989, Stuttgart 1990, S. 303–312; EBD. 1990, Stuttgart 1991, S. 236–243; EBD. 1991, Stuttgart 1992, S. 265–272; EBD. 1992, Stuttgart 1993, S. 320–335; EBD. 1993, Stuttgart 1994, S. 271–273 und 285- 293; EBD. 1994, Stuttgart 1995, S. 303–311; EBD. 1995, Stuttgart 1996, S. 241–255 und 272–274; EBD. 1996, Stuttgart 1997, S. 223–240; vgl. für die bis 1992 erarbeiteten Ergebnisse besonders auch: Stadtluft (wie Anm. 13), passim. Maßstäbe setzt die kontinuierliche Befundvorlage der Basler Stadtarchäologie: Jahresbericht der Archäologischen Bodenforschung Basel-Stadt, in: Basler Zeitschr. f. Gesch. u. Altertumskd. 65 (1965) bis 87 (1987), seitdem monographisch: Basel 1990 ff.; Materialhefte z. Archäologie in Basel 1 ff., Basel 1985 ff.

81 Günter KRAUSE, Vergangenheit ohne Zukunft, Duisburg 1998; die populäre und (scheinbar) wissenschaftliche Elemente verbindende Vorlage einer ausgedehnten Stadtgrabung durch das neue »Institut für Denkmalpflege« zeigt den – im Rheinland offenbar unwidersprochen bleibenden – Verlust jeder fachlichen Qualität: Anne LEY, Zwischen Beekstraße und Steinscher Gasse, Duisburg 1996 (= Archäologie u. Denkmalpflege in Duisburg 2).

Angelegenheit« der betroffenen Kommunen und Ämter sein. Mittelalterarchäologie und Stadtgeschichtsforschung müssen sich bald entscheiden, ob sie mit ungesicherten Teilergebnissen und provisorischen Vorberichten leben wollen. Der nicht zu Unrecht prophezeiten »archäologischen Wüste« durch innerstädtische Großbauten droht jetzt der Verlust bereits aufwendig geborgener und hochbedeutender Geschichtszeugnisse zu folgen, obwohl sie bereits von archäologischen Institutionen archiviert wurden.

Archäologische Fundmassen – zwischen musealer Präsentation und wirtschaftsgeschichtlicher Auswertung

In Konstanz wurde in den Jahren 1984 bis 1989 ein Teil des sogenannten Salmansweiler Hofs untersucht[82]. Es handelt sich um den Konstanzer Stadthof des Zisterzienserklosters Salem, der südöstlich des Münsterhügels am Ufer des Bodensees entstand. Umfangreiche historische Studien zu diesem Stadthof erfuhren durch die Ausgrabungen wichtige topographische und chronologische Ergänzungen und Korrekturen. Helmut Maurer und Judith Oexle konnten an diesem Beispiel zeigen, daß eine noch so sensible Ausdeutung von Schriftquellen keine zuverlässigen Schlüsse auf Bauabfolgen und topographische Verhältnisse ermöglicht[83].

Eher zufällig wurde bei diesen Grabungen eine mächtige Abfallhalde angeschnitten: Im Spätmittelalter hatte man nämlich im Uferbereich südlich der 1271/72 gebauten Hofmauer Gewerbe- und Haushaltsabfälle aller Art abgekippt. Die Ausgräber haben die bis zu fünf Meter mächtigen Abfallschichten zunächst als Auffüllung zur Erweiterung des Stadtareals in den See hinaus angesprochen[84]. Weitere Grabungen machten allerdings deutlich, daß die Uferzone des Bodensees wiederholt durch Molenbauten strukturiert worden ist, in deren Kontext die seit dem 13. Jahrhundert weit hinausgeschobenen Steinbauten des Salmansweiler Hofs, des Heilig-Geist-Spitals und schließlich des Kaufhauses (»Konzil«) gehören. Man war sich damals durchaus bewußt, daß ein solider Baugrund – und sei es nur für Höfe oder Straßen – über der weichen Seekreide nur mit hohem technischen Aufwand zu erreichen war (Kiesschüttungen auf einem Reisigteppich)[85]. Daneben gab es an manchen Uferbereichen, die später mit privaten Häusern überbaut wurden, umfangreiche Ablagerungen von Haus- und Gewerbemüll. Obwohl das Kaufhaus bereits 1388 weit in den See ausgriff und eine Mauer »im See« schon 1255 existierte[86], endete die Ablagerung der Abfallhalde am Salemer Pfleghof erstaunlicherweise erst im frühen 16. Jahrhundert.

82 Vorberichte von Judith OEXLE u. a.; s. oben, Anm. 80.
83 OEXLE/MAURER (wie Anm. 18).
84 Judith OEXLE, Archäologische Untersuchungen am Konstanzer Fischmarkt, in: Archäologische Ausgrabungen in Baden-Württ. 1984, Stuttgart 1985, S. 244–250, hier: S. 247.
85 Judith OEXLE, Stadtkerngrabungen in Konstanz, in: EBD. 1986, Stuttgart 1987, S. 253–267, hier: S. 253–258.
86 MAURER (wie Anm. 18).

Die meist zerbrochenen, im feuchten Milieu sonst aber hervorragend erhaltenen Objekte aus diesen Abfallschichten bildeten damals den größten und vielgestaltigsten bis dahin in Baden-Württemberg geborgenen Fundkomplex des Mittelalters – es handelt sich zum Beispiel um weit mehr als 17 000 Lederfragmente, davon fast 4000 bestimmbare Reste von Schuhen, fast 4500 bestimmbare Fragmente von Holzgegenständen, 12 000 Scherben von Glasgefäßen, 80 000 Keramikscherben und ungezählte Handwerksabfälle. Ein solcher Fundkomplex ist für Stadtgrabungen typisch, wenn auch nicht unbedingt in dieser Menge. Welchen wissenschaftlichen Erkenntnisgewinn haben die vor zehn Jahren geborgenen Konstanzer Funde für Historiker und Mittelalterarchäologen gebracht?

In Dissertationen oder anderen Forschungsprojekten bearbeitet sind Keramik, Holzobjekte, Knochenwürfel, Metallobjekte und Lederfunde[87]; Studien zum Glas und zu den Abfällen der Knopf- und Perlenproduktion sind noch nicht abgeschlossen[88]. Bei der Durchsicht der monographischen Publikationen drängt sich – überspitzt formuliert – primär ein Eindruck auf: Im spätmittelalterlichen Konstanz gab es alle jene Elemente zeitgenössischer städtischer Kleidung und Haushaltsausstattung, die aus archäologischen Funden in nordeuropäischen Städten bereits bekannt sind, wo Feuchtbodenerhaltung viel üblicher ist[89]. Erkennbar scheint eine europäische Koine in Tracht und Hausinventar. Regional geprägt sind demgegenüber die Keramik und, soweit bekannt, das Glas: Dort wiederum fügen sich die Konstanzer Funde hervorragend in ein südwestdeutsch-nordschweizerisches Spektrum ein; manche zuvor kaum bekannte Formen sind nun besser belegt – eine solche Verdichtung von Nachweisen ist bei der riesigen Fundmenge kaum überraschend.

Auflistungen und Fundverteilungskarten für spätmittelalterliche Objekte scheinen heute allzu oft nur einer Kartierung von Orten mit intensiver archäologischer Grabungstätigkeit und guten Erhaltungsbedingungen zu entsprechen. Zweifellos wird jeweils ein deutliches Stadt-Land-Gefälle im Lebensstandard faßbar – das ist zunächst einleuchtend, aber bei genauer Betrachtung nicht wirklich bestätigt, weil

87 Marina JUNKES, Die spätmittelalterliche Geschirrkeramik der Grabung Konstanz/Fischmarkt, Diss. Kiel 1991, ms.; MÜLLER, Holzfunde (wie Anm. 10); Marianne ERATH, Studien zum mittelalterlichen Knochenschnitzerhandwerk. Die Entwicklung eines spezialisierten Handwerks in Konstanz, Diss. Freiburg 1996, ms.; Monica ALCEMADE, Zur Auswertung der spätmittelalterlichen Metallfunde aus Konstanz. Methode und Stand der Bearbeitung, in: Archäologische Ausgrabungen in Baden-Württ. 1989, Stuttgart 1990, S. 310–312; SCHNACK, Lederfunde (wie Anm. 10).

88 Vorberichte: Andrea SOFFNER, Die Nuppenbecherfragmente des 13. und 14. Jahrhunderts vom Fischmarkt in Konstanz, in: Archäologische Ausgrabungen in Baden-Württ. 1987, Stuttgart 1988, S. 356–359; DIES., Zu den Neufunden von Trinkgläsern des 13. Jahrhunderts aus einer Abfallgrube in Konstanz, Katzgasse 9, in: EBD. 1988, Stuttgart 1990, S. 281–284; T[homas] A. SPITZERS, Late Medieval Bone-Bead Production: Socio-economic Aspects on the Basis of Material from Constance, Germany, in: Guy de BOE, Frans VERHAEGHE (Hg.), Material Culture in Medieval Europa, Papers of the ›Medieval Europe Brugge 1997‹ Conference 7, Zellik 1997, S. 147–154.

89 Als Wegweiser kann dienen: GLÄSER (wie Anm. 2), mit Literaturangaben.

entsprechend intensive archäologische Forschungen und vergleichbare Feuchtbodenerhaltung in Dorfsiedlungen weithin fehlen – nicht nur in Südwestdeutschland[90]. Es scheint noch einiges an gezielter Arbeit zu brauchen, bis wir sagen können, welche Objekte wir *nicht* überall finden.

Aber was lehrt uns die Konstanzer Abfallhalde noch? Um weiterführende Aussagen zur spätmittelalterlichen Stadtwirtschaft formulieren zu können, fehlen der Mittelalterarchäologie, so scheint es, immer noch hilfswissenschaftliche wie methodische Voraussetzungen[91]: Die Handelswege der meisten Objekte sind noch nicht geklärt; ganz problematisch bleiben überdies die Möglichkeiten einer Zuordnung der Funde zu einzelnen Haushalten oder Gewerbebetrieben – sogar wenn Fundkomplexe aus einer einzigen Latrinengrube stammen. Die Entwicklung von Methoden, die quellenkritisch tragfähige und zugleich relevante Aussagen zu städtischem Abfall erlauben würden, steht noch ganz am Anfang.

Die Mittelalterarchäologie ging in den früheren Jahren vornehmlich zwei Wege: Oft versuchte man in traditioneller Weise, ähnlich einer kunsthistorischen Stilgeschichte, eine formale »Entwicklung« der Objekte zu erschließen – nicht mehr mit wenigen, klar beschreibbaren Objekten, sondern mit einer Vielzahl von Gegenständen, die scheinbar kleinste Entwicklungsschritte erkennen lassen. Da steht – oft uneingestanden – die Vorstellung dahinter, daß man mit solcher Typenbildung zu ähnlich feinen Chronologien gelangen kann, wie sie die Klassische Archäologie für Skulpturen oder Vasenmalerei oder die Frühgeschichte für merowingische Grabbeigaben aufgestellt hat. Erhebliche methodische Bedenken gegen dieses Vorgehen werden allzu oft zurückgestellt.

Ein zweiter, auch von Historikern gern gewählter Weg war die intensive Konfrontation ergrabener Objekte mit bildlichen Darstellungen und Quellen des Spätmittelalters und der frühen Neuzeit[92]. Damit kann man einerseits diese Darstellungen »bestätigen«, andererseits eine Datierung und Funktionsansprache der Funde gewinnen. Das führt freilich allzu leicht zu Zirkelschlüssen sowie zu entweder problematischen oder banalen Aussagen über den Realitätsgrad der Darstellungen und über soziale Konnotationen der Objekte[93]. Die historische und volkskundli-

90 Entsprechende Befunde aus dem französischen Alpenraum: Michel COLARDELLE, Les habitats du Lac de Paladru (Isère) dans leur environnement, Paris 1993 (= Documents d'archéologie française 40).

91 Vgl. z. B. die Sektion »Sachkulturforschung und Archäologie der materiellen Kultur« des Tübinger Kolloquiums »Archäologie des Mittelalters und der Neuzeit in Mitteleuropa«, 3.–5. November 1995 (Tagungsbericht und Referate in: Mitt. d. Arbeitsgemeinschaft f. Archäologie des Mittelalters u. d. Neuzeit 8, 1997, S. 23–58) sowie die Beiträge in: BOE/VERHAEGHE (wie Anm. 88).

92 Z. B. Uwe GROSS, Bilder und Sachen, in: Codex Manesse, Heidelberg 1988, S. 68–112.

93 Mamoun FANSA (Hg.), Realienforschung und Historische Quellen, Oldenburg 1996 (= Archäologische Mitt. aus Nordwestdt., Beiheft 15). Gerade archäologische Ausstellungen stellen den »Alltags«-Charakter ihrer Funde oft schlagwortartig in den Vordergrund und überspielen damit die quellenkritischen Probleme; vgl. die oben, Anm. 3 und 15, zitierten Titel.

che Alltagsforschung ist bekanntlich bei der Arbeit mit archäologischen »Realien« inzwischen an Grenzen gelangt, deren Überwindung nach neuen methodischen Ansätzen verlangt.

Gerade in Konstanz wurden wichtige neue Wege gefunden: Bedeutsam sind detaillierte Beobachtungen zur Herstellungstechnik, zur Auswahl des Rohmaterials, zu den Herstellungsschritten und zum Umgang mit fehlerhaften Stücken. Für solche Aussagen ist eine sehr große Zahl untersuchter Objekte unerläßlich, wie sie in Konstanz mit Holz- oder Knochenfunden vorliegen.

Die Drechsler zum Beispiel haben, nach Beobachtungen von Ulrich Müller[94], in Konstanz fast zu gleichen Teilen Buchen- und Ahornholz verwendet, während ihre Kollegen im dänischen Svendborg vornehmlich Erle, im sächsischen Freiberg vornehmlich Ahorn benutzt haben. Spiegelt sich hier ein unterschiedlicher Ausbildungsstand der Handwerker oder lediglich eine unterschiedliche Versorgung mit Rohmaterial entsprechend der naturräumlichen Einbindung der Städte? Bei den Böttchern werden unterschiedliche Handwerkstechniken schon zwischen Konstanz und Freiburg faßbar: Daubenbecher erhalten ihren unteren Bindungsring meist genau in Höhe des inneren Bodenbrettchens. In Freiburg ist die Bindung allerdings häufig nach unten verschoben, in Konstanz hingegen nach oben. Die allzu pauschal publizierten Daten erlauben freilich keine Aussage, ob es sich wiederum um unterschiedliche Arbeitsweisen handelt oder um Differenzen, die auf technischem Fortschritt beruhen oder von unterschiedlichen Gefäßformen bedingt waren. Grundlage der Auswertung müßte auch hier die Stratigraphie der Grabung sein.

Bemerkenswerte Aufschlüsse erlauben auch die bearbeiteten Tierknochen. Konstanzer Würfel-, Knopf- und Perlenproduzenten haben Schlachtabfälle der Metzger verarbeitet. Thomas Spitzers konnte überzeugend zeigen[95], daß an der Weiterverwertung dieser Abfälle wichtige Strukturwandlungen der Stadtwirtschaft faßbar werden: Anfangs wird das Rohmaterial ziemlich planlos, aber intensiv ausgenutzt; man verwendet sogar quer gesägte Knochenscheiben. Später setzen sich vereinheitlichte, schematische Verfahren durch, die zwar viele Knochenteile ungenutzt lassen, aber eine Arbeitsteilung ermöglichen: Hier werden nur noch gerade Knochenteile verwertet. Eine spätmittelalterliche Wirtschaftskrise zeichnet sich dann in einer wieder intensiveren Ausnutzung der Rohmaterialien ab.

Deutlich schwerer zu interpretieren sind die weggeworfenen, halb oder ganz fertiggestellten Würfel, die Marianne Erath bearbeitet hat[96]: Verweist ihre in der Zeitabfolge stark schwankende Anzahl auf einen Wechsel der Herstellungstechnik, bei der man durch raschere Arbeit Zeit sparte, aber mehr Ausschuß produzierte? Werden hier steigende oder sinkende Qualitätsansprüche des Publikums faßbar?

94 Müller (wie Anm. 10), S. 33–96.

95 Spitzers (wie Anm. 88).

96 Erath (wie Anm. 87); Dies., Gute und gezinkte Würfel. Die Entwicklung eines spezialisierten Handwerks in Konstanz, in: Ralph Röber (Hg.), Von Schmieden, Würflern und Schreinern. Städtisches Handwerk im Mittelalter, Almanach 4, Stuttgart 1999, S. 88–99.

Oder zeichnen sich im Abfall die Absatzprobleme der Produzenten aufgrund obrigkeitlicher Verfügungen ab?

Erst durch solche archäologischen Untersuchungen entstehen tragfähige Grundlagen für wirtschafts- und sozialgeschichtliche Forschungen.

Volle Magazine – ausgeräumte Stadtquartiere: Das Dilemma der Mittelalterarchäologie

Fundmengen wie in Konstanz stellten die Mittelalterarchäologie in Denkmalämtern und Universitäten vor früher ungeahnte Probleme. Inzwischen sind solche Massenfunde keineswegs mehr selten. Dies gilt auch für südwestdeutsche Städte, besonders aber für die Städte im deutschen Osten, wo seit einigen Jahren größte innerstädtische Flächen im Vorlauf zu Neubauprojekten westdeutscher Investoren archäologisch entsorgt werden müssen.

Archäologie in der Stadt sieht sich inzwischen in einem mehrfachen Dilemma. Aus feinstratigraphischen Parzellenuntersuchungen wie zum Beispiel in Freiburg stammen jeweils nur relativ geringe, meist klein zerbrochene Fundmengen, die leicht überschaubar sind und deshalb scheinbar klare Aussagen erlauben. Auf sehr großen Grabungen werden (bei gleichbleibenden Ansprüchen) Dimensionen erreicht, bei denen die traditionellen Methoden, Funde einzeln zu beschriften, zu zeichnen und zu beschreiben, an logistische und finanzielle Grenzen stoßen. Nur auf den ersten Blick anders verhält es sich mit den beliebten Latrinenfunden: Sie bieten große Mengen attraktiver Fundstücke, die sich für Ausstellungen eignen und deshalb oft eine rasche, antiquarische Bearbeitung finden – auch solche Objekte sind in ihrem Fundkontext nur mit hohem Aufwand auszuwerten[97].

Die Erschließung von neuen Wegen in die Massenfunde ist inzwischen unausweichlich. Die ausgrabenden Denkmalämter gelangen meist schon mit Inventarisation und fachgerechter Konservierung der Objekte an ihre personellen und finanziellen Grenzen; der bisherige Ausweg wissenschaftlicher Bearbeitung heißt: Viele junge Archäologen bearbeiten viele Funde. Daraus entstehen, im glücklichsten Fall, viele Magisterarbeiten und Dissertationen mit Daten- und Zeichnungsmengen, die kaum jemand noch drucken kann. Nur der kleinste Teil dieser Studien widmet sich technologischen Fragen, die meisten verbleiben in klassisch-formalistischen Wegen. Wächst in den Fundmagazinen und in universitären Examensarbeiten eine Lawine von Objekten und Daten mit weithin austauschbarem Inhalt?

Die Materialfülle der Stadtgrabungen trifft noch nicht auf überzeugende Konzepte für die Publikation und Interpretation solcher Fundmassen. Für die archäologische Denkmalpflege mag man sich fragen, an wievielen Orten Objekte wie Nuppengläser, Holzbecher oder Lederschuhe in Zukunft noch ausgegraben werden

97 Vor dem großen Brand (wie Anm. 4); vgl. Pia KAMBER, Die Latrinen auf dem Areal des Augustinerklosters, Basel 1995 (= Materialhefte z. Archäologie in Basel 10).

müssen, bevor wirklich neue Fragen an solche Funde gestellt werden. Museale Bedürfnisse scheinen gelegentlich schon den wissenschaftlichen Anspruch der Mittelalterarchäologie zu überspielen.

Im Gegensatz zu den Archiven, die eine Datenflut von zeitnahem Material in den Griff bekommen müssen, können die Archäologen ihre Fundmengen bis ins Hochmittelalter zurück noch fast beliebig erweitern. Zunehmend wichtiger wird nicht die Frage: »Wieviele Funde hebe ich auf?«, sondern: »Was grabe ich aus?«

Gefährdet, arbeitsaufwendig zu ergraben und museal deutlich schwerer zu vermarkten sind nämlich die historischen Strukturen selbst. Auch bei sorgfältiger, fachgerechter Freilegung sind sie nur einmal lesbar und können überdies viel schwerer vor nachfolgender Zerstörung bewahrt werden. Der Wissenschaftsbetrieb trägt diese Zerstörung unwidersprochen mit: An der Stelle des Heidelberger Augustinergartens befindet sich jetzt das Tiefmagazin der Universitätsbibliothek; das 1990–1992 ausgegrabene Esslinger Karmeliterkloster ist einem Neubau der Fachhochschule zum Opfer gefallen[98].

Münster – eine für die Landesgeschichte »wiederentdeckte« Stadt

Das Thema »Stadt und Archäologie« läßt sich nicht ohne weiteres von »Archäologie in einem Dorf« trennen: Deutlich macht dies der wichtige »Neufund« einer Stadt in unserer Region. Es handelt sich um die 1995 wiederentdeckte Stadtwüstung Münster im Breisgau, die 20 Kilometer südlich von Freiburg im sogenannten Münstertal liegt[99]. Diese längst zerstörte Stadt Münster war sozusagen ein Phantom. Obwohl nicht wenige Urkunden erhalten und publiziert sind, hatte man trotz intensiver landes- und bergbaugeschichtlicher Forschungen die Existenz dieser ehemaligen Bergbaustadt mehr oder weniger übersehen[100]; nicht einmal die Lokalisierung des Stadtareals innerhalb des Münstertals war ausreichend sicher bekannt.

Stadtwüstungen gehören zu den besonders attraktiven Objekten archäologischer Forschung, da dort normalerweise Strukturen im Boden erhalten blieben, die in lebendigen Städten dem kontinuierlichen Baubetrieb zum Opfer gefallen sind[101]. Im Münstertal sollten auf einer großen grünen Wiese in der Flur »Münster« zwei Häuser gebaut werden. Das Unternehmen des Denkmalamtes, dort zeitaufwendig

98 CAROLL-SPILLECKE (wie Anm. 10); Hartmut SCHÄFER, Das Karmeliterkloster in der Obertorvorstadt in Esslingen, in: Archäologische Ausgrabungen in Baden-Württ. 1991, Stuttgart 1992, S. 250–257; DERS., Befunde »Auf dem Kies«, Grabungen südlich des Karmeliterklosters in Esslingen, in: EBD. 1992, Stuttgart 1993, 339–343.

99 Die Auswertung der Grabungsbefunde wurde 1998 abgeschlossen. Vgl. zum folgenden vorläufig: UNTERMANN/BECHTOLD (wie Anm. 78).

100 Eine positive Ausnahme bildeten die bergbaugeschichtlichen Publikationen von Albrecht Schlageter.

101 Hans Georg STEPHAN, Stadtwüstungen in Mitteleuropa, Ein erster Überblick, in: Guy de BOE, Frans VERHAEGHE (Hg.), Urbanism in Medieval Europe, Papers of the ›Medieval Europe Brugge 1997‹ Conference 1, Zellik 1997, S. 329–360.

und von Hand die Grasnarbe abzunehmen und nach älteren Resten Ausschau zu halten, war durchaus nicht unumstritten. Zutage kam eine bis dahin unbekannte Wasserburg, die sich in den Oberflächenstrukturen nicht abgezeichnet hatte und die zuvor weder auf Luftbildern noch mit geophysikalischen Methoden zu erkennen war. Es handelt sich um einen Steinturm des frühen 13. Jahrhunderts, der sich durch seine Baugestalt und durch seine gehobene Ausstattung als Teil einer Adelsburg ansprechen ließ; zumindest auf zwei Seiten war er von einem Wassergraben umgeben. Im 14. Jahrhundert hatte man den Turm durch Feuersetzen zum Einsturz gebracht.

Die Befunde im Umkreis haben rasch gezeigt, daß diese Burganlage in einen städtischen Kontext gehört: sie steht unmittelbar hinter einer Stadtmauer, die quer durch das Tal verläuft; vermutlich handelt es sich um den Sitz des Stadtherrn. Die Zerstörung der Burg war durchaus nicht gleichbedeutend mit dem Ende der Stadt: Die Besiedlung außerhalb des Burgareals ging deutlich über das 14. Jahrhundert hinaus, der Lebensstandard erlebte im späten 15. und frühen 16. Jahrhundert eine zweite Blüte. Die Existenz der Stadt endete, archäologisch gesprochen, erst um die Wende des 16. zum 17. Jahrhundert – wie wir inzwischen wissen, mit dem Dreißigjährigen Krieg, als Kloster und Stadt im Jahr 1632 gleichermaßen in Flammen aufgingen.

Auch die archäologische Erforschung der Stadt Münster ist überaus mosaikhaft. Von circa zehn Hektar Stadtfläche sind in den letzten zwei Jahren sechs Prozent ergraben worden, das sind immerhin dreizehn Prozent der noch nicht überbauten Flächen.

Zwei typische archäologische Eigenheiten wüstgefallener, von der Oberfläche weitgehend verschwundener Städte wurden auch im Münstertal deutlich: Die Befunde liegen ganz dicht unter der heutigen Oberfläche und sind bis in jüngste Zeit kaum gestört, außerdem sind Elemente mittelalterlicher Infrastruktur erhalten geblieben, die in lebendigen Städten kaum jemals faßbar werden: Hier eine Straße des 13. Jahrhunderts, in deren Unterbau eine frühe Trinkwasserleitung verlegt war, die zu einem Laufbrunnen führte, von dem das überschüssige Wasser wiederum durch einen Abwasserkanal abgeleitet wurde – für die frühe Geschichte der Wasserversorgung ist dies höchst bedeutsam. In den Kontext des spätmittelalterlichen Bergbaus gehört der Abfall eines spätmittelalterlichen Probierlabors, das mit der Ermittlung des Edelmetallgehalts von Erzen und Legierungen beauftragt war – ein höchst bemerkenswerter Fundkomplex.

Bei der Stadt Münster hat sich das traditionelle Verhältnis zwischen Stadtgeschichtsforschung und Archäologie umgekehrt. Erst die Grabungsergebnisse gaben Anlaß, sich von landeshistorischer Seite grundlegend mit der Geschichte der Stadt zu beschäftigen. Anfänglich befanden sich deshalb archäologische und historische Fragestellungen im Gleichklang – zu klären waren Identifikation und Zuordnung der Burg, die Datierung ihrer Zerstörung, ja sogar die Eckdaten der Stadtgeschichte, nämlich Gründungszeit und Ende. Die historischen Fragen haben, wie kaum anders zu erwarten, inzwischen weit darüber hinaus geführt, vornehmlich in das lange und wechselvolle Verhältnis der Habsburger zum Breisgau[102]. Und auch in der laufenden archäologischen Auswertung öffnen sich neue Aspekte – gerade durch bemerkenswerte Differenzen des Fundmaterials gegenüber Freiburger Komplexen. Darauf wird an anderer Stelle einzugehen sein.

Schutz archäologischer Resourcen und Qualitätssicherung bei Ausgrabungen – eine gemeinsame Verantwortung von Archäologen und Historikern

Der grundlegende sachliche wie methodische Fortschritt, den archäologische Stadtforschung in den letzten fünfzehn Jahren gemacht hat, ist, so hoffe ich, in den vorausgegangenen Beispielen deutlich geworden. Es ist heute nicht mehr umstritten, daß es nicht genügt, einerseits die Stadtkirche als »Fokus der städtischen Entwicklung« sorgfältig auszugraben, andererseits die Stadtmauerzüge zu beobachten. Der notwendige Ausgriff in die anonymen Parzellen hat den Blick geweitet, zugleich aber für die archäologische Forschung neue, bis heute letztlich nicht beherrschbare Probleme geschaffen. Es handelt sich dabei nur zum Teil um fachimmanente Probleme – die meisten gehen gerade auch die mit Schriftquellen arbeitende Stadtgeschichtsforschung sehr viel an, da sie zugleich Gesprächspartner der Archäologen wie Nutznießer ihrer Ergebnisse ist.

Der erste Grundsatz bleibt: Denkmalschutz kommt vor Ausgrabung – auch und gerade wenn damit ein Verzicht auf wissenschaftlichen Erkenntnisgewinn verbunden ist. Häufig findet diese Tatsache weder in der Öffentlichkeit noch – und dies ist besonders bedauerlich – bei den historischen Fachkollegen in Universitäten und Archiven die wünschenswerte Akzeptanz. Man hat immer wieder einen, wie ich glaube, scheinbaren Gegensatz zwischen Denkmalschutz auf der einen und archäologischer Forschung auf der anderen Seite konstruiert.

Es gibt jedoch mehrere Gründe, die denkmalpflegerische Position nachdrücklich zu unterstützen. Der erste wurde schon oft formuliert und klang bereits an: Ausgraben heißt zugleich zerstören. Ausgegraben und untersucht werden deshalb Objekte, die ohnehin von tiefgreifender, endgültiger Zerstörung bedroht sind – kein einziger der vorgestellten Grabungsplätze läßt sich, wie man es von antiken Städten gewohnt ist, heute noch besichtigen: Die dort errichteten Neubauten sind längst bezogen. Zum zweiten ist eine Ausgrabung, zumindest im gesamten deutschen Raum, wegen der regelmäßig stark begrenzten Finanzmittel nirgendwo in der wissenschaftlich wünschenswerten Genauigkeit und Präzision möglich. Es ist eine Illusion anzunehmen, man könnte archäologische Fragestellungen für forschungsorientierte Großgrabungen in städtischen Arealen gültig und angemessen vorformulieren und dann die praktischen Arbeiten und die nachfolgende Auswertung entsprechend strukturieren. Die eingefahrenen Strukturen der wissenschaftlichen Ausbildung verhindern ebenso wie Personalpolitik und Kameralistik des öffentlichen

102 André BECHTOLD, Civitas monasterii sancti Trudperti, Untersuchungen zur mittelalterlichen und frühneuzeitlichen Geschichte der Bergstadt Münster i. B., Diss. Freiburg 1999, Ms.

Dienstes archäologische Arbeit nach dem heutigen Stand der Technik und der Methoden; die Vergabe von Ausgrabungen an gewinnorientierte »Grabungsfirmen« würde methodische Kontrolle, Auswertung und Publikation noch deutlich erschweren. Kein Archiv würde zugunsten eines kurzfristigen, partiellen Wissenszuwachses wichtige Quellen unwiederbringlich beschädigen oder gar vernichten lassen – man würde versuchen, die Antworten auf anderem Wege oder an anderer Stelle zu finden. Daraus folgt: Ein wichtiges Objekt sollte man heute gerade im Interesse der historischen Wissenschaften nicht ausgraben, sondern im Boden belassen – wenn man es dort unbeschädigt für künftige Forschung bewahren kann.

Der Verzicht auf eine Grabung bedeutet für die Denkmalämter nicht den Rückzug aus archäologischer Forschung, sondern die Möglichkeit, freigewordene Mittel für ein anderes, andernfalls ganz unbeobachtet der Zerstörung anheimfallendes Objekt einzusetzen – auch wenn dort Ausgrabung und Auswertung nicht in der bestmöglichen Weise stattfinden können. Alle oben angesprochenen Beispiele waren unvermeidbare Grabungen mit jeweils eingeschränkten Untersuchungsmöglichkeiten und Fragestellungen. Die zweifellos wichtigen, neuen Aussagen mußten mit Verzicht auf andere Ergebnisfelder erkauft werden.

Unter solchen Prämissen ist es unverzichtbar, daß die ausgrabenden Archäologen sich selbst und der Fachöffentlichkeit Rechenschaft ablegen über den Gültigkeitsbereich ihrer Ergebnisse und ihrer Aussagen. Auch die Universitäten scheinen berufen zu zeigen, wie trotz unvermeidlicher Unschärfen, trotz Meßgrenzen und statistischer Fehler »richtige« Aussagen und tragfähige Hypothesen zu erzielen sind – eine Aufgabe, der sich die Naturwissenschaften ständig stellen müssen. Ebensowenig wie dort bedeutet für die Archäologie das Wissen um die Grenzen der Beweisbarkeit natürlich nicht den Verzicht auf die höchste, jeweils sinnvolle und erreichbare Präzision, und es erfordert zugleich die Entwicklung und Diskussion klarer Fragestellungen sowie anerkannter Grabungs- und Dokumentationsmethoden. All dieses ist erst in zweiter Linie eine Frage der finanziellen Ausstattung, wird aber zunehmend von einem unerwünschten Strukturwandel bedroht, der engagierte Ausbildung, berufliche Perspektiven und fachliche Motivation gleichermaßen gefährdet.

Hohe Standards für Ausgrabung, Dokumentation und Publikation mittelalterarchäologischer Objekte sind in Deutschland nicht in allen Bundesländern die Regel, wie in Baden-Württemberg. Allerdings können die Mittelalterarchäologen dieses Landes, davon war schon die Rede, ihren eigenen Standards oft nicht gerecht werden – insgesamt blickt man neidvoll nach Skandinavien, Großbritannien, in die Benelux-Länder oder in die Schweiz. Der deutschen, aber auch der baden-württembergischen Mittelalterarchäologie fehlen, so scheint es mir gelegentlich, Partner in den historischen Forschungsinstituten und an den Universitäten, die diese Qualität regelmäßig und nachdrücklich einfordern.

Von einem Bereich war bislang nicht die Rede: von der Öffentlichkeit. Die Stadtgeschichtsforschung kennt das Problem, daß nur wenige Themen, Daten und Namen emotional so besetzt sind, daß sie von allein auf breites Interesse stoßen. Die Archäologie sieht sich da oft im Vorteil – sie findet kostbare Objekte und legt Strukturen frei, deren Existenz sich der Laie kaum vorstellen konnte. Dies verleitet dazu – die Beispiele dafür sind Legion – archäologische Funde in politischen Gremien, vor der Presse oder vor den interessierten Bürgern als Sensationen zu »verkaufen« – obwohl es sich bei genauem Hinsehen oft um allgemeine Phänomene handelt. Das Dilemma erscheint unlösbar: Jede Stadt, ja sogar jedes Quartier hat das Recht auf seine eigene, unverwechselbare Geschichte mit seinen eigenen Höhepunkten – Archäologie ist aber eine viel zu aufwendige und personalintensive Methode, um solche Ansprüche in vollem Umfang einzulösen. Andererseits gibt es, auch dies wird zunehmend deutlich, gerade im städtischen Bereich keine zuverlässige Methode, den wissenschaftlichen Erkenntnisgewinn an einer einzelnen, anonymen Parzelle auch nur einigermaßen zuverlässig abschätzen zu können – gerade die wichtigen Befunde sind kaum jemals vorhersehbar gewesen. Die Pfade archäologischer Forschung bleiben auch in Zukunft eng, verzweigt und gewunden.

In den Städten, einem Siedlungstyp, in dem bekanntlich die Dichte der Historiker am größten ist, bedarf die Archäologie sowohl auf ihrem denkmalschützenden wie auf ihrem ausgrabenden Weg kontinuierlicher, kritischer Akzeptanz und Unterstützung durch die anderen historischen Disziplinen.

Einsatz und Bedeutung der Dendrochronologie in der Stadtgeschichtsforschung[1]

von Mechthild Neyses

Seit der Einführung der Dendrochronologie als Methode zur Altersbestimmung historischer Bau- und Werkhölzer bestand von Anfang an eine enge Verbindung dieser Disziplin zur Stadtgeschichtsforschung. Parallel zu ihrem Einsatz in der Bau- und Hausforschung wird die Dendrochronologie hier vor allem zur Datierung archäologischer Befunde herangezogen[2]. Als die Disziplin noch neu war, galt es, mittels großräumiger Standardchronologien die Datierungsgrundlagen für Eichenhölzer überhaupt erst einmal zu schaffen. Dabei stand lange Zeit die Altersbestimmung von Einzelobjekten im Vordergrund. Seit Mitte der 80er Jahre existieren lange Referenzkurven, die zum Teil lückenlos bis in das 9. Jahrtausend v. Chr. zurückreichen. Obwohl diese Chronologien über weite geographische Regionen einsetzbar sind, wird mit zunehmender Materialfülle der Aufbau lokaler oder regionaler Chronologien angestrebt; denn so wird zum einen die Datierungsausbeute wesentlich erhöht, zum anderen die Möglichkeit der Provenienzbestimmung für Eichenhölzer geschaffen. Heute ist die Verbesserung der methodischen Grundlagen – wozu unter anderem auch der Aufbau von Chronologien für andere Holzarten gehört – eine wichtige interne Zielsetzung wissenschaftlich arbeitender Dendrolabore.

Mit der Zunahme großer Probenserien hat sich der an die Dendrochronologie gerichtete Fragenkatalog erheblich erweitert. Über die datierenden Bestimmungen hinaus wird das Material heute auch in Bezug auf technologische Fragestellungen oder im Hinblick auf Handels- und Wirtschaftsgeschichte ausgewertet. Unter besonders günstigen Voraussetzungen erschließen Holzfunde mitunter sogar Aspekte der Waldnutzung und der Umweltgeschichte.

Anhand von Untersuchungen, die das Dendrochronologische Forschungslabor am Rheinischen Landesmuseum Trier in den Städten Worms, Speyer, Mainz und

1 Überarbeitete und gekürzte Fassung eines Vortrages auf der Tagung des Südwestdeutschen Arbeitskreises für Stadtgeschichtsforschung im November 1997 in Freiburg i. Br. Da die Tagung unter dem Thema »Stadt und Archäologie« stattfand, wurde auf eine Darstellung der Aussagemöglichkeiten der Dendrochronologie in der Bau- und Hausforschung verzichtet.

2 Vgl. z. B. Sigrid Wrobel, Dieter Eckstein, Dendrochronologische Untersuchungen zu mittelalterlichen Grabungsplätzen der Hansestadt Lübeck, in: Lübecker Schriften z. Archäologie u. Kulturgesch. 12 (1986), S. 27–40.

Trier durchgeführt hat, sollen im folgenden die Aussagemöglichkeiten der Dendrochronologie für die Stadtgeschichtsforschung ausschnitthaft vorgestellt werden.

Worms

Aus der Stadt Worms wurden mehrfach Hölzer verschiedener Fundstellen jahrringchronologisch bearbeitet. Die Analyse einer Serie von Bauholzresten aus dem Mauerwerk des Wormser Domes, die 1979/80 im Rahmen denkmalpflegerischer Instandsetzungsarbeiten vorgenommen wurde, sorgte seinerzeit für Aufsehen in der Bau- und Kunstgeschichte, revidierte sie doch langjährige Theorien und Chronologien. Aus der nördlichen Mittelschiffmauer oberhalb der Arkaden wurden Proben geborgen, die zwischen 1161 und 1163 datieren. Eine ganze Serie von Hölzern stammt aus der Gewölbezone der Ostteile und wurde zwischen 1132 und 1137 gefällt und verbaut[3]. Nach Ausweis dieser Daten mußte der Baubeginn des Domes entgegen älterer Forschungsmeinung deutlich früher angesetzt werden. Zuvor datierte man das Bauwerk aufgrund kunstgeschichtlicher Überlegungen in die Zeit nach dem Regierungsantritt Bischof Konrads II. um 1171 oder orientierte sich an einer Weihenachricht von 1181. Der Beginn der Bauarbeiten muß nun spätestens 1130, eher 1125 angesetzt werden. Mit dieser Korrektur ergaben sich nach Dethard von Winterfeld grundsätzliche Schlüsse für das Gesamtbild der oberrheinischen Baukunst des 12. Jahrhunderts[4].

Präzise Daten ließen sich auch für die mittelalterliche Stadtmauer von Worms ermitteln[5]. Als 1987 im Verlauf der Grabungen im Bereich des rheinseitigen Stadtmauerturms »Mayfels« zahlreiche Hölzer zutage kamen, bestand von Anfang an die Absicht, die Hölzer möglichst vollständig zu bergen und zu bearbeiten; denn sowohl Sicherheit als auch Aussagekraft einer dendrochronologischen Datierung wachsen mit der Anzahl der untersuchten Proben. Die Jahrringfolgen einer ganzen Probenserie lassen sich zumeist einander relativchronologisch zuordnen und zu einer Mittelkurve zusammenfassen. Solche Objektmittelkurven sind in der Regel frei von individuell geprägten Signaturen und lassen sich leichter absolut in die Standardchronologien einpassen. Die dendrochronologisch bearbeiteten Pfähle (rund 30 Proben) stammen zum einen aus dem Fundament des Stadtmauerturms »Mayfels«, zum anderen aus dem Bereich eines Abflußkanals und aus dem holzver-

3 Vgl. Ernst HOLLSTEIN, Dendrochronologische Datierung von Bauhölzern des Wormser Domes, in: Neues Jahrb. f. d. Bistum Mainz 1979, S. 45–46, und DERS., Neue Bauholzdaten des Wormser Domes, in: EBD. 1981, S. 125–134.

4 Vgl. Dethard VON WINTERFELD, Worms, Speyer, Mainz und der Beginn der Spätromanik am Oberrhein, in: Baukunst des Mittelalters in Europa. Hans Erich Kubach zum 75. Geburtstag, Stuttgart 1988, S. 213–250, und DERS., Neue Gedanken zur alten Diskussion über den Wormser Westbau, in: Zeitschr. d. Dt. Vereins f. Kunstwiss. 44 (1990), H. 1, S. 76–91.

5 Vgl. Mechthild NEYSES, Dendrochronologische Untersuchungen an Hölzern aus dem Stadtbereich von Worms, in: Joachim SCHALK (Hg.), Festschrift für Fritz Reuter zum 60. Geburtstag, Worms 1990 (= Der Wormsgau, Sonderheft), S. 161–166.

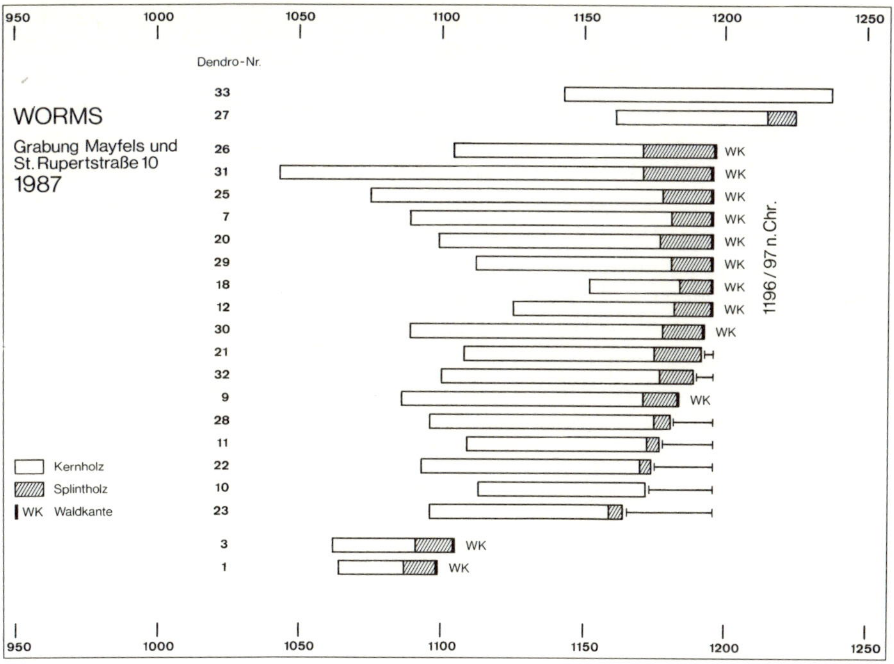

Abb. 1: Zeitgerechte Ordnung der datierten Pfähle der Wormser Stadtmauer (nach NEYSES, wie Anm. 5).

schalten Stadtbach[6]. Bei der archäologischen Untersuchung des Mayfels stellte man einen Durchlaß in der Mauer für den Kanal fest, der das Areal der St. Rupertstraße in den Stadtbach entwässerte. Dieser war zunächst in Holz ausgeführt, später wurde er durch einen gemauerten Kanal ersetzt. Diejenigen Pfähle, die in direktem Zusammenhang mit dem Entwässerungssystem standen, datieren um die Wende vom 11. zum 12. Jahrhundert.

Die genaue zeitliche Einordnung der Stadtmauer basiert auf Daten von rund 20 Pfählen. Diese Hölzer waren größtenteils gut erhalten, das heißt, sie besaßen Splintholz beziehungsweise Waldkante, und somit ließen sich mehrere zeitgleiche Fällungsjahre ermitteln. Danach kann der Bau dieses Stadtmauerabschnittes auf das Winterhalbjahr 1196/97 präzisiert werden. Die zeitlich übereinstimmenden Waldkanten (Abb. 1) weisen zudem darauf hin, daß die Hölzer – wie es allgemein üblich war – frisch geschlagen verarbeitet und verbaut wurden. Bei längerer Lagerungszeit wären die Fälldaten uneinheitlicher. Zwei Proben, die in das 13. Jahrhundert datieren, belegen wohl spätere Reparaturmaßnahmen.

6 Vgl. Mathilde GRÜNEWALD, Die neuen Daten der inneren Wormser Stadtmauer und der östlichen Stadterweiterung, in: SCHALK (wie Anm. 5), S. 51–69.

Für Worms liegen uns ferner Einzeldaten vor, die aus älteren Untersuchungen verschiedener Holzbauten, unter anderen von Gerbergruben, stammen: Diese Befunde wurden allerdings nicht vollständig beprobt, da in den 1970er und 80er Jahren noch allgemein die Tendenz vorherrschte, nur die wichtigsten und erfolgversprechendsten Hölzer, zum Beispiel solche mit mehr als 70 Jahrringen, für dendrochronologische Untersuchungen zu entnehmen. Aus den Einzeldaten resultieren somit nur vage Aussagen. Die Dendrodaten streuen über das gesamte 12. Jahrhundert und belegen lediglich eine ungefähre Stadterweiterung in dieser Zeit. Die Analyse einer systematisch erfaßten Probenserie hätte sicher präzise Daten und damit ein vollständigeres Bild über Bauabfolgen einschließlich Reparaturen und Vorkommen zweitverwendeter Hölzer liefern können. Insgesamt führten aber die Auswertungen der Probenserien von Dom und Stadtmauer in Verbindung mit den letztgenannten Einzeldaten zum Aufbau einer für die Region um Worms gültigen lokalen Chronologie, die den Zeitraum vom 9. bis zum 13. Jahrhundert erfaßt.

Speyer

Für Speyer ließ sich ebenfalls aus den Hölzern mittelalterlicher Fundplätze eine 460 Jahre umfassende, eigenständige Chronologie aufbauen. Neben Hölzern aus dem Speyerer Dom[7] stammt der größte Teil der Funde aus baubegleitenden Untersuchungen im Stadtkern[8]. Das neu zu bebauende Areal lag im Bereich des alten Rheinarms und späteren Stadtgrabens an der Südostseite der Stadt. In dem feuchten Bodenmilieu hatten sich Pfähle einer mittelalterlichen Kaianlage sowie Fundamentroste und Pfostenreihen einer Brücke relativ gut erhalten. Eine Serie von angespitzten Tannenpfählen, die im Abstand von 2 Metern an die aus mehreren Lagen von Buckelquadern bestehende Kaimauer anlehnten (vgl. Abb. 2), datieren einheitlich um 1230. Sie dienten offensichtlich als Rammschutz beim Anlegen der Schiffe. Vermutlich wurde der Hafen im Zusammenhang mit den Baumaßnahmen an der mittelalterlichen Stadtbefestigung im 13. Jahrhundert angelegt – als Teil der Befestigung und als Anlegeplatz[9].

Die Holzroste, die als Grundlage für drei steinerne Pfeiler einer Brücke dienten, bestanden aus jeweils zwölf, in sauberer Zimmermannstechnik verbundenen, viereckigen Balken, die einen quadratischen Rost von 2,50 Metern Seitenlänge (vgl. Abb. 3) bildeten. Dieser lag auf eingerammten Pfählen und war durch weitere Pfähle in den Zwischenräumen gegen seitliche Verschiebungen gesichert. Während der am besten erhaltene und auch gut dokumentierte Pfahlrost Nr. II nicht beprobt, sondern für Ausstellungszwecke konserviert wurde, gelangten die weniger vollständigen Konstruktionen (Pfahlrost I und III) sowie zahlreiche Streufunde zur

7 Vgl. Ernst Hollstein, Dendrochronologische Untersuchungen an den Domen von Trier und Speyer, in: Kunstchronik 21 (1968), S. 2–4.

8 Vgl. Mechthild Neyses, Jahrringchronologische Untersuchungen an mittelalterlichen Holzfunden aus Speyer, in: Unter dem Pflaster von Speyer, Speyer 1989, S. 103–110.

9 Vgl. Heinz-Josef Engels, Ein neuentdeckter mittelalterlicher Hafen, In: ebd., S. 99–102.

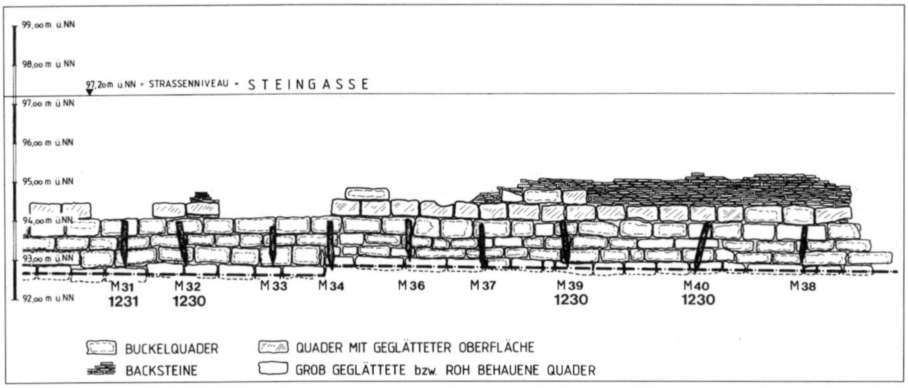

Abb. 2: Ansicht der mittelalterlichen Kaimauer von Speyer (nach ENGELS, wie Anm. 9).

dendrochronologischen Untersuchung. Somit ergaben die Daten nur ein ungefähres Erbauungsdatum der Brücke im ersten Viertel des 17. Jahrhunderts, offenbar unter Verwendung älterer Balken des 14. und 15. Jahrhunderts.

Auch wenn – wie im vorliegenden Fall – die dendrochronologischen Befunde durchaus die historischen Ergebnisse ergänzen und sogar präzisieren, bleibt anzumerken, daß sich ungünstige Bergungsumstände negativ auf die Analysen auswirken. Genaue Kenntnis über den archäologischen Fundzusammenhang sowie eine sorgfältige Dokumentation der Holzbefunde sind für eine präzise Bestimmung der Fällungs- und Verarbeitungszeit unerläßlich.

Mainz

Aus dem Stadtkernbereich von Mainz sind im Laufe vieler Jahre über 200 Hölzer aus unterschiedlichen archäologischen Befunden und Zeitepochen untersucht worden. Im folgenden werden insbesondere diejenigen dendrochronologischen Ergebnisse vorgestellt, die entscheidend zur frühmittelalterlichen Topographie der Stadt beigetragen haben.

Ende der 1960er Jahre fanden Ausgrabungen im Bereich des Areals »Auf dem Brand« statt. Da dieser Platz seit dem Mittelalter nicht kontinuierlich überbaut worden war, erwartete man hier Aufschluß über den Verlauf der rheinseitigen Stadtmauer in römischer und frühmittelalterlicher Zeit (vgl. Abb. 4). Die Fundstelle liegt im ehemaligen Rheinuferbereich, der seit römischer Zeit als Schiffsanlege- und Umschlagplatz diente. In den feuchten Bodenschichten hatten sich zahlreiche Hölzer sehr gut erhalten. Dank systematischer Grabungen – dazu gehörte auch die sorgfältige Bergung der Holzfunde – können heute recht differenzierte Angaben zu den einzelnen Befunden gemacht werden[10].

10 Die Hölzer stammen aus den Profilen A und B (s. Abb. 4).

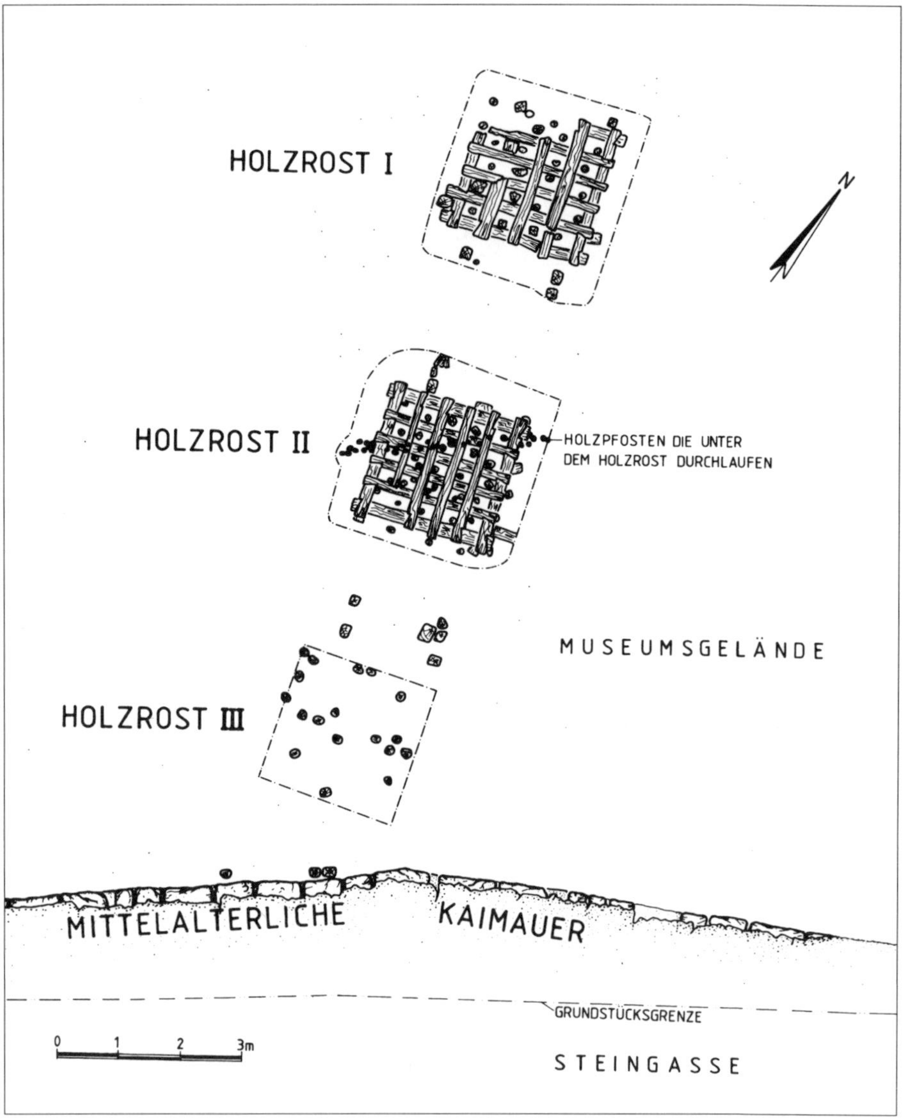

Abb. 3: Holzroste der Fundamente des Fischerstegs (nach ENGELS, wie Anm. 9).

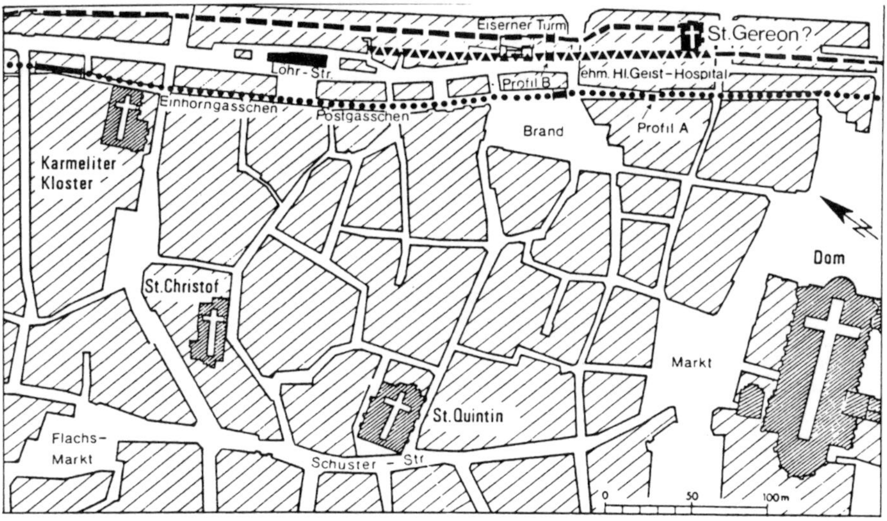

•••••• Römische Mauer
▲▼▲▼▲ Karolingisches Fundament
▬ ▬ Mittelalterliche Mauer

Abb. 4: Mainz, Verlauf der rheinseitigen Stadtmauer (nach ESSER, wie Anm. 12).

Einer frührömischen Uferbefestigung beziehungsweise der Stadtmauer des 3. Jahrhunderts sind rund 40 Pfähle und Konstruktionshölzer zuzuordnen. Weitere 25 Pfähle – größtenteils mit Splint und Waldkante – gehören zu frühmittelalterlichen Bauten[11]. Karl Heinz Esser, der damalige Ausgräber, beurteilte die in Profil B ergrabenen Konstruktionen als Pfahlroste für den Unterbau einer massiven Steinmauer. In seinen Publikationen von 1969 und 1975 – damals lagen noch keine dendrochronologischen Daten vor – brachte er die Befestigungsanlage mit der Stadterweiterung unter Erzbischof Hatto zwischen 891 und 913 in Verbindung[12]. Die dendrochronologischen Daten, die in dichter Folge zwischen 651/53 und 716 n. Chr. streuen, weisen allerdings auf eine wesentlich frühere Erbauungszeit. Obwohl diese Daten schon seit Ende der 1970er Jahre bekannt und auch in der Monographie Ernst Hollsteins publiziert sind[13], fanden sie unverständlicherweise bislang

11 Zu den Daten vgl. Ernst HOLLSTEIN, Mitteleuropäische Eichenchronologie, Mainz 1980 (= Trierer Grabungen u. Forschungen 11), S. 88–92.
12 Vgl. Karl-Heinz ESSER, Grabungsergebnisse zur rheinseitigen Stadtmauer, in: Führer zu den vor- und frühgeschichtlichen Denkmälern 11 (1969), S. 132–140, und DERS., Zehn Jahre Ausgrabungen in Mainz 1965–1974, Mainz 1975 (= Mainzer Schriften z. Kunst u. Kultur in Rheinland-Pfalz 3).
13 Vgl. HOLLSTEIN (wie Anm. 11), S. 90–92.

keine Beachtung. Auch in der neueren Literatur wird immer noch von einer karolingischen Mauer oder der ›Hattomauer‹ gesprochen[14]. Ebenso eindeutig in das 7. Jahrhundert datieren kürzlich untersuchte Pfahlsetzungen aus dem Bereich des Karmeliterklosters[15]. Sie dürften mit den Befunden vom Brand-Platz in Verbindung stehen.

Von archäologischer Seite hat sich kürzlich im Rahmen einer Magisterarbeit Alexander Heising mit der römischen Stadtmauer, darüber hinaus aber auch mit den frühmittelalterlichen Befunden befaßt. Er konnte feststellen, daß es sich bei den angetroffenen Befunden wohl nicht um den einheitlichen Pfahlrost einer Steinmauer handeln kann, sondern vielmehr um einfache Palisadenkonstruktionen beziehungsweise eine ähnliche Uferbefestigung, die in kurzen Abständen verstärkt oder ergänzt wurden[16]. Möglicherweise stehen die merowingerzeitlichen Pfahlsetzungen mit der in den Schriftquellen um 610 erwähnten Hafensiedlung beziehungsweise der Niederlassung der Fernhändler in Verbindung[17]. Es bleibt zu untersuchen, ob und wie sich in Mainz von der Spätantike an ein Handelszentrum erhalten hat.

Für die Dendrochronologie liegt die Bedeutung der Untersuchungen vor allem in der Gewinnung frühmittelalterlichen Kurvenmaterials. Aus den Pfählen ist eine Chronologie entstanden, die den spärlich repräsentierten Zeitraum von der Mitte des 5. Jahrhunderts bis 716 n. Chr. umfaßt. Diese lange und gut belegte Referenzkurve wurde zudem wichtig für die Herkunftsbestimmung der Hölzer von 16 Brunnen, die in der frühmittelalterlichen Siedlung in Dorestad in den Niederlanden ausgegraben wurden. Während bei der dendrochronologischen Bearbeitung ein Vergleich der Brunnenhölzer mit ausschließlich niederländischem beziehungsweise norddeutschem Kurvenmaterial zunächst zu keinem Ergebnis führte[18], ergaben die Testreihen mit westdeutschen Chronologien zuverlässige Daten[19]. Danach liegen

14 Vgl. Kurt Böhner, Mainz im Altertum und im frühen Mittelalter, in: Gymnasium 90 (1983), S. 369–388, Carlrichard Brühl, Palatium und civitas. Studien zur Profantopographie spätantiker civitates vom 3. bis zum 13. Jahrhundert, Band 2: Belgica, Köln 1990, , S. 89–111, und Egon Wamers, Die frühmittelalterlichen Lesefunde aus der Löhrstraße, in: Mainzer Archäol. Schriften 1 (1994), S. 194–198.

15 Die entsprechenden Untersuchungen der Verf. sind bislang unpubliziert.

16 Zur ausführlichen Darstellung des frühmittelalterlichen Befundes vgl. Alexander Heising, Die merowingerzeitliche Topographie des Mainzer Stadtkerns, in: Mainzer Archäol. Zeitschr. 6 (1999), im Druck.

17 Vgl. Konrad Weidemann, Die Topographie von Mainz in der Römerzeit und im frühen Mittelalter, in: Jahrb. d. RGZM 15 (1968), S. 146–199, und Detlef Ellmers, Schiffahrt und Händlerviertel im Mittelalter, in: Führer zu den vor- und frühgeschichtlichen Denkmälern 11 (1969), S. 185–195.

18 Dieter Eckstein, W. A. van Es, Dendrochronologische Untersuchung von Daubenbrunnen aus der frühmittelalterlichen Siedlung Dorestad, Holland, in: Die Kunde 23 (1972), S. 220–226.

19 Dieter Eckstein, W. A. van Es, Ernst Hollstein, Beitrag zur Datierung der frühmittelalterlichen Siedlung Dorestad, Holland, in: Berichten van de Rijksdienst voor het Oudheidkundig Bodemonderzoek 25 (1975), S. 165–175.

die Fällungszeiten der verwendeten Eichen zwischen 690 und 835 n. Chr. Über die Datierung hinaus konnte hier die dendrochronologische Analyse auch die Frage nach der Herkunft der Brunnenhölzer beantworten – ein wichtiger Aspekt, da bei Holzfunden in den waldarmen Niederlanden immer die Möglichkeit des Importes in Betracht gezogen werden muß.

Dendrochronologische Regionalanalysen oder Provenienzbestimmungen beruhen darauf, daß die Ähnlichkeit von Jahrringfolgen – entsprechend dem sich ändernden Klima – mit zunehmender geographischer Entfernung abnimmt. Liegt entsprechend viel dendrochronologisches Vergleichsmaterial aus unterschiedlichen Regionen vor, ist gegebenenfalls die unbekannte Provenienz der Bauhölzer durch Ähnlichkeitsvergleiche einzugrenzen[20].

Das Kurvenmaterial von Dorestad wurde mit über 20 Regionalchronologien verglichen. Aus der Karte ist ihre Verteilung und Klassifizierung nach Ähnlichkeitswerten zu ersehen (vgl. Abb. 5). Die Chronologien der Fundstellen, die im Bereich der inneren Linie liegen, zeigen die höchsten Werte mit der Dorestad-Kurve; die Ähnlichkeitsparameter, das heißt Gleichläufigkeitsprozente, und vor allem t-Werte sind entsprechend hoch. Für die Herkunft der Bäume kann somit das Gebiet des heutigen Rheinhessen genannt werden, wobei die höchsten Ähnlichkeiten mit den mittelalterlichen Hölzern aus Mainz festgestellt wurden. Bei den Brunnen von Dorestad handelt es sich zudem um sogenannte Dauben- oder Faßbrunnen, das heißt Fässer, die ursprünglich für den Transport bestimmter Waren, zum Beispiel von Wein, genutzt wurden, dienten in Zweitverwendung als Brunnenverschalung. Anhand der regionalanalytisch bestimmten Fässer läßt sich demnach bestätigen, daß es im frühen Mittelalter Handelsbeziehungen zwischen Dorestad und Rheinhessen, möglicherweise Mainz, gegeben hat.

Trier

Fragen nach den naturräumlichen Bedingungen für die Entstehung oder Entwicklung einer Stadt sind in den letzten Jahren in den Mittelpunkt des Interesses gerückt. Die dendrochronologischen Untersuchungen zahlreicher Holzfunde aus Trier, die in Verbindung mit geomorphologisch-archäologischen Analysen ausgewertet wurden, haben kürzlich wesentliche Ergebnisse für die Topographie des römischen Trier erbracht: 1994/95 führte das Rheinische Landesmuseum im Trierer Stadtgebiet auf einem rund 2000 Quadratmeter großen Areal im Norden der Stadt (Walramsneustraße/Pferdemarkt) archäologische Untersuchungen durch[21]. Auf-

20 Zu Regionaldiagnosen nach dendrochronologischer Methode vgl. HOLLSTEIN (wie Anm. 11), S. 24 ff.

21 Vgl. Lukas CLEMENS, Hartwig LÖHR, Stadtarchäologie in Trier: das Beispiel 1994, in: Funde u. Ausgrabungen im Bezirk Trier 27 (1995), S. 8–23, und Walter DÖRFLER, Andrew EVANS, Hartwig LÖHR, Trier Walramsneustraße – Untersuchungen zum römerzeitlichen Landschaftswandel im Hunsrück-Eifel-Raum an einem Beispiel aus der Trierer Talweite, in: Studien zur Archäologie der Kelten, Römer und Germanen in Mittel- und Westeuropa. Festschrift für Alfred Haffner, hg. v. Andreas MÜLLER-KARPE, Leidorf 1998, S. 119–152.

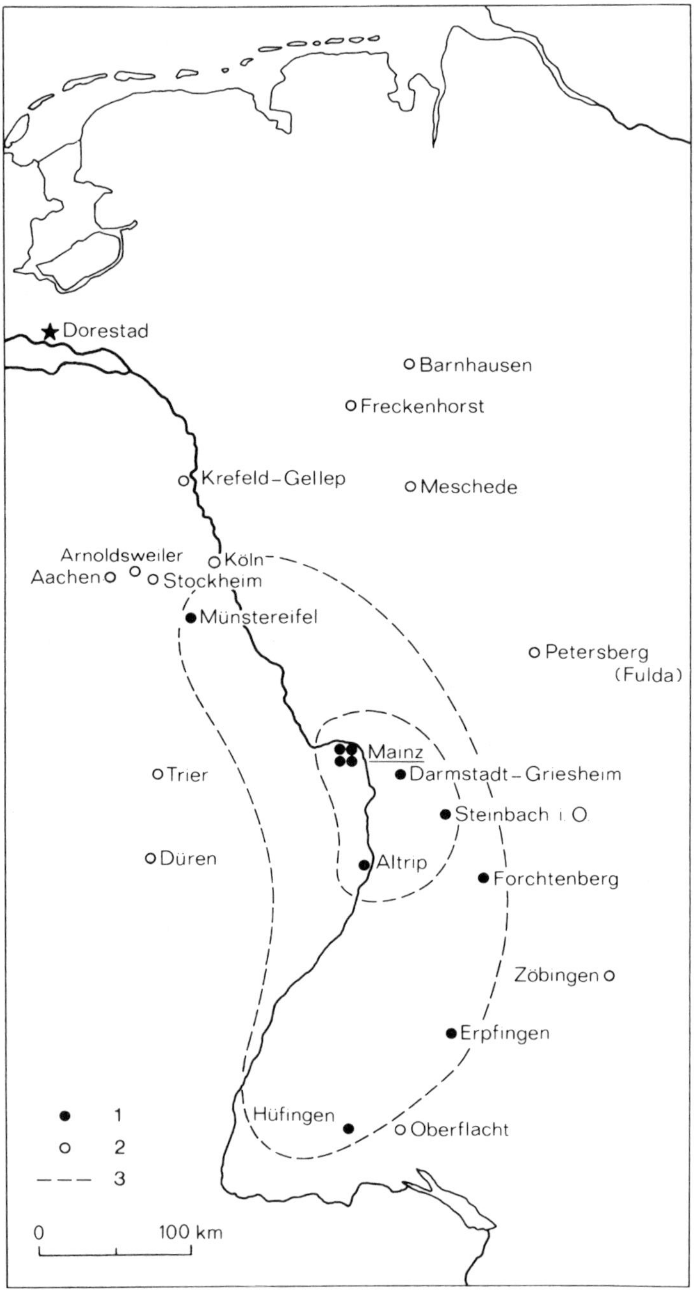

Abb. 5: Verteilung der Regionalchronologien des frühen Mittelalters und Klassifizierung ihrer Ähnlichkeit mit der Dorestad-Kurve.

grund der Grabungsergebnisse läßt sich die Geschichte des Platzes vom Ende der Eiszeit bis in das vorige Jahrhundert rekonstruieren. Danach durchfloß ein bisher unbekannter Moselarm in der älteren Nacheiszeit das Gelände, im Verlauf weiterer Stromverlagerungen wurde er zu einem großen Restsee abgedämmt (vgl. Abb. 6).

Entscheidend für die Topographie des frühen Trier ist, daß zur Zeit der Stadtgründung nach 17 v. Chr. auf diesem Areal noch der in der Urzeit entstandene See lag. Somit war die Ausdehnung der Stadt zunächst nach Nordwesten begrenzt. Im Verlauf der ersten anderthalb Jahrhunderte näherte sich das bebaute Stadtgebiet allmählich dem See. In diesen wurden jetzt teilweise mit Holzbrettern ausgeschalte Abzugskanäle eingeleitet. Durch das ständige Einspülen der Abwässer und der zahlreichen organischen Reste veränderte sich der See nach und nach zu einem Rieselfeld. In dem wassergesättigten Schlamm hatten sich zahllose bearbeitete Hölzer erhalten; ihre Datierung und vor allem die dendrochronologische Bearbeitung der Holzkanäle belegen, daß das Rieselfeld gegen Ende des 1. Jahrhunderts entstanden sein dürfte.

Die Daten weiterer Bauhölzer beweisen die Ausdehnung der Stadt nach Norden im 2. und 3. Jahrhundert; demnach wurde das Rieselfeld im Zuge der Stadterweiterung später trockengelegt. Auf dem Areal entstanden Wohnbauten, die Wasserversorgung des neuen Stadtteils war durch Brunnen gewährleistet. Zum Teil bestand der untere Brunnenverbau aus einer kreisrunden Spundwand von Holzbohlen, die dendrochronologisch datiert werden konnten.

Mit der kontinuierlichen Bearbeitung dendrochronologischer Funde lassen sich auch Aussagen zur Infrastruktur einer Stadt treffen. Als Beispiel steht hierfür das römische Wasserversorgungssystem in Trier. Neben dem Flußwasser der Mosel brachten zahlreiche Bäche reichlich trinkbares Süßwasser heran, das durch ein System von Rinnen und Rohren über die Stadt verteilt wurde. 1982 wurde im Gebiet der Metzelstraße eine hölzerne Wasserrinne ausgegraben, die in die Zeit um 40 n. Chr. datiert[22]. Die Rinne des ehemals abgedeckten Holzkanals war sorgfältig halbkreisförmig ausgehauen, so daß eine maximale Wasserführung von 113 Quadratzentimetern garantiert war – mehr als ausreichend für ein Wohngrundstück. Später wurden die offenen Wasserrinnen durch Holzrohre ersetzt. Ihre Herstellung erfolgte, indem mit langen Löffelbohrern Eichenstämme von beiden Seiten durchbohrt wurden. Verbunden wurden die Rohrstücke durch geschmiedete, eiserne Muffen, die zugleich das Aufreißen der Stämme verhinderten. Derartige Holzrohrleitungen – auch Deicheln genannt – wurden in vielen Städten vom Mittelalter bis in die Neuzeit angefertigt. Ab dem 15. Jahrhundert bestand neben der manuellen Anfertigung auch die Möglichkeit der maschinellen Durchbohrung[23].

Auf den ersten Blick scheinen sich römische Rohrleitungen von mittelalterlichen und neuzeitlichen Holzrohren nicht zu unterscheiden. Die intensive Unter-

22 Vgl. Ernst Hollstein, Trier – Augustusstadt der Treverer, Katalog, Trier 1984, Nr. 96.
23 Vgl. Klaus Grewe, Wasserversorgung und -entsorgung im Mittelalter. Ein technikgeschichtlicher Überblick, Mainz 1991 (= Geschichte der Wasserversorgung 4).

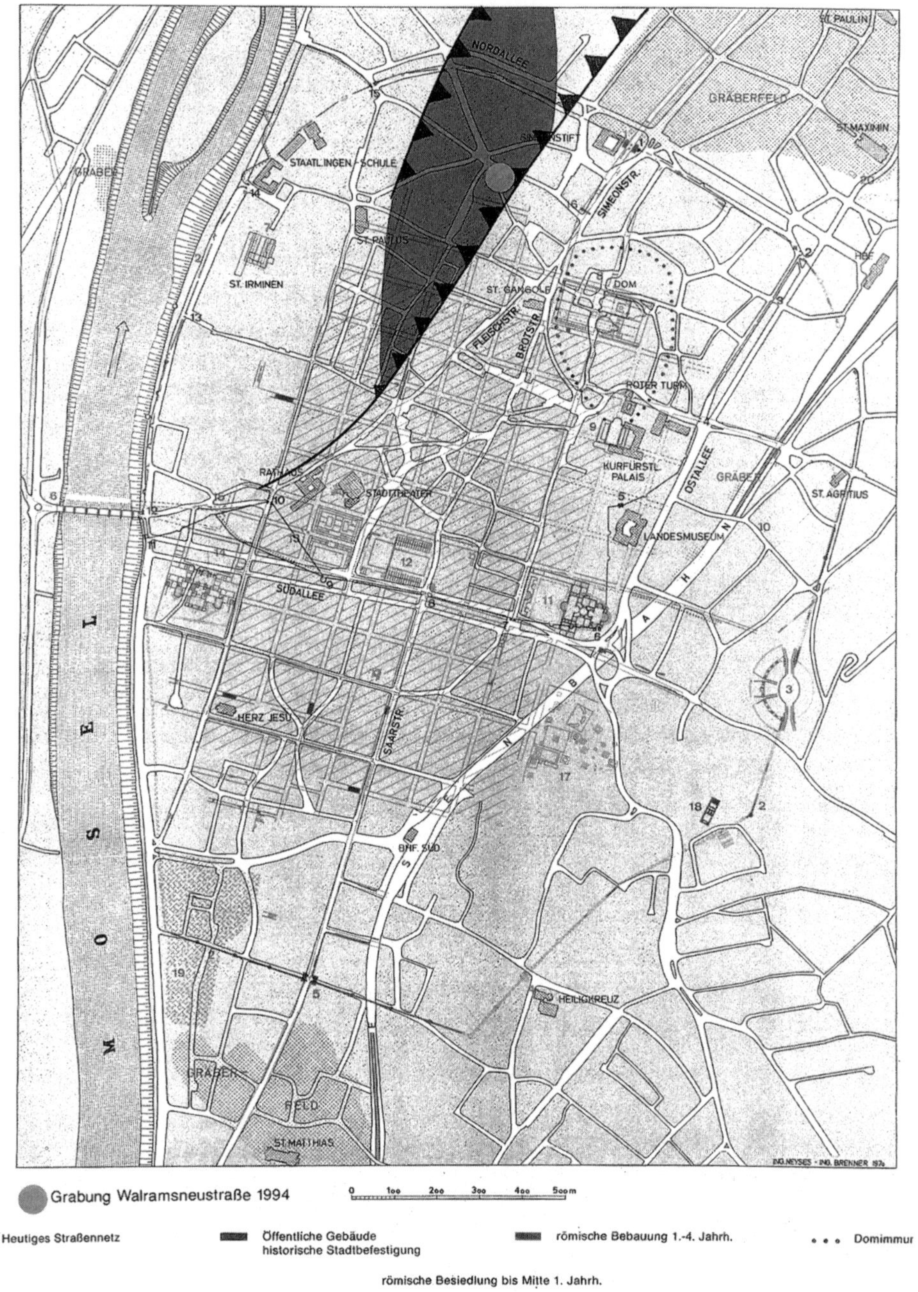

Abb. 6: Plan des römischen Trier (4. Jahrhundert) mit vorrömischem und römischem Moselaltarm.

suchung römischer Deicheln läßt jedoch auf eine eigene Herstellungstechnik schließen: An den Querschnitten der Hölzer ist deutlich zu erkennen, daß bei der Herstellung der Rohrleitungen der Eichenstamm nicht durch die Markröhre gebohrt wurde. Vielmehr wurde der Baum zunächst in Teilstücke gespalten, anschließend durchbohrt und dann auf das gewünschte Querschnittsmaß zugebeilt. Immer wurden für die Rohrleitungen sehr feinwüchsige, vielringige, 250- bis 350jährige Alteichen verwendet. Die Art der Herstellungstechnik lag wohl darin begründet, daß sich feinringiges Eichenholz leichter bearbeiten läßt und somit auch besser geeignet ist für die schwierige manuelle Durchbohrung. Darüber hinaus wurden die Stämme durch das Aufspalten in Teilstücke optimal ausgenutzt[24]. Diese Art der Herstellung läßt sich interessanterweise in der Folgezeit nicht mehr nachweisen. Mittelalterliche und neuzeitliche Rohrleitungen wurden durch Ausbohren der Markröhre hergestellt.

Über das Rohrleitungssystem gelangte das Wasser in die öffentlichen Brunnen. Anhand zahlreicher Befunde läßt sich in Trier das Spektrum römischer Brunnenbautechnik gut belegen. Bei holzverschalten Brunnen sind im wesentlichen zwei Konstruktionsformen zu beobachten: Bei Kastenbrunnen besteht die Brunnenwandung aus einer im Querschnitt quadratischen, hölzernen Verschalung. Daneben finden sich oftmals hölzerne Brunnenröhren als unterster Abschluß von steinernen Brunnen, von denen eine größere Anzahl für das 1. bis 3. Jahrhundert belegt ist.

Die Einbeziehung der Dendrochronologie hat in der Mittelalterarchäologie zu einer schrittweisen Verbesserung der Datierungsgrundlagen geführt. Durch Verknüpfung mit dendrochronologischen Daten lassen sich Fundgattungen, wie Keramik, Glas, Metall oder organische Reste besser als bisher datieren, wenn sie sich in enger Vergesellschaftung mit Hölzern befinden. Die archäologische Untersuchung mehrerer Abfallgruben und Latrinenschächte im Stadtbereich von Trier erbrachte kürzlich vor allem für das 13. und 14. Jahrhundert erste Ergebnisse[25]. Aus dem Grubeninhalt eines Abfallschachtes wurden neben Keramik-, Glas- und Lederresten auch – zunächst sehr unbedeutend scheinende – Holzfragmente sorgfältig geborgen. Es handelte sich zum einen um Holzpflöckchen, zum anderen um kleine Spaltbrettchen beziehungsweise Daubenteile aus Eichen- und Buchenholz, die sich in den feuchten Kloakenschichten gut erhalten hatten. Gerade solche unscheinbaren Brettchen sind dendrochronologisch besonders gut auswertbar, da sie radial aus dem Baum gespalten wurden. Somit verlaufen die Ringe senkrecht zur Brettebene, so daß an den jeweiligen Ober- und Unterkanten genügend Jahrringe

24 Vgl. Ernst HOLLSTEIN, Eine römische Deichel aus Dillingen, Kreis Saarlouis, in: Bericht d. Staatl. Denkmalpflege im Saarland 21 (1974), S. 101–105, und Mechthild NEYSES, Neue Funde römischer Holzwasserleitungen, in: Andrei MIRON (Hg.), Das gallorömische Quellheiligtum von Ihn (Kreis Saarlouis), Saarbrücken 1994, S. 137–140.

25 Vgl. Lukas CLEMENS, Archäologische Untersuchungen zwischen Wechsel- und Kuhnenstraße zu Trier. Mit Überlegungen zur lokalen Keramikchronologie des 13. und 14. Jahrhunderts, in: Trierer Zeitschr. 58 (1995), S. 267–301.

erfaßt werden können. Außerdem sind in der Regel wegen der besseren Spaltbarkeit ausschließlich feinringige Hölzer verwendet worden. So ließ sich eine entsprechend lange Objektmittelkurve erstellen, die absolutchronologisch in die Zeit zwischen 1160 und 1270 eingeordnet werden konnte[26]. Nach dem dendrochronologischen Befund konnte die Grubeneinfüllung damit in das letzte Viertel des 13. Jahrhunderts datiert werden. Dieses Ergebnis ermöglichte eine recht enge zeitliche Einordnung der mitgefundenen Keramik und ist somit von besonderer Relevanz für den Aufbau einer Keramikchronologie für das Trierer Land, deren Aufarbeitung noch weitgehend aussteht.

Aber auch in dendrochronologischer Hinsicht waren die Holzfunde von Interesse, da mit den Daten der Buchenhölzer wesentliche Kurven für den Aufbau unserer westdeutschen Buchenchronologie gewonnen werden konnten. Bis vor kurzem haben sich Buchenhölzer einer dendrochronologischen Bestimmung noch weitgehend entzogen. Im Trierer Dendrolabor verfügen wir seit neuestem – nicht zuletzt durch die mittelalterlichen Funde in Trier – über eine Buchenchronologie, die fast lückenlos von der Gegenwart bis in den Beginn des 12. Jahrhunderts reicht.

Neue Ansätze

Anhand sehr umfangreicher Probenserien ließen sich besonders im Hinblick auf Fragen der Waldnutzung und Baukonjunktur beispielhafte Ergebnisse für das Umland von Konstanz und die Stadt Lübeck erzielen[27]. Dank umfangreicher Grabungen in der Altstadt von Konstanz konnten zahlreiche Eichenhölzer aus Bauphasen vom Ende des 10. Jahrhunderts und von der Mitte des 13. bis zum frühen 14. Jahrhundert analysiert werden[28]. Neben den dendrochronologisch ermittelten Fällungsphasen ließen sich anhand von Wuchsanalysen offenbar großflächige Einschläge in der Umgebung der Stadt nachweisen. Dabei zeigte sich, daß die überaus intensive Nutzung der Eichenwälder im Mittelalter zu einem veränderten Altersaufbau der Bestände geführt hat. Für die Stadt Lübeck hat die Analyse großer Probenserien aus Reihenuntersuchungen an Hausbauten des 13. bis 17. Jahrhunderts deutliche Auf- und Abwärtsbewegungen in der Baukonjunktur ergeben. Ähnlich wie in Konstanz hat es hier wohl ebenfalls ab dem 13. Jahrhundert eine geregelte Waldbewirtschaftung gegeben, die den Markt regelmäßig belieferte[29].

26 Vgl. Mechthild NEYSES, Neue Aspekte zu einer mittelalterlichen Buchenchronologie im Zusammenhang mit Holzfunden aus Abfallgruben in Trier, in: EBD., S. 303–316.
27 Diese Untersuchungen wurden nicht im Trierer Dendrochronologischen Labor durchgeführt, sondern für Konstanz im Institut für Botanik der Universität Stuttgart-Hohenheim und für Lübeck im Labor des Ordinariats für Holzbiologie der Universität Hamburg.
28 Vgl. Bernd BECKER, Judith OEXLE, Stadt und Umland – dargestellt am Beispiel der Waldnutzung im Umland des mittelalterlichen Konstanz, in: Stadtluft, Hirsebrei und Bettelmönch. Die Stadt um 1300, Stuttgart 1992, S. 374–379.
29 Sigrid WROBEL, Dieter ECKSTEIN, Die Bauholzversorgung in Lübeck vom 12.–16. Jahrhundert, in: Manfred GLÄSER, Archäologie des Mittelalters und Bauforschung im Hanseraum, Rostock 1993, S. 531–535.

Schlußbemerkung

Aus den genannten Beispielen wird deutlich, daß der Einsatz der Dendrochronologie in Verbindung mit der Stadtkernforschung zu vielfältigen Aussagen führen kann. Aus der dendrochronologisch entweder jahrgenau ermittelten oder extrapolierten Fällzeit eines Baumes läßt sich unter günstigen Voraussetzungen die Bauzeit eines Objektes ableiten. Dabei interessiert weniger die zeitliche Einordnung von Einzelproben als vielmehr die Bearbeitung komplexer Probenserien. Nur auf diese Weise können differenziert Bauphasen erarbeitet sowie Reparaturen oder wiederverwendetes Holz festgestellt werden. Zuweilen läßt sich mittels einer dendrochronologischen Analyse auch die Herkunft des Holzes eingrenzen, oder es werden Funde anderer Materialgruppen datiert, wenn sie sich in enger Vergesellschaftung mit Hölzern befinden. Besonders die kontinuierliche Einbindung der Disziplin in die Stadtgeschichtsforschung kann langfristig zu Aussagen im Hinblick auf die Topographie, die Infrastruktur oder die naturräumliche Veränderung einer Stadt führen.

Dendrochronologie und Stadtgeschichtsforschung sind dabei zwei Arbeitsgebiete, die sich in günstiger Weise ergänzen können. Aus der Sicht der Stadtgeschichtsforschung mag die Dendrochronologie zunächst »Hilfswissenschaft« sein, die für Datierungszwecke bearbeiteten Hölzer ergänzen aber das dendrochronologische Vergleichsmaterial und kommen somit der eigenen Forschungsdisziplin zugute. Dabei lassen sich lokale oder regionale Chronologien aufbauen, nicht nur für Eichenholz, sondern auch für andere Holzarten. Ferner kann die Probenanzahl für diejenigen Zeitepochen gesteigert werden, in denen die Chronologien schwach belegt sind, wie zum Beispiel der Übergang von der Spätantike zum frühen Mittelalter. Darüber hinaus wird die Auswertung des Materials unter den Aspekten Holzbearbeitung, Holzhandel und Waldnutzung möglich.

Aspekte der Nutzung und Wahrnehmung von Antike im hochmittelalterlichen Trier

von Lukas Clemens

Unbestritten ist die herausragende Bedeutung des antiken Erbes in den einstigen römischen Provinzen für die dem Untergang des Imperium Romanum nachfolgenden Jahrhunderte. So haben archäologische, sprachgeschichtliche und historische Untersuchungen vielerorts Kontinuitätsstränge nachgewiesen wie das partielle Fortleben einer gallo-römischen Bevölkerung, Siedlungskontinuitäten ohne vollständige Brüche, aber auch Kontinuitäten in zahlreichen Bereichen von Kultur, Religion, Besitz- und Verwaltungsstrukturen sowie Wirtschaft und Technik.

Weniger Beachtung hat hingegen bisher für die Regionen nördlich der Alpen die Tatsache gefunden, daß viele Landschaften mit einer antiken Vergangenheit bis weit in das Hochmittelalter hinein von ihren römerzeitlichen Überresten geprägt blieben. Dieser Umstand, der für die mediterranen Städtelandschaften häufiger konstatiert worden ist, gilt in geradezu erstaunlichem Ausmaß aber auch für die vormals an der Peripherie des Imperium Romanum gelegenen ehemaligen Provinzen der Belgica und Germania.

Durchsucht man jedoch einschlägige stadtgeschichtliche Arbeiten zu urbanen Zentren in den Altsiedellanden, dann entsteht der Eindruck, als habe hier Antike in stark reduzierter Ausprägung in das Frühmittelalter hinein fortgelebt, um dann relativ rasch abzusterben und kaum bleibende Spuren zu hinterlassen. Als besonders krasses Beispiel sei etwa auf die idealtypische Rekonstruktion einer südwestdeutschen Stadt des 11. Jahrhunderts verwiesen, wie sie anläßlich der Salierausstellung 1992 in Speyer gezeigt wurde. Dort konnte man vergeblich nach irgendwelchen Hinweisen auf die antike Vergangenheit dieser Siedlung Ausschau halten; vielmehr wurde der Eindruck einer sozusagen in einem Guß entstandenen Stadt suggeriert, einer Gründung auf der grünen Wiese[1].

Tatsächlich aber erstreckten sich noch im 12. Jahrhundert über die Siedlungsgebiete der meisten Bischofsstädte, aber auch vieler kleinerer urbaner Zentren rö-

1 Dorothee Rippmann, Jürg Tauber, Angelika Friederici, Pavel Lavicka, Fanny Hartmann, Eine Stadt um 1100. Spurensuche und Einladung zur Stadtbesichtigung, Sigmaringen 1991; Fanny Hartmann, Pavel Lavicka, Dorothee Rippmann, Jürg Tauber, Die salische Stadt – Ein Idealbild entworfen nach archäologischen Befunden vornehmlich in Basel, in: Siedlungen und Landesausbau zur Salierzeit, Teil 2: In den südlichen Landschaften des Reiches, hg. v. Horst Wolfgang Böhme, Sigmaringen 1991 (= Römisch-Germanisches Zentralmuseum Monographien 28), S. 177–194.

mischen Ursprungs ausgedehnte Ruinenfelder, durchsetzt von noch zumindest partiell erhaltenen Großbauten, die – in nun häufig geänderter Zweckbestimmung – weiter genutzt wurden. Die enorme Ausdehnung der untergegangenen Städte, die Stärke und sorgfältige Fertigungsweise der erhalten gebliebenen Mauern sowie die Verwendung von während des hohen Mittelalters nördlich der Alpen weitgehend unbekannten Baumaterialien wie Ziegeln oder Marmor, dazu nicht zuletzt die immer wieder gefundenen antiken Skulpturenreste, Gefäße oder Münzen konnten bei einem Betrachter das Bewußtsein von einer untergegangenen und in seiner eigenen Zeit nicht mehr erreichten Kulturstufe wecken. Diese permanente, nahezu allgegenwärtige Präsenz von Antike war zugleich von außerordentlicher Bedeutung für das Selbstverständnis der zwischen den Ruinen lebenden Bewohner sowie für die Wahrnehmung der jeweiligen Städte durch auswärtige Besucher.

Im folgenden soll das für zahlreiche *civitates,* aber auch für ehemalige *vici* und *castra* innerhalb der einstigen römischen Reichsgrenzen zu konstatierende Phänomen »des Fortlebens und der Nutzung von Antike«[2] am Beispiel der mit römischen Hinterlassenschaften besonders reich ausgestatteten Kathedralstadt Trier aufgezeigt werden. Dabei wird neben einer Sichtung der schriftlichen Überlieferung vor allem zu fragen sein, welche Erkenntnismöglichkeiten archäologische Untersuchungen für unser Thema bieten können[3]. Abschließen möchte ich diesen Beitrag mit einem Ausblick auf die Trier benachbarten Bischofsstädte.

Noch um das Jahr 1100 prägte in Trier die Antike wesentlich das Erscheinungsbild der Moselstadt, lagen einzelne Siedlungsinseln inmitten einer weitläufigen römerzeitlichen Trümmerlandschaft (vgl. Abb. 1 und 2). Sie gruppierten sich vornehmlich um Kirchen, Klöster oder Stifte, die ihrerseits wiederum aus Komplexen spätantiken Ursprungs hervorgegangen beziehungsweise in römische Großbauten hineingesetzt worden waren. Außer den heute noch oberirdisch sichtbaren antiken Zeugnissen wie dem gratianischen Kernbau des Domes, der Palastaula, dem Amphitheater, den Barbara- sowie den Kaiserthermen, der Porta Nigra oder der Moselbrücke standen Mauerzüge des römischen Forums und der Forumsthermen (Viehmarktthermen) sowie der spätantiken Horrea, ferner die Reste von Tempelgebäuden und ehemaligen Wohnbauten, Läden oder Gewerbebetrieben. Sichtbar waren zudem die Aquäduktpfeiler der unterhalb des Petrisberges in westlicher Richtung abwinkelnden Ruwerwasserleitung, über deren Streckenführung und einstige Funktion noch Kenntnis bestand. Erhalten geblieben waren schließlich neben der Porta Nigra auch die übrigen antiken Stadttore (Porta Alba, Porta Media und Porta Inclyta) sowie – in ihrem Verlauf noch in Teilabschnitten vorhanden – die

2 S. hierzu allgemein Michael GREENHALGH, The Survival of Roman Antiquities in the Middle Ages, London 1989.

3 Vgl. hierzu Lukas CLEMENS, Zur Nutzung römischer Ruinen als Steinbrüche im mittelalterlichen Trier, in: Kurtrierisches Jahrb. 29 (1989), S. 29–47; DERS., *Sigillum palatii nostri* – Anmerkungen zur frühesten überlieferten Darstellung der Trierer Palastaula (sogen. Basilika), in: Funde u. Ausgrabungen im Bezirk Trier 27 (1995), S. 56–70; DERS., Zum Umgang mit der Antike im hochmittelalterlichen Trier, in: Trier im Mittelalter, hg. v. Hans Hubert ANTON und Alfred HAVERKAMP, Trier 1996 (= 2000 Jahre Trier 2), S. 167–202.

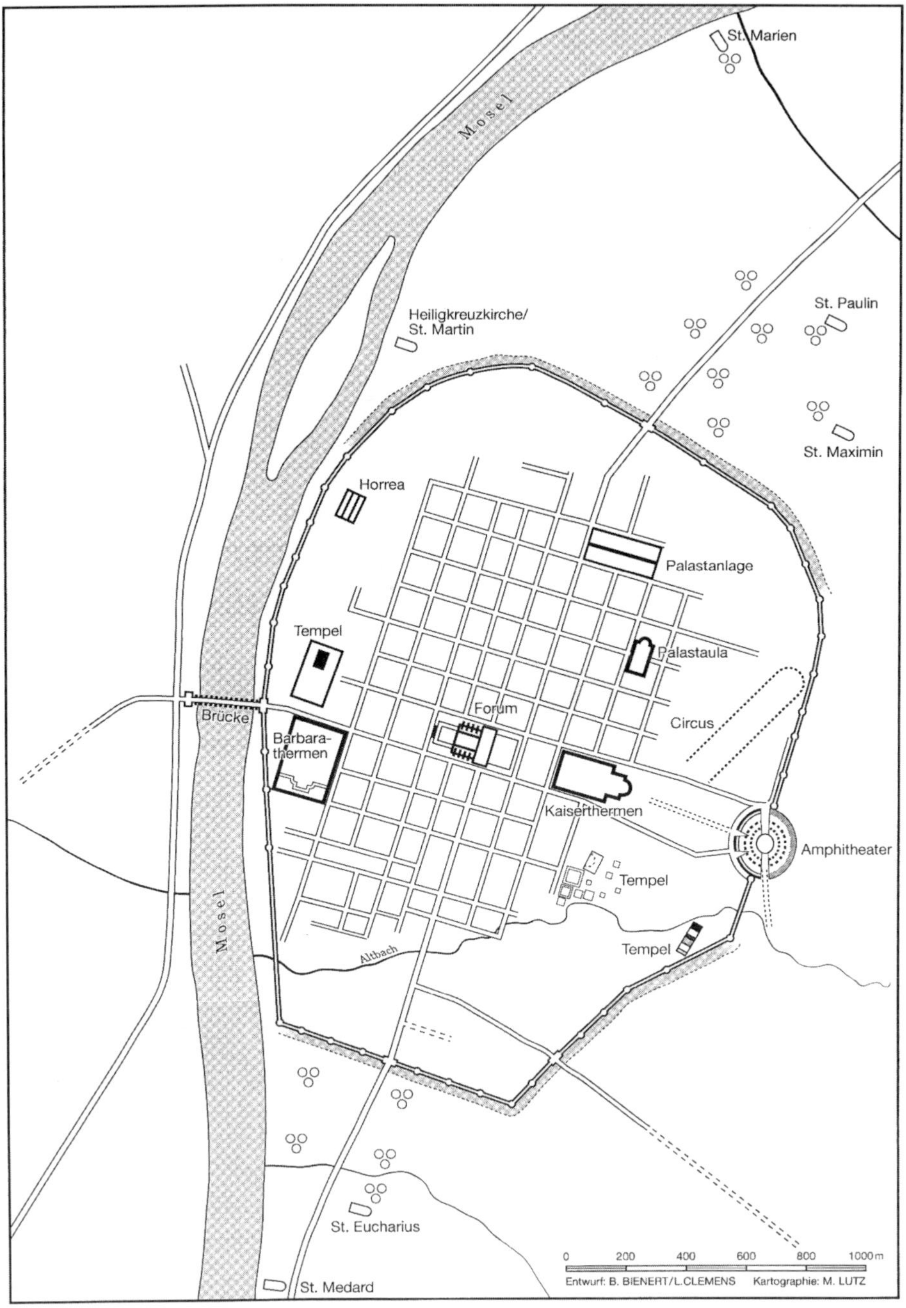

Abb. 1: Trier in der Spätantike

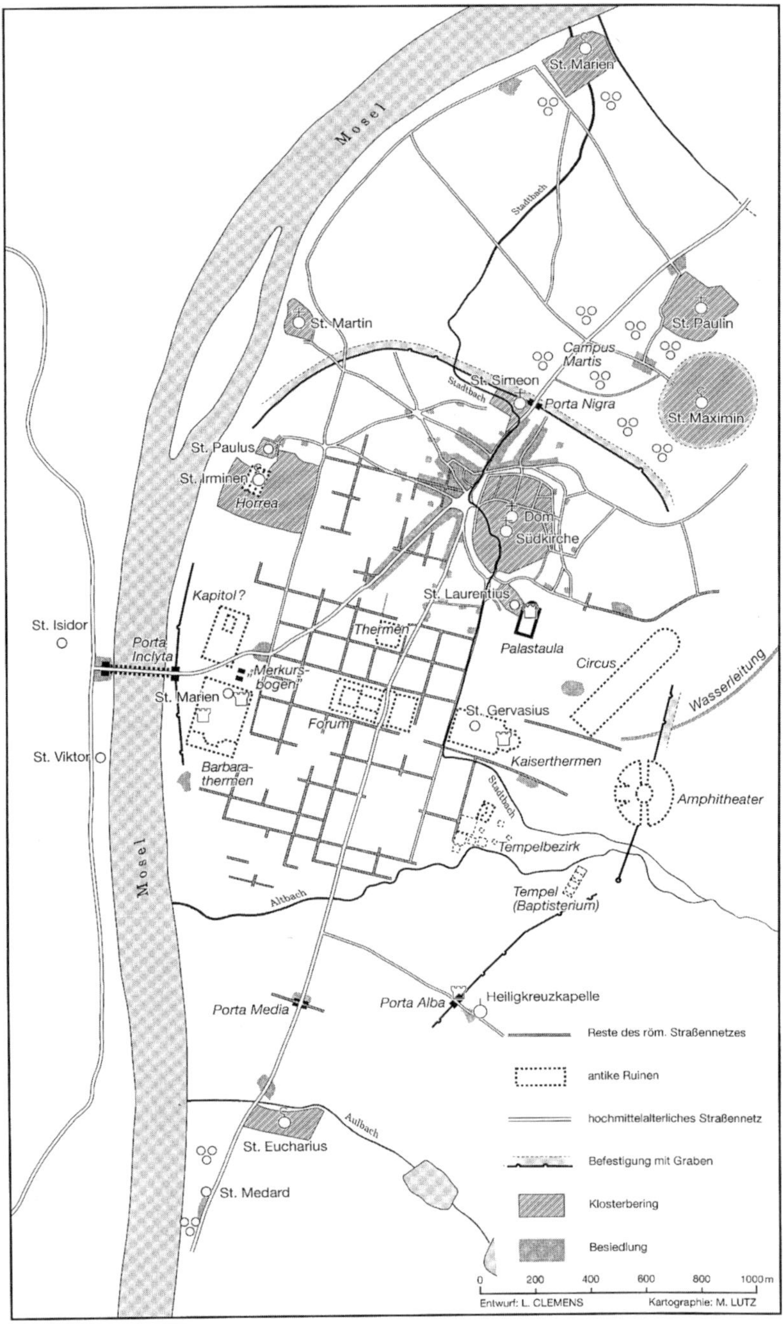

Abb. 2: Trier im 11. Jahrhundert

ursprünglich 6,5 Kilometer lange Stadtmauer des 2. Jahrhunderts. Nördlich und südlich der römischen Stadtbefestigung zeugten zahlreiche Sarkophage und Überreste einzelner Grab- und Memorialbauten von den Dimensionen der ehemaligen Gräberfelder.

Bereits um die Mitte des 11. Jahrhunderts wurde unter Bezugnahme auf die örtlichen antiken Monumente eine Trierer Gründungs- und Frühgeschichte ausformuliert. So werden in der *Hystoria Treverorum* die Anfänge der Stadt in mythische Zeiten verlegt[4]. Um den Nachstellungen seiner Stiefmutter Semiramis zu entgehen, soll Trebeta, Sohn des zur Zeit des Patriarchen Abrahams amtierenden Königs von Niniwe, Ninus, an die Mosel gelangt sein, wo er eine Stadt erbaute, die zu Ehren ihres Günders Treberis genannt wurde. Im weiteren Verlauf der Erzählung werden die antiken Monumente der Stadt beschrieben, deren Errichtung auf die Treverer zurückgeführt wird: So zu Beginn die vier Stadttore (Porta Nigra, auch Porta Martis genannt, Porta Alba, Porta Media und Porta Inclyta), deren Namen sagenhafte Deutungen zur Folge haben. Dabei finden sich aber durchaus auch konkrete Beobachtungen, wie die Schilderung der *ex lapidibus quadratis non cemento sed ferro mirabili arte compaginatis* errichteten Porta Nigra. Und weiter: »Im Westen der Stadt haben die Treverer einen innen und außen mit Gold verzierten Tempel erbaut und den Namen vieler Götter geweiht, die man immer noch, wenn man sich die Statuen sorgfältig betrachtet, dort auf an den Mauern angebrachten Inschriften findet. Weil dieser Tempel zahllosen Daemonen geweiht war, wird er bis auf den heutigen Tag allgemein ›Tempel der Hundert‹ – *centifanum* – genannt«[5]. Auf seinem Vorplatz stehe ein aus Steinquadern errichteter Bogen mit einem in der Luft schwebenden eisernen Marsbildnis, abseits hiervon ein marmorner Jupiter, der eine goldene Schale in seinen Händen hält, aus der immerwährend wohlriechender Weihrauch verströmt. Als Beweis für die Existenz dieser beiden Monumente fügt die *Hystoria* im Wortlaut einen fiktiven Brief an, der die Wunderwerke beschreibt. Hierauf folgt der Bericht über den römischen Konsul Arimaspes, der nach Trier gekommen sei, um sich von den Wunderwerken, die man über die Stadt erzählt, zu überzeugen. Arimaspes sei schließlich in Trier geblieben und dort in den städtischen Magistrat aufgenommen worden. Er habe – an vielen Inschriften noch sichtbar – in seiner neuen Heimat den Götterkult sowie verschiedene Ämter und Ehrentitel *secundum Romanas consuetudines* eingeführt, ferner die Zirkusspiele nach römischen Gebräuchen, was die Ruinen des (Amphi-)Theaters bezeugten. Schließlich werden die aus Caesars *De bello Gallico* bekannten Widerstände der Treverer gegen die römischen Truppen paraphrasiert, die durch die Zwietracht der Fürsten Induciomarus und Cingetorix mit ihrer Niederlage enden.

4 MGH SS VIII, S. 143–146; vgl hierzu ausführlich Heinz Thomas, Studien zur Trierer Geschichtsschreibung des 11. Jahrhunderts insbesondere zu den Gesta Treverorum, Bonn 1968 (= Rheinisches Archiv 68), bes. S. 39–75.

5 *Et extruxerunt in parte occidentali templum, studiosissime intus et foris auro decoratum, multorum idolorum numinibus illud dedicantes, quorum effigies qui adhuc diligenter consideret, inscriptas ibi vel affixas parieti reperiet, quod usque in hodiernum, quia innumeris fuerit daemonibus consecratum, vulgus dicit centifanum appellatum*; MGH SS VIII, S. 145 f.

Die jüngeren, in der überlieferten Fassung um 1101 niedergeschriebenen *Gesta Treverorum* sind – was die profane Frühgeschichte anbelangt – nicht nur wesentlich umfangreicher als ihre Hauptquelle, die *Hystoria Treverorum*, sondern zugleich ausführlicher als alle anderen Gründungsgeschichten nördlich der Alpen[6].

Wichtig für unsere Fragestellung nach den in die Geschichtskonstruktion einbezogenen antiken Überresten ist nun eine Reihe von Ergänzungen im Vergleich zur Vorlage. So wird etwa von Trebeta berichtet, er sei nach seinem Tode auf Veranlassung seines Sohnes Hero gemäß heidnischem Brauch *(secundum ritum gentilitatis)* verbrannt und auf dem Juraberg (dem jetzigen Petrisberg) begraben worden, womit offenbar auf den noch heute erkennbaren mächtigen antiken Grabhügel auf dem »Franzensknüppchen« Bezug genommen wurde[7]. Hero habe die Verdienste seines Vaters auf einer Marmortafel als Grabgedicht festgehalten, das im Wortlaut wiedergegeben wird. Die nachfolgende Schilderung der antiken Monumente der Stadt beginnen, ähnlich der *Hystoria*, mit einer Beschreibung der Stadttore. Es folgt die Erwähnung des in der *Hystoria* ebenfalls anschließend beschriebenen Tempels der hundert Gottheiten, der hier allerdings als »Kapitol« bezeichnet wird. Nachfolgend findet der Bogen mit der schwebenden Merkurstatue Berücksichtigung, dem noch eine Inschrift beigefügt wird. Neu ist die dann zu lesende Ansprache der Moselbrücke, die der wohl im ausgehenden 10. Jahrhundert entstandenen Beschreibung der Doubsbrücke zu Besançon aus der *Vita Antidii* entlehnt worden ist: »Nicht weit von dort erbauten sie über die Mosel aus mächtigen Steinen, die durch Eisen und Blei verbunden waren, eine Brücke, die kein Alter wankend machen, keine Wasserflut zerreißen kann«[8]. Wie man sich noch heute überzeugen kann, trifft diese Schilderung aber auch exakt auf das Trierer Bauwerk zu, ließ sich folglich die schriftliche Vorlage ohne große Umarbeitung auf die lokalen Verhältnisse anwenden. Weitere noch sichtbare Ruinenreste finden sich in der Aussage zusammengefaßt, die Treverer hätten an verschiedenen Orten der Stadt starke und hohe Türme, Kapitole, Paläste, Tempel, Statuen, Thermen, Bäder und Theater erbaut[9], um dann ausführlich die Trier versorgende antike Wasserleitung zu beschreiben.

6 Vgl. THOMAS (wie Anm. 4), bes. S. 97–119. In der maßgeblichen MGH-Edition von Georg Waitz umfaßt dieser Teil der *Gesta Treverorum* 14 Seiten; MGH SS VIII, S. 111–192, bes. S. 130–143.

7 Vgl. Adolf NEYSES, Das Franzensknüppchen auf dem Petrisberg bei Kürenz – oder das Grab des Trebeta, in: Kurtrierisches Jahrb. 18 (1978), S. 192–197.

8 *Non longe abhinc super Mosellam ex magnis lapidibus ferro plumboque compactis pontem construxere, quem nulla vetustas labefactare, nulli fluctus possunt dissolvere*; MGH SS VIII, S. 132. Der entsprechende Passus in der *Vita Antidii* lautet: *Huic denique pons lapideus est impositus, constanti et firmo opere constructus, quadratis ferro plumboque adnexis lapidibus, ab imo sabuli ad cacumen summum solidatus, qui quadrigarum inter se occurrentium sine periculo capiens commeatum, fluminis despicit impetum, urbisque pandit introitum*; AA SS Jun. VII, Ausgabe Paris, Rom 1867, S. 37; vgl. auch THOMAS (wie Anm. 4), S. 112 f.

9 *Fecerunt quoque per diversa urbis loca turres firmas et altas, capitolia, palatia, templa, statuas, thermas, lavacra, theatra*; MGH SS VIII, S. 132.

Besonders anschaulich kommt ein noch vorhandenes Wissen um die einstige Nutzung antiker Bauwerke jedoch in jener in den *Gesta* anschließenden, die Wette des *princeps* Catholdus mit seinem Sklaven schildernden sagenhaften Episode zum Ausdruck: Demnach waren nämlich Catholdus durch Losentscheid der Bau einer Wasserleitung *(aquaeductus)* von den Flüssen Riveris und Ruwer in die Stadt sowie die Erstellung des Amphitheaters *(amphitheatrum)* zugewiesen worden. Als er über die Errichtung des Kanals laut nachdachte, prahlte sein Haussklave, er werde ihm – bei entsprechender Entlohnung – das Wasser an dem Tage in die Stadt leiten, an dem sein Herr das Amphitheater fertigstelle. Man einigte sich schließlich dahingehend, daß der Verlierer mit dem Tode zu bestrafen sei. Zu dieser Wette hatte die Gemahlin des Catholdus den Sklaven angestiftet, mit dem sie Ehebruch beging. Zum vereinbarten Termin waren beide Bauwerke fertiggestellt, allein, der Aquädukt führte kein Wasser. Die ehebrecherische Frau versteckte daraufhin den Sklaven in der Nacht vor dem entscheidenden Datum unter dem Ehebett, wo dieser aus dem Munde des Catholdus erfuhr, daß man, um das Wasser zum Fließen zu bringen, die Leitung lediglich im Abstand eines Steinwurfs durch kleine Öffnungen unterbrechen müsse. Nachdem sein Herr eingeschlafen war, führte der Sklave den Rat aus und hatte Erfolg. Als aber Catholdus dies hörte, packte er sein Weib und stürzte sich gemeinsam mit ihr – um dem Tod durch die Hand seines Sklaven zuvorzukommen – von der Höhe des Amphitheaters. So gab er dem Ort für immer einen Namen, nämlich ›Söller des Catholdus‹[10].

Wie die Anekdote zeigt, waren dem Hochmittelalter die einstigen Funktionen dieser beiden römischen Bauwerke bekannt. Als Luftabzugsöffnungen, die der Sklave anbringen ließ, sind die mißverstandenen Wartungsschächte der 13 Kilometer langen Wasserleitung interpretiert worden, von denen bislang vier archäologisch nachgewiesen werden konnten[11]. Ein nur wenig oberhalb der Riverismündung in die Ruwer angelegter Zulaufkanal, dessen Gewölbe im Hochmittelalter noch sichtbar gewesen war, hatte offenbar zu der in den *Gesta* wiedergegebenen Annahme geführt, man habe die Riveris nach Trier umgeleitet[12].

Die Erzählung hat wohl auch deshalb beide Bauwerke als stofflichen Hintergrund einer sagenhaften Wette gewählt, weil sie in topographischer Nähe zueinander erhalten geblieben waren. So wurde jener Abschnitt der Wasserleitung, der nördlich des Amphitheaters in die antike Stadt eintrat, seit der zweiten Hälfte des 12. Jahrhunderts in Urkunden als »Langenborn« *(longus fons)* bezeichnet. Dort mündete die Kanalrinne vermutlich in ein Wasserverteilungsbauwerk und floß über eine Aquäduktbrücke in westlicher Richtung weiter. An dieser Stelle befand sich seit dem 13. Jahrhundert ein gleichnamiger Wirtschaftshof der Zisterzienser von Himmerod[13].

10 MGH SS VIII, S. 132 f.
11 Jahresbericht 1926, in: Trierer Zeitschr. 2 (1927), S. 189 f.
12 Adolf Neyses, Die Ruwer-Wasserleitung des roemischen Trier, Waldrach 1977, S. 12.
13 Clemens, Nutzung (wie Anm. 3), S. 31 u. 34.

Das Amphitheater findet man noch 1211 in einer erzbischöflichen Urkunde als *Catoldi solium*, also »Söller des Catholdus« bezeichnet, womit der Schreiber sicherlich auf die in den *Gesta* wiedergegebene Sage Bezug genommen hat[14]. Im weiteren Verlauf des 13. Jahrhunderts als *Kasolre* bezeugt, wird der Begriff im 14. Jahrhundert offenbar nicht mehr verstanden und in *Kaskeller* (von *Kas*, moselfränkisch für Eiche) umgedeutet[15].

In diesem östlichen Bereich der römischen Stadt hatten bis in das Hochmittelalter hinein weitere Bauwerke überlebt – nicht zuletzt deshalb, weil das Areal kaum mehr bewohnt wurde. Eine im Jahr 1101 – also etwa zeitgleich mit den *Gesta Treverorum* – abgefaßte Urkunde erwähnt das »Stadion der alten Stadt, gelegen vor der Memoria, welches nun Langgraben genannt wird«[16]. Möglicherweise handelt es sich bei diesem als einstige Renn- oder Laufbahn interpretierten Komplex um die Überreste des antiken Circus, der mit guten Gründen im östlich der mittelalterlichen Stadtmauern gelegenen Bereich zwischen der heutigen Agritius- und der Hermesstraße angenommen wird[17]. Unter *longa fossa* könnte man sich jedenfalls durchaus die Relikte einer Rennbahn von über 400 Metern Länge vorstellen. Gleichzeitig ist der Bezeichung aber auch der Hinweis auf ein weiteres Gebäude zu entnehmen, das als *memoria*, also als Denk- oder Grabmal gedeutet wird. Diese *memoria* taucht auch in späteren Quellen auf, scheint aber zu Beginn des 14. Jahrhunderts dann weitgehend abgetragen worden zu sein, so daß während des Spätmittelalters nur noch die Erinnerung an das Bauwerk in einem Flurnamen weiterlebt – *ubi quondam memoriam stabat* heißt es beispielsweise[18]. Die hochmittelalterliche Deutung erfolgte womöglich aufgrund einer noch lesbaren Inschrift und/oder erhaltenen bildlichen Darstellung. So berichtet bereits die *Hystoria Treverorum* von derartigen Memorialbauten, die der römische Konsul Arimaspes in Trier erblickt haben soll[19] und welche dem Autor der *Hystoria* offenbar noch aus eigener Anschauung bekannt waren.

Im Westen der Stadt nahe der Römerbrücke erwähnt die *Hystoria Treverorum* – wie bereits ausgeführt – ein *centifanum*, einen »Tempel der hundert Götter«, und beschreibt dortige Statuen und Inschriften. Die jüngere Bistumschronik spricht bei

14 Heinrich Beyer, Leopold Eltester, Adam Goerz (Bearb.), Urkundenbuch zur Geschichte der jetzt die Preussischen Regierungsbezirke Coblenz und Trier bildenden mittelrheinischen Territorien, 3 Bde., Koblenz 1860–1874 (künftig zitiert: MUB), hier: Bd. II, S. 313 f., Nr. 276.

15 Wolfgang Jungandreas, Historisches Lexikon der Siedlungs- und Flurnamen des Mosellandes, Trier 1962 (= Schriftenreihe z. Trierischen Landesgesch. u. Volkskd. 8), S. 20; Lukas Clemens, Trier – Eine Weinstadt im Mittelalter, Trier 1993 (= Trierer Hist. Forschungen 22), S. 430.

16 *in veteri civitatis stadio ante memoriam quod nunc dicitur longa fossa*; MUB I, S. 461, Nr. 404.

17 Wilhelm von Massow, Der Circus des römischen Trier, in: Trierer Zeitschr. 18 (1949), S. 149–169; Heinz Cüppers, Circus, in: Trier. Kaiserresidenz und Bischofssitz. Die Stadt in spätantiker und frühchristlicher Zeit, Mainz 1984, S. 190.

18 Clemens, Nutzung (wie Anm. 3), S. 36.

19 MGH SS VIII, S. 146.

demselben Komplex vom Kapitol der Stadt, ohne – obwohl ansonsten detaillierter als die Vorlage – auf dessen Ausstattung zu sprechen zu kommen. In beiden Fällen ist offenbar auf jenen monumentalen Podiumstempel Bezug genommen, der in den Jahren 1977 bis 1979 hinter dem Hauptzollamt ergraben wurde[20]. Dieser war im Verlauf des Mittelalters bis auf die Fundamente unter der eigentlichen Benutzungshöhe ausgebrochen worden. Einen Reflex dieser Abtragungen stellen möglicherweise die unterschiedlichen Beschreibungen in *Hystoria* und *Gesta Treverorum* dar. So hatte die fortgeschrittene Zerstörung des Tempels vielleicht die knappe Erwähnung in der jüngeren Bistumschronik zur Folge. Trifft die Ansprache des Monumentes als Kapitol zu, so hätten wir einen Hinweis auf das fortlebende Wissen über die einstige Funktion des Bauwerks im Hochmittelalter. In diesem Fall wäre der Standort des Trierer Tempels der kapitolinischen Trias außerhalb des Forums mit dem zu Köln vergleichbar, wo man im 12. Jahrhundert ebenfalls noch von dem dortigen antiken Hauptheiligtum wußte, wie schon die Bezeichnung St. Maria im Kapitol nahelegt. Ein Tempel mit dreiteiliger Cella konnte bekanntlich tatsächlich unter der Stiftskirche St. Marien auch archäologisch nachgewiesen werden[21].

Eine andere Trierer Ortsbezeichnung schließt topographisch östlich an das *centifanum* an. Seit den dreißiger Jahren des 13. Jahrhunderts ist dort von einem als *vetus forum* beziehungsweise *forum antiquum*, später auch als »Virnemarkt« bezeichneten Terrain die Rede. Aus der Überlieferung wird ersichtlich, daß die Lage des so benannten Geländes weitgehend mit dem unteren Teil der Brückengasse, der heutigen Karl-Marx-Straße, und östlich anschließenden Arealen identisch ist. Die jüngere Lokalforschung hat nun die Bezeichnung mit einem dort vermuteten frühmittelalterlichen Straßenmarkt in Verbindung gebracht, den sie zeitlich zwischen die in den *Gesta Treverorum* erwähnte Verlegung eines vor der Porta Media gelegenen Südmarktes in der ersten Hälfte des 8. Jahrhunderts und der ebenfalls von dieser Quelle berichteten Marktgründung vor dem Dom (Hauptmarkt) unter Erzbischof Heinrich (im Jahr 958) einordnet[22]. Konkrete Hinweise auf einen karolingischen Markt nahe der Römerbrücke besitzen wir jedoch nicht, er findet auch in den *Gesta Treverorum* keine Erwähnung. Wahrscheinlicher ist vielmehr, daß sich die Bezeichnung *vetus forum* – ähnlich wie *vetus castrum*, *antiquum castrum* beziehungsweise *Alderburg* für die spätantiken Kaiserthermen[23] – ebenfalls auf einen römischen Komplex bezogen hat, und zwar auf das dort archäologisch nachgewie-

20 Heinz Cüppers, Der Tempel des Asklepios an der Moselbrücke zu Trier, in: Funde u. Ausgrabungen im Bezirk Trier 14 (1982), S. 7–13.

21 Hansgerd Hellenkemper, Delubrum Martis und die mittelalterlichen Überlieferungswege, in: Kölner Jahrb. f. Vor- und Frühgesch. 13 (1972/73), S. 102–106; Hugo Stehkämper, Imitatio Urbis. Altrömische Ämterbezeichnungen im Hochmittelalter in deutschen Städten, besonders in Köln, in: Wallraf-Richartz-Jahrb. 47 (1986), S. 205–233, bes. S. 205 f., 218–225.

22 Richard Laufner, Geschichte des mittelalterlichen Trierer Marktes bis ins 11. Jahrhundert, in: Hans Eichler, Richard Laufner, Hauptmarkt und Marktkreuz zu Trier. Eine kunst-, rechts- und wirtschaftsgeschichtliche Untersuchung, Trier 1958, S. 1–74, bes. S. 23 f.

23 Jungandreas (wie Anm. 15), S. 10; Clemens, Trier (wie Anm. 15), S. 418 f.

sene administrative und politische Zentrum der antiken Stadt, eben das Forum[24]. Trifft diese Annahme zu, so haben wir mit der Ortsbezeichnung *vetus forum* einen Hinweis auf die fortlebende Kenntnis der einstigen Funktion dortiger römischer Baureste.

Große Teile des antiken Forums sind nachweislich bis in das 12. Jahrhundert hinein noch erhalten geblieben. Im Zuge des unter Erzbischof Bruno von Lauffen zwischen 1102 und 1124 initiierten Baus einer hochmittelalterlichen Stadtbefestigung, deren südlicher Verlauf die Kaiserthermen mit den Barbarathermen verband, wurden die unmittelbar nördlich dieser Trasse gelegenen Mauern des Forums systematisch als Steinbruch ausgebeutet und entschwanden so den Augen der Moselstadtbewohner[25].

Den östlichen Abschluß des Forums bildete eine in Nord-Süd-Orientierung ausgerichtete, in der Spätantike über 100 Meter lange und etwa 25 Meter breite basilikale Halle. 1995 erfolgte archäologische Untersuchungen in den Kellern des Anwesens Neustraße 43 sowie Begehungen mehrerer mittelalterlicher Kelleranlagen in der Neustraße (Nrr. 42, 44, 58, 61, 63) ergaben, daß auf beiden Seiten des Straßenzuges noch bedeutende Teile der Außenmauern der antiken Marktbasilika erhalten sind, die in den bislang publizierten Plänen fehlen. Eine genaue Vermessung der Befunde und ihre Übertragung in den Gesamtplan des Trierer Forums ist derzeit noch nicht abgeschlossen. Aus den bisherigen Beobachtungen läßt sich aber bereits jetzt das Schicksal der Marktbasilika in nachantiker Zeit rekonstruieren: Bis in das Hochmittelalter hinein standen demnach weite Teile des antiken Forums noch meterhoch oberirdisch sichtbar. Im Zuge des seit dem 12. Jahrhundert vorangetriebenen Stadtmauerbaus wird die spätantike Marktbasilika an ihren nördlichen und südlichen Stirnseiten durchschlagen und auf der südlichen Stirnseite das 1877 niedergelegte, komplett aus antikem Altmaterial gefertigte Neutor errichtet. Durch die Marktbasilika führt dann seit der zweiten Hälfte des 12. Jahrhunderts eine neue Straße, die *nova platea* oder *Nuwegasse*, an ihre bis zu 100 Meter langen Seitenwände sind nun Häuser gegen das spätantike Mauerwerk gebaut[26]. Eine Parallele zu einem derartigen Nachleben eines ursprünglich überdachten römischen Bauwerks als Straße in nachantiker Zeit kenne ich nur aus Rom, wo die Via Arco della Ciambella mitten durch den Kuppelsaal der Agrippa-Thermen angelegt wurde[27].

24 Vgl. Gottfried KENTENICH, Der älteste mittelalterliche Markt Triers, in: Trierische Chronik 7 (1911), S. 94–96; Heinz CÜPPERS, Das römische Forum der Colonia Augusta Treverorum, in: Festschrift 100 Jahre Rheinisches Landesmuseum Trier. Beiträge zur Archäologie und Kunst des Trierer Landes, Trier 1979 (= Trierer Grabungen u. Forschungen 14), S. 211–262.

25 CÜPPERS (wie Anm. 24), S. 213.

26 Vgl. Lukas CLEMENS, Hartwig LÖHR, Jahresbericht des Landesamtes für Denkmalpflege, Abteilung Archäologische Denkmalpflege, Amt Trier, für den Stadtbereich Trier 1995, in: Trierer Zeitschr. 60 (1997), S. 363–386, hier: S. 374–381.

27 Siehe Christian HÜLSEN, Die Thermen des Agrippa. Ein Beitrag zur Topographie des Marsfeldes in Rom, Rom 1910. Auch die Rennbahn des antiken Zirkus von Mailand degenerierte im Mittelalter zur Straße; vgl. Paul-Albert FÉVRIER, Permanence et héritages de l'an-

Generell wurde römische Monumentalarchitektur zu Trier in jüngerer Zeit weiter, meist allerdings in geänderter Funktion genutzt. Die Verwendungsmöglichkeiten blieben dabei aber im wesentlichen auf ein Fortleben als *castrum* oder *ecclesia* beschränkt (vgl. Abb. 3 und 4). Beispiele letzterer Variante sind die in das antike Nordtor hineingebaute Doppelkirchenanlage des Stiftes St. Simeon oder das in die Getreidespeicher an der Mosel hineingesetzte Frauenkloster St. Irminen, wobei hier die Kenntnis der einstigen Funktion des Bauwerks in der Bezeichnung »St. Maria in horreo« fortlebt[28].

Auch einige aus der erzbischöflichen Ministerialität beziehungsweise Vasallität entstammende Familienclans hatten ihren Wohnsitz in den Ruinen der noch in großen Teilen ihrer Substanz erhaltenen antiken Großbauten genommen. Das bekannteste Beispiel ist die Familie Von der Brücke oder *de Ponte*, ein Geschlechterverband, der in den einstigen Thermen am Moselufer unweit der Römerbrücke saß (vgl. Abb. 5 und 6)[29]. Das wohl bedeutendste Familienmitglied, Ludwig de Ponte, errichtete in seiner Eigenschaft als Burggraf und *praefectus urbis* während der ersten Hälfte des 12. Jahrhunderts eine von drei nacheinander folgenden Erzbischöfen faktisch unabhängige Stadtherrschaft, konnte sich also durchaus in der Nachfolge jener *principes Treverorum* aus mythischen Zeiten sehen. Unter anderem verwehrte er Erzbischof Albero von Montreuil lange den Zugang zum erzbischöflichen *palatium* – also der als Stadtburg genutzten spätantiken Palastaula –, so daß dieser in das moselabwärts gelegene Pfalzel ausweichen mußte. Auch Albero nutzte Antike, indem er seinen Wohnsitz in der dortigen Palastburg des 4. Jahrhunderts wählte. Sein Biograph Balderich schildert diesen Vorgang wie folgt: »Deshalb ließ er das nahe der Stadt gelegene Pfalzel, die Burg Julius Caesars, die zu jener Zeit durch Lage und Alter eingefallen und unbewohnbar geworden war, mit großem Aufwand (oder mit großen Kosten) wiederherstellen«[30]. Verlockend erscheint die Spekulation, Balderich habe mit dem Verweis auf das *castrum Iulii Cesaris* Albero zugleich bewußt in die Tradition jenes römischen Imperators stellen wollen, der die Treverer – und somit die Vorfahren Ludwigs – unterworfen hatte.

Die Familie de Palatio wiederum wählte ihren Sitz in der spätantiken Palastaula – oder deren unmittelbarer Nachbarschaft –, die während des Hochmittelalters als

tiquité dans la topographie des villes de l'occident durant le haut moyen âge, in: Topografia urbana e vita cittadina nell'alto medioevo in occidente 1, Spoleto 1974 (= Settimane di Studio del Centro Italiano di Studi sull'Alto Medioevo 21), S. 41–138, hier: S. 115.

28 Eberhard ZAHN, Die Porta Nigra in nachrömischer Zeit, in: Die Porta Nigra in Trier, hg. v. Erich GOSE, Berlin 1969 (= Trierer Grabungen u. Forschungen 4), S. 107–151; Hans EIDEN, Untersuchungen an den spätrömischen Horrea von St. Irminen in Trier, mit einem Beitrag von Hermann MYLIUS, in: Trierer Zeitschr. 18 (1949), S. 73–106; Theresia ZIMMER, Das Kloster St. Irminen-Oeren in Trier von seinen Anfängen bis ins 13. Jahrhundert, in: EBD. 23 (1954/55), S. 5–180, bes. S. 13–20.

29 CLEMENS, Nutzung (wie Anm. 3), S. 37; DERS., Umgang (wie Anm. 3), S. 183.

30 *Eapropter Palaciolum, Iulii Cesaris castrum, iuxta civitatem situm, eo tempore situ et vetustate dirutum et inhabitabile, multis sumptibus restruxit*; MGH SS VIII, S. 251. Zu dem antiken Bau vgl. Heinz CÜPPERS, Palatiolum-Pfalzel, in: Trier. Kaiserresidenz und Bischofssitz. Die Stadt in spätantiker und frühchristlicher Zeit, Mainz 1984, S. 319–322.

erzbischöfliche Burg und später auch als Stadtresidenz fungierte. Nach den zur Wehranlage umfunktionierten Ruinen der Kaiserthermen hatte sich das Geschlecht de Castello benannt, während der Verband de Horreo in den – wie jüngste Grabungsergebnisse zeigen, wesentlich ausgedehnteren als bislang angenommen – spätantiken Speicheranlagen und damit in unmittelbarer Nähe zum Kloster St. Irminen am Moselufer saßen. Die Familie de Cunz schließlich bewohnte wohl Teile des ausgedehnten spätantiken Villenkomplexes wenige Kilometer moselaufwärts in Konz[31]. Auch das auf dem Heiligkreuzer Berg gelegene antike Stadttor, die Porta Alba, fungierte als Burganlage. Laut Auskunft der *Gesta Treverorum* hatte sich hier ein *tyrannus* namens Adelbert während der frühen Amtsjahre des Erzbischofs Poppo (1016–1047), also zu Beginn des 11. Jahrhunderts, eingenistet und dem Erzbischof von dort aus militärischen und wirtschaftlichen Schaden zugefügt[32]. In den 80er Jahren des 12. Jahrhunderts diente die Anlage dem Elekten Rudolf von Wied in seinen Auseinandersetzungen mit Folmar von Blieskastel um das Amt des Trierer Oberhirten als befestigter Wohnsitz, was nicht zuletzt in einer Denar- und Obolprägung Rudolfs mit der Darstellung des antiken Stadttores zum Ausdruck kommt[33].

Wie archäologische Untersuchungen ergaben, wurden im Verlauf des Hochmittelalters – etwa im Bereich der Wechselstraße, der Dietrichstraße, der Neustraße oder auf dem Domfreihof – Profangebäude unter Einbeziehung antiker Kellermauern, aber auch der aufgehenden Wände errichtet[34]. Konnte hingegen auf keine römischen Mauern zurückgegriffen werden, so versuchte man doch ganz bewußt, die noch überall sichtbare antike Bauweise zu kopieren. Besonders gut ersichtlich ist eine derartige Imitation von Antike bei jenen hochmittelalterlichen Turmhäusern, die als fortifikatorische Zentren größerer Hofanlagen fungierten. Aus dem Zeitraum des 11. und 12. Jahrhunderts finden sich mindestens ein Dutzend solcher Geschlechtertürme für Trier durch schriftliche und bauhistorische Zeugnisse überliefert. Diese steinernen Wohn- und Wehrbauten sind fast ausschließlich aus römischem Abbruchmaterial errichtet worden. Das besterhaltene Beispiel, der in der Dietrichstraße gelegene sogenannte Frankenturm, ist vermutlich in zeitlicher Nähe zu den *Gesta Treverorum* an der Wende zum 12. Jahrhundert entstanden (vgl. Abb. 7). Er besitzt einen Fundamentsockel aus großen Sandsteinquadern, die überwiegend von antiken Laubenpfeilern stammen dürften. Das Erdgeschoß und die

31 Clemens, Umgang (wie Anm. 3), S. 183–185.

32 MGH SS VIII, S. 172; vgl. hierzu Lukas Clemens, Weinwirtschaft im hohen und späten Mittelalter: Das Beispiel Trier, in: Weinbau zwischen Maas und Rhein in der Antike und im Mittelalter, hg. v. Michael Matheus, Mainz 1997 (= Trierer Hist. Forschungen 23), S. 85–106, hier: S. 90 f.

33 Clemens, Sigillum (wie Anm. 3), S. 68.

34 Lukas Clemens, Die archäologischen Untersuchungen zwischen Wechsel- und Kuhnenstraße zu Trier. Mit Überlegungen zur lokalen Keramikchronologie des 13. und 14. Jahrhunderts, in: Trierer Zeitschr. 58 (1995), S. 267–301, hier: S. 277; Clemens/Löhr (wie Anm. 26), S. 376–378; vgl. ferner die Ortsakte »Dietrichstraße« im Rheinischen Landesmuseum Trier.

Obergeschosse sind mit sorgfältig behauenen Jurakalksteinen verblendet. Nach fünf bis acht Steinreihen folgt jeweils ein zweilagiges Ziegelband. Auch dieser Ziegeldurchschuß ist lediglich vorgeblendet, also nicht, wie im Fall der antiken Bauwerke, massiv als Ausgleichslage ausgeführt worden. Über dem Eingang der Ostwand des ersten Obergeschosses, der über eine hölzerne Treppe zu erreichen war – also an einer repräsentativen Stelle des Gebäudes –, befindet sich ein in Zweitverwendung als Türsturz vermauerter Kalksteinquader, der eine an der Außenseite sichtbare vierzeilige fragmentierte Grabinschrift des 2. Jahrhunderts aufweist (vgl. Abb. 8)[35]. Möglicherweise ist der Stein bewußt an dieser exponierten Stelle des Wohnturmes verbaut worden. In diesem Fall hätte der Auftraggeber noch damals sichtbare Inschriften an antiken Großbauten nachzuahmen versucht. Daß der Stein auf dem Kopf stehend über der Eingangstür eingepaßt worden ist, dürfte auf eine apotropäische, also schadensabwehrende Funktion der Spolie zurückzuführen sein.

Andere Turmhäuser, wie der Turm Jerusalem nahe dem Hauptmarkt im heutigen Palais Walderdorff, der Turm im Hof von der Leyen, die Turmreste in dem Anwesen Fleischstraße 14 (Haus zum hohen Giebel), oder der einst am Moselufer im Bereich des heutigen Hauptzollamtes stehende Wolfsturm sind in vergleichbarer Ausführung errichtet worden[36]. Aus diesen Beispielen lassen sich folglich sehr schön das Traditionsbewußtsein und der Stolz auf die profane Vergangenheit der Stadt ableiten, eine Bewunderung des einstigen Ansehens der Stadt und ihrer politischen Führungsschicht, die in einer Dichtung wie den *Gesta Treverorum* sowie den Wohn- und Wehrbauten der einzelnen Geschlechter zum Ausdruck kommt.

Generell ist zu konstatieren, daß im hochmittelalterlichen Trier Steingebäude zum überwiegenden Teil aus antikem Altmaterial errichtet wurden, was natürlich etwas über die damalige Verfügbarkeit von Antike aussagt. Dies gilt in besonderem Maße für die Kirchen- und Klosterkomplexe, Kapellen und Stiftsbauten. Die Klöster St. Maximin, St. Eucharius und St. Irminen, der Stiftskomplex von St. Simeon, die Westfassade des Domes oder die Heiligkreuzkapelle – um nur einige heute noch erhaltene Beispiele zu nennen – sie alle sind unter Verwendung römischen Abbruchmaterials gebaut worden.

Gleiches gilt neben den Wehrtürmen auch für die übrigen Profanbauten – wie etwa Beispiele aus der Grabenstraße 2 beziehungsweise der Predigerstraße zeigen[37]. In diesem Zusammenhang ist auch eine Detailbeobachtung aus dem 1995 untersuchten Gelände der ehemaligen Firma Heil im Bereich des Forums von Interesse: So waren in der nördlichen Kellerwand eines Wohnhauses des 12./13. Jahrhunderts

35 Friedrich KUTZBACH, Alte Häuser in Trier, in: Trierisches Archiv 2 (1899), S. 46–71, bes. S. 54–56; Wolfgang BINSFELD, Eine römische Inschrift am Frankenturm in Trier, in: Funde u. Ausgrabungen im Bezirk Trier 25 (1993), S. 20–25.

36 Hermann BUNJES, Rudolf BRANDTS (Bearb.), Die weltlichen Kunstdenkmäler der Stadt Trier, masch., Trier o. J. [ca. 1940], S. 296–327.

37 BINSFELD (wie Anm. 35), S. 24 f. (Predigerstraße); Lukas CLEMENS, Hartwig LÖHR, Jahresbericht des Landesamtes für Denkmalpflege, Abteilung Archäologische Denkmalpflege, Amt Trier, für den Stadtbereich Trier 1994, in: Trierer Zeitschr. 59 (1996), S. 257–286, hier: S. 265 f. (Grabenstraße).

auf einer Ebene noch erkennbar sechs Tubuli, also Hohlziegel einer antiken Wandheizung, als Balkenlager verbaut worden. Weitere mögliche Tubuli konnten nicht mehr festgestellt werden, da der Keller im Verlauf des Spätmittelalters ein Gewölbe erhalten hatte (vgl. Abb. 9)[38].

Schließlich ist nochmals auf die seit dem beginnenden 12. Jahrhundert in mehreren Bauabschnitten entstehende mittelalterliche Stadtbefestigung zu verweisen. Dort, wo sie dem antiken Streckenverlauf folgte, war die mittelalterliche auf die zuvor abgetragene römische Mauer aufgesetzt worden[39]. Die bei der Niederlegung angefallenen antiken Baustoffe wurden zur Errichtung der neuen Stadtmauer wiederverwendet. Wie am bis heute erhaltenen östlichen Streckenbereich gut zu erkennen ist, wurden darüber hinaus auch Steine und Ziegel von Großbauten verbaut. Noch in der zweiten Hälfte des 14. Jahrhunderts nutzte die Stadtgemeinde nach Auskunft detaillierter Einträge in den Rentmeistereirechnungen Teile der einstigen Barbarathermen als Steinbruch, um Ausbesserungsarbeiten vor allem an der moselseitigen Mauerstrecke vorzunehmen oder Pflasterarbeiten etwa auf dem Markt durchzuführen[40].

Zu den steinernen Zeugnissen antiker Vergangenheit gesellten sich auch immer wieder römische Kleinfunde, die teils zufällig, teils aufgrund systematischer Schatzsuche zutage traten. Die religiös motivierte Furcht vor den heidnisch-fremdartigen, doch zugleich wundersam gefertigten Gegenständen fand ihren Niederschlag in der schriftlichen Überlieferung. So enthält eine St. Maximiner Handschrift des 12. Jahrhunderts eine Benediktion »über an alten Plätzen wieder aufgefundene Gefäße« *(super vasa reperta in locis antiquis)*[41]. Mit Hilfe des Gebetes sollten antike Töpferwaren entdämonisiert und für den alltäglichen Gebrauch rituell gereinigt werden. Solche Benediktionen sind seit dem Frühmittelalter bekannt und verschwinden im Verlaufe des Spätmittelalters aus den liturgischen Handschriften[42]. Für St. Maximin besaß das Gebet einen ganz realen Hintergrund, lagen die Abtei und die dazugehörige Klostersiedlung doch inmitten des nördlichen Gräberfeldes der antiken Stadt. Dort wurden sicherlich häufiger beigabenführende Bestattungen bei Gartenarbeiten oder Baumaßnahmen entdeckt, deren Gefäße in den meisten Fällen noch intakt waren. Welch einen Eindruck müssen derartige Keramiken – man denke etwa an Sigillaten – oder auch Gläser auf den hochmittelalterlichen Finder gemacht haben, dessen Geschirr in der Regel aus handgeformten, schwarz geschmauchten Kugeltöpfen bestand!

38 Clemens/Löhr (wie Anm. 26), S. 381.

39 Clemens/Löhr (wie Anm. 37), S. 261 f.

40 Vgl. Clemens, Nutzung (wie Anm. 3), S. 37–44.

41 Die Handschrift befindet sich heute in der Stadtbibliothek Koblenz unter der Signatur 23; vgl. den Ausstellungskatalog: Buch und Bild. Kostbarkeiten der Stadtbibliothek aus sieben Jahrhunderten. Dokumentation zur Ausstellung in der Alten Burg vom 21. Juli bis 25. Oktober 1992, bearb. v. Walter Gose und Dieter Kerber, Koblenz 1992, S. 43 f.

42 Werner Krämer, Zur Wiederverwendung antiker Gefäße im frühen Mittelalter, in: Germania 43 (1965), S. 327–329; Nikolaus Kyll, Trierer Volksglaube und römerzeitliche Überreste, in: Trierer Zeitschr. 32 (1969), S. 333–340, bes. S. 339 f.

An dieser Stelle verdient auch ein – allerdings frühmittelalterlicher – Neufund aus Trier Erwähnung, der bei den jüngsten Grabungen im Bereich des Nonnenklosters St. Irminen zutage kam (vgl. Abb. 10). Dabei handelt es sich um die Randscherbe einer Terra-Sigillata-Bilderschüssel aus der ersten Hälfte des 2. Jahrhunderts mit einem Graffito, der sowohl aufgrund des epigraphischen Befundes als auch der archäologischen Fundumstände in das 8. Jahrhundert datiert werden kann. Da der Text an beiden seitlichen Scherbenbruchkanten abbricht, wird er ursprünglich als Schriftband um das damals offenbar noch intakte Sigillata-Gefäß gelaufen sein. Auch diese Bilderschüssel dürfte nicht über die Jahrhunderte hinweg genutzt worden sein, sondern aus einem antiken Fundzusammenhang, am ehesten aus einem Grabinventar, stammen[43].

Wie selbstverständlich man in den Trierer Suburbien mit den antiken Sepulkralüberresten umging, verdeutlicht das folgende Beispiel. Ein nicht näher zu datierender Nachtrag der *Passio sanctorum martirum Trevirensium* berichtet von einer Begebenheit, die sich kurze Zeit nach der 1072 erfolgten Auffindung der Gebeine der 13 Märtyrer in der Krypta des Vorstadtstiftes St. Paulin ereignet haben soll. Auf die Frage, was sie von der *inventio* halte, antwortete eine zur *familia* des Stiftes gehörende Frau: »Ich weiß nicht, was ich euch in dieser Angelegenheit sagen soll; ich höre aber, daß dort Sarkophage gefunden wurden; ähnliche finden sich auch in meinem Garten, freilich mit Kohl bedeckt«[44]. Die Strafe für diese Schmährede folgte auf dem Fuß, denn augenblicklich wurde die mit dem Scheren von Schafen beschäftigte Frau gelähmt. Dieser Hinweis auf eine damals nicht ungewöhnliche skeptische Haltung gegenüber derartigen angeblichen Heiligenauffindungen beleuchtet zugleich schlaglichtartig den ungezwungenen Umgang breiter Bevölkerungskreise mit der Vergangenheit.

Gelegentliche Funde antiker Wertgegenstände förderten die gezielte Schatzsuche. Laut einer Notiz in dem um 1125 entstandenen *Codex Udalrici* fanden Pilger, als sie einen bei Trier gelegenen Grabhügel nach Münzen durchwühlten, die Grabinschrift des Trebeta[45]. Obwohl die Passage natürlich frei erfunden und von der älteren Trierer Geschichtsschreibung abhängig ist, wird – ähnlich wie bei dem zuvor referierten Mirakelbericht – auch für diese Sage eine realistische Rahmenhandlung gewählt, denn die Suche nach wertvollen Altertümern war offenkundig

43 Vgl. Lukas Clemens, Ein frühmittelalterlicher Graffito auf einer Terra-Sigillata-Scherbe aus Trier, in: Trierer Zeitschr. 61 (1998), S. 241–247.

44 *Quid vobis aliud ex hac rei dicam, nescio, sed sarcophaga ibi esse inventa, audio, quorum similia non pauca in horto meo, etiam caulibus cooperta, consistunt*; vgl. *De ss. Tyrso et sociis, item de ss. Bonifacio et sociis*, in: Acta Sanctorum, Oct. II, 1. Aufl., Antwerpen 1768, S. 330–387, hier: S. 365 f.; Franz-Josef Heyen, Die Öffnung der Paulinus-Gruft in Trier im Jahre 1072 und die Trierer Märtyrerlegende, in: Archiv f. mittelrh. Kirchengesch. 16 (1964), S. 23–66, hier: S. 27.

45 *Isti versus Treveris in tumulo quodam, dum a peregrinis pro quaerenda pecunia rumperetur, lapidi cuidam insculti inventi sunt*; Monumenta Bambergensia, hg. von Philipp Jaffé, Berlin 1869 (= Bibliotheca Rerum Germanicarum 5), Ndr. Aalen 1964, S. 459; Gottfried Kentenich, Die Trierer Gründungssage in Wort und Bild, in: Trierer Heimatbuch. Festschrift

nichts Ungewöhnliches. Antike Münzen wurden als Zahlungsmittel akzeptiert oder aufgrund ihres Metallwertes gehortet. Ein um 1183 circa 25 Kilometer südlich von Trier in Thailen, Krs. Merzig-Wadern, vergrabener Münzschatz enthielt beispielsweise unter den 1477 Fundmünzen auch einen unter Hadrian (117–138) geprägten Denar[46].

Ausdrücklich aufgrund seiner zahlreichen antiken Überreste wird Trier – in der Überlieferung seit der zweiten Hälfte des 10. Jahrhunderts faßbar – als »zweites Rom«, *Roma secunda*, bezeichnet. Die Zeugnisse sind wesentlich zahlreicher, als derartige Belege für andere westeuropäische Städte[47]. Der im Hinblick auf die antike Vergangenheit gezogene Vergleich konnte sich einem hochmittelalterlichen Betrachter unschwer aufdrängen: In beiden Fällen machte die mittelalterliche besiedelte Fläche nur einen geringen Anteil des antiken Stadtareals aus. Überall nisteten Kirchen oder Adelsgeschlechter in antiken Großbauten, wobei Trier durch seine mächtigen Ziegelbauten der Spätantike dem Erscheinungsbild der mediterranen Großstadt ähnelte. Beide Städte verfügten über einen reichen Sagenschatz zu ihrer antiken Vergangenheit, der zu Trier in der Bistumschronistik bereits früher als zu Rom in den *Mirabilia Urbis Romae* schriftlich fixiert wurde[48].

Daß eine Auseinandersetzung mit der römischen Vergangenheit und eine damit verbundene pragmatische Nutzung von Antike, wie sie für Trier aufgezeigt wurde, aber durchaus allgemeineren Charakter hat, verdeutlicht zum Schluß ein Blick auf die Trier benachbarten Kathedralstädte. So entwarf im dritten Viertel des 11. Jahrhunderts Sigebert von Gembloux während seines Metzer Aufenthaltes ein Lobgedicht auf seine Wahlheimat. Neben zahlreichen diesem Genus eigenen Topoi hob er ausdrücklich die noch erhaltenen antiken Paläste *(romana palatia)* und das (Amphi-)Theater hervor, das ihn an das sagenhafte Labyrinth des Daedalos zu Knossos erinnerte[49]. Besonders eindrucksvoll ist seine Beschreibung der antiken Metzer Wasserleitung, die in einem quellenreichen Tal nahe des Klosters Gorze ihren Anfang nahm. »Ich bewundere« – so Sigebert – »den sechs Meilen über Bögen geführten Aquädukt. Er besucht zugleich die Tochter Gorzia mit der Mutter

zur rheinischen Jahrtausendfeier 1925, Trier 1925, S. 193–212, hier: S. 199. Zu antiken Münzfunden im Hochmittelalter vgl. allgemein Hans-Werner NICKLIS, Geldgeschichtliche Probleme des 12. und 13. Jahrhunderts im Spiegel zeitgenössischer Geschichtsschreibung, 2 Teile, Hamburg 1983 (= Numismat. Studien 8), hier: Teil 1, S. 107–118, u. Teil 2, S. 67–71.

46 Raymond WEILLER, Ein Münzschatzfund des hohen Mittelalters von Thailen (Krs. Merzig-Wadern), in: 17. Bericht der staatlichen Denkmalpflege im Saarland (1970), S. 75–90 u. Taf. 9–13.

47 Diese Apostrophierung der Moselstadt findet sich erstmals in der *Vita s. Deicoli* (MGH SS XV, S. 676), als deren Verfasser Heinz Thomas den Mönch Theoderich von St. Eucharius identifizieren konnte; Heinz THOMAS, Der Mönch Theoderich von Trier und die Vita Deicoli, in: Rhein. Vjbll. 31 (1966/67), S. 42–63, bes. S. 56 f. Vgl allgemein Alfred HAVERKAMP, »Heilige Städte« im hohen Mittelalter, in: Mentalitäten im Mittelalter. Methodische und inhaltliche Probleme, hg. v. František GRAUS, Sigmaringen 1987 (= Vorträge u. Forschungen 35), S. 119–156, hier: S. 128–131.

48 CLEMENS, Umgang (wie Anm. 3), S. 172.

49 *Cumque domos cerno, Romana palatia credo. Cumque peto teatrum, puto Dedaleum*

Metz. Weder hohe Berge, noch tiefste Täler, noch selbst das Ungestüm der dazwischen einherfließenden Mosel konnten seinen Weg aufhalten. Was hab ich je kunstvolleres gesehen? Die Baukunst ließ das Wasser fließen, wo sich die Natur verweigerte, solange bis einzig das hohe Alter die Wege brach. Heute bewahren Ruinen den Ruhm dieses Bauwerks«[50].

Zwischen 1060 und 1062 verfaßte der Leiter der Mainzer Domschule Gozwin eine Passio des heiligen Alban. Gozwin inserierte in diese Heiligenlegende eine knappe Geschichte des antik-heidnischen Mainz, dessen Gründung unter Caesar und Drusus erfolgt sein soll. Nach der Zerstörung durch die Hunnen sei die Stadt von den Frankenkönigen *mutato loco* am Rheinufer wiedererrichtet worden. An einzelnen römerzeitlichen Monumenten erwähnt er das angebliche Grab des Drusus, den sogenannten Eigelstein. Ferner berichtet er von antiken Steininschriften, die sich – zerschlagen und zerstreut – über die gesamte Stadt verteilt finden ließen, und würdigt schließlich die Ruinen des *romano more* erbauten (Amphi-)Theaters[51].

Und noch ein weiteres, etwas jüngeres Beispiel: Um 1141/42 schrieb der wohl dem Mainzer Domkapitel angehörende Kleriker Anselm eine in Versform gehaltene Vita des soeben verstorbenen Mainzer Erzbischofs Adalbert von Saarbrücken. Sein besonderes Interesse galt den Bildungsstudien Adalberts, die diesen von Hildesheim über Reims und Paris nach Montpellier führten. Obwohl er betont, sich überwiegend auf mündliche Informationen zu stützen, legen Detailkenntnisse nahe, daß Anselm seinen Protagonisten auf dessen Reisen begleitet haben muß oder zumindest einige Städte aus eigener Anschauung kannte. Besonders kommt dies in seinem Lob auf die Stadt Reims zum Ausdruck, das eine ausführliche Ruinenklage enthält. So spricht er von ausgedehnten, nahe der Stadt gelegenen Tempelruinen, Konklave der Götter, deren einstiger Glanz noch erkennbar ist: »Halbverfallene Tempel, nachdem nun das Gefüge der Steine gelöst, bewundert der Ankömmling; es fesseln Ruinen die Augen«. Die zerfallenen Bauten, »deren Umfang fast kein Ende nimmt, künden durch ihre gewaltige Größe, was sie, wie beschaffen und wie groß sie einst gewesen sind«. Als Ursache für das allmähliche Schwinden der Antike hebt Anselm neben dem hohen Alter und der zerstörerischen Kraft des Windes den *labor humanus* hervor, der, »indem er Heiligtümer zerbricht und Trüm-

laberinthum. Sique situs formam spectes, quid pulchrius usquam?; MGH SS IV, S. 478, Verse 17–19.

50 *Miror aquae ductus sex milibus isse per arcus;*
Invisit matrem cum filia Gorzia Mettim;
Non alti montes, non imae denique valles,
Intercurrentis non impetus ipse Mosellae
Praepediere viam; quid vidi operosius umquam?
Ars mittebat aquas, quas tu natura negabas,
Donec sola vias rupit langaeva vetustas.
Laudem structurae retinent hodieque ruinae; MGH SS IV, S. 478, Verse 54–61.

51 *Consentiunt huic assertioni etiam fastorum tituli, qui principum nominibus et gestis in perpetem memoriam insculptis lapidibus per totam inveniuntur urbem confracti et disiecti. Hoc etiam astruunt adhuc superstites theatri ruinae, quod Romano more ad ludos circenses et theatrica spectacula constructum est*; MGH SS XV, 2, S. 988.

mer wegschleppt, um Neues zu gründen oder (alte) Häuser zu erneuern, die benachbarten Ruinen für sein eigenes Mauerwerk ausplündert«[52].

Allen hier ausgewählten literarischen Zeugnissen ist zu entnehmen, daß sie neben der Hervorhebung einzelner Monumentalbauten regelrechte Ruinenfelder in den Blick nehmen. Auch die um 1105 von einem Siegburger Mönch vollendete *Vita Annonis* erwähnt schließlich beiläufig die zahlreichen antiken Bauwerke durch die sich die Stadt Köln auszeichne[53].

Trotz fabelhafter Übertreibungen und – etwa beim Stadtlob – von der Gattung her geforderter Topoi haben wir hier durchaus reale Zustandsbeschreibungen vor uns. So hatte die Reduktion der Siedlungsfläche in den meisten *civitates* bereits in der Spätantike zur Folge, daß nun weite Areale des einstigen Stadtbereichs von den zur Abwehr der Germaneneinfälle errichteten *castra* ausgespart blieben. In der Folgezeit erhielten sich regelrechte Ruinenlandschaften, durchsetzt von zahlreichen Großbauten bis weit in das Hochmittelalter hinein. Dies gilt für Trier, wo aufgrund neuerer Untersuchungen ein etwa 7 Hektar großes *castrum* für den Bereich der späteren Domimmunität wohl schon im 5. Jahrhundert angenommen werden muß[54], aber auch etwa für Mainz, Reims beziehungsweise Metz, was wir nicht zuletzt auch den kurz erwähnten Zeugnissen entnehmen können. Realer Hintergrund der bei Gozwin für Mainz berichteten Verlagerung der Stadt an den Rhein in fränkischer Zeit waren die zahlreichen noch sichtbaren Überreste des östlich der hochmittelalterlichen Siedlungsbereiche gelegenen Legionslagers, seiner Zivilsiedlungen sowie dazugehöriger Monumentalbauten und Denkmäler. Nahe des Legionslagers muß sich auch das schon bei Gozwin genannte – bis heute aber noch nicht lokalisierte – Amphitheater befunden haben, das ausgangs des 13. Jahrhunderts von Sigehard, einem Mönch des Klosters St. Alban, in enger Anlehnung an die *Passio Sancti Albani,* aber mit vor allem topographisch weiterführenden Hinweisen beschrieben wird[55]. In Trier haben nicht nur alle antiken Großbauten, über deren Lage wir

52 *Hanc prope metropolim fuit execrabilis olim ardua templorum moles, conclave deorum. Paret adhuc horum facies antiqua locorum; templaque semiruta, lapidum compage soluta, advena miratur; oculosque ruina moratur. Set prope cum fine careat mensura ruinae signaque cum veterum sint tecta iacentia rerum, integra cum starent, quae sic modo diruta parent, mole sui referunt, quanta fuerunt. Causaque defectus fuit his: longeva senectus; ventus et impingens, quo machina corruit ingens; vel labor humanus, cito casurus quia vanus, delubra frangendo fragmentaque diripiendo, ut nova fundaret vel tecta vetusta novaret, traxit vicinas ad opus murale ruinas;* Monumenta Moguntina, hg. von Philipp Jaffé (Bibliotheca Rerum Germanicarum 3), Berlin 1866, S. 576 f., Verse 270–284. Vgl. André Boutemy, Fernand Vercauteren, Foulcoie de Beauvais et l'intérêt pour l'archéologie antique au XIe et au XIIe siècle, in: Latomus 1 (1937), S. 173–186, bes. S. 182f.

53 *Verum inter multas antiquitatis structuras, quibus ipsa civitas nobiliter excellit,* ...; MGH SS XI, S. 462–518, hier: S. 491.

54 Vgl. Lukas Clemens, Hartwig Löhr, Stadtarchäologie in Trier: das Beispiel 1994, in: Funde u. Ausgrabungen im Bezirk Trier 27 (1995), S. 8–23, hier: S. 15 f.

55 *Passio sanctorum Aurei et Justinae ex libro Sigehardi monachi Sant-Albanensis*, in: Acta Sanctorum Jun. IV, Ausgabe Paris, Rom 1867, S. 61–66, hier: S. 62. Vgl. Franz Falk, Römi-

unterrichtet sind, ihren Reflex in der schriftlichen hochmittelalterlichen Überlieferung. Hinzu kommen vielmehr Hinweise auf weitere Bauwerke, zu denen bis heute kaum – wie etwa zum antiken, noch 1101 erwähnten Circus – oder gar keine archäologischen Befunde vorliegen (beispielsweise zu einer östlich der Stadt gelegenen, mehrfach bezeugten *Memoria*)[56].

Nördlich der aus dem spätantiken *castrum* hervorgegangenen *civitas* Reims konnten außer dem noch im 13. Jahrhundert in der schriftlichen Überlieferung erwähnten Amphitheater ausgedehnte Tempelanlagen und weitere antike Großbauten archäologisch nachgewiesen werden, so daß wir in diesem Bereich die bei Anselm *prope metropolim* beschriebenen Ruinen vermuten dürfen[57]. Zu Metz haben viele der bei Sigebert von Gembloux erwähnten *palatia romana* in geänderter Funktion über das Mittelalter hinaus fortgelebt, darunter mehrere Thermenkomplexe, Tempel und basilikale Anlagen[58], wie jene 1192 in einer Urkunde Papst Coelestins III. genannte *aula romanorum*[59].

Wesentliche weiterführende Erkenntnisse sind dem archäologischen Befund zu entnehmen. Demnach haben die Nachkriegsgrabungen den Nachweis eines Weiterlebens von Teilbereichen der antiken Fora in Trier, Reims und Metz ergeben[60]. Vergleichbar anderen Städten wurden in Reims unter anderem die dortigen ausgedehnten Kryptoportiken, in kleinräumige Keller- und Lagerräume unterteilt, weitergenutzt[61].

Viele derartige Informationen lassen folglich erkennen, daß wir es bis weit in das Hochmittelalter hinein auch in den ehemaligen römischen Nordprovinzen mit einer Intensität von fortlebender Antike zu tun haben, wie wir sie aus dem Mittelmeerraum nur deshalb kennen, weil sie dort später und dann langsamer abstirbt.

Nördlich der Alpen verschwindet die Antike im Verlauf des 13. Jahrhunderts dann in zunehmendem Maße aus dem Blickfeld des Betrachters. Dieser allgemeine

sche Bauwerke in und bei Mainz nach mittelalterlichen Urkunden, in: Mainzer Zeitschr. 2 (1907), S. 37–39, bes. S. 39.

56 Vgl. CLEMENS, Nutzung (wie Anm. 3), S. 34–36.

57 Vgl. Robert NEISS, La structure urbaine de Reims antique et son évolution du Ier au IIIe siècle ap. J.C., in: Revue Archéologique de Picardie 3/4 (1984), S. 171–191, hier: S. 179 u. 184.

58 Vgl. nur die Zusammenstellung bei Bernard VIGNERON, Divodurum Mediomatricorum – Metz antique, Paris 1986, S. 136–146 u. 163–174.

59 Dom Nicolas TABOUILLOT, Dom Jean FRANÇOIS, Histoire générale de Metz par les religieux bénédictins de la Congrégation de Saint-Vanne, Bd. III, Metz 1775, S. 153–156, bes. S. 155 *(duas domos infra civitatem sitas, quarum altera dicitur domus Sanctae Crucis, altera Romanorum aula)*; vgl. Carlrichard BRÜHL, Palatium und Civitas. Studien zur Profantopographie spätantiker Civitates vom 3. bis zum 13. Jahrhundert, Band II: Belgica I, beide Germanien und Raetia II, Köln/Wien 1990, S. 59 f.

60 Zu Metz vgl etwa René JOLIN, Implantation des vestiges romains retrouvés aux environs de la cathédrale de Metz au XVIIIe siècle, in: Annuaire de la Société d'Histoire et d'Archéologie de la Lorraine 75 (1975), S. 31–43; VIGNERON (wie Anm. 58), S. 137–143.

61 J. LALLEMAND, F. LALLEMAND, Les cryptoportiques de Reims, in: Bulletin de la Société Archéologique Champenoise 62 (1969), S. 18–34; Edmond FRÉZOULS, Le cryptoportique de Reims, in: Les cryptoportiques dans l'architecture romaine. École Française de Rome, 19–23 avril 1972, Rom 1973 (= Collection de l'École Française de Rome 14), S. 293–313.

Vorgang ist für Trier außerordentlich gut dokumentiert. So bauen die Himmeroder Mönche ihren Wirtschaftshof »Langenborn« mit Baumaterial, das sie mit erzbischöflicher Erlaubnis im Amphitheater brechen. Die Porta Alba wird abgerissen, im Bereich des Tempelbezirks Altbachtal wird ein Kalkofen errichtet. Auch die östlich der mittelalterlichen Stadtmauern gelegene »Memoria« ist zu Beginn des 14. Jahrhunderts abgetragen. Das Domkapitel nutzt die Forumsthermen im Verlauf des Hochmittelalters als Steinbruch[62]; die Beispiele ließen sich fortführen. Bedingt wird diese Zerstörung antiker Substanz nicht zuletzt durch einen allgemeinen Bevölkerungsanstieg, wobei in der Forschung für das westliche Mitteleuropa während des Zeitraums vom beginnenden 11. bis zum ausgehenden 13. Jahrhundert generell eine Verdreifachung der Bevölkerung angenommen wird. In Trier spiegelt sich dieses Populationswachstum – von einer erheblichen Ausweitung der stadtnahen Weinanbaufläche abgesehen – in einer vermehrten Wohnbautätigkeit wider. Die dabei zu beobachtende »Versteinerung« der mittelalterlichen Bauweise frißt die Antike, die nun vielerorts zum Steinbruch degeneriert und in die Kalköfen wandert. Parallel zu diesem Prozeß erhält die Stadt ihr »mittelalterliches« Gepräge – beziehungsweise das, was wir heute darunter verstehen. Es kommt zur Fertigstellung der nur noch in etwa die Hälfte des antiken Areals umfassenden Stadtmauer und zur endgültigen Herausbildung des bis heute fortlebenden Straßennetzes; zu den frühmittelalterlichen Kirchen gesellen sich zahlreiche neue Orden und Klöster. Mit dieser Entwicklung geht ein Schwund an Wissen über das Vergangene einher, zugleich geht auch das Interesse an der Antike verloren, um erst an der Wende zur Neuzeit durch äußere Einflüsse neue Impulse zu erhalten. Besonders deutlich kommt diese generelle Tendenz in der Kunst zum Ausdruck. Um die Mitte des 13. Jahrhunderts hält die Gotik mit dem Bau der Liebfrauenkirche Einzug im Trierer Land, der übrigens ohne jegliches römisches Altmaterial auskommt. So stirbt die Imitation antiker Bauweise und Formengebung ab zugunsten einer eigenständigen, nicht mehr rückwärtsgewandten Stilrichtung.

62 Clemens, Nutzung (wie Anm. 3), S. 29–31; Ders., Umgang (wie Anm. 3), S. 197.

Abb. 3: Ansicht der zur erzbischöflichen Burganlage umfunktionierten Palastaula.
Zeichnung aus dem Manuskript »Luciliburgensia Romana« Alexander Wiltheims (Foto: Th. Zühmer/ Landesmuseum Trier)

Abb. 4: Die Porta Nigra als Doppelkirche von der Stadtseite her gesehen, Kupferstich von Caspar Merian, um 1670 (Foto: H. Thörnig/Landesmuseum Trier)

Abb. 5 und 6: Die Ruinen der Barbarathermen mit hochmittelalterlichen Einbauten. Zeichnungen aus dem Manuskript »Luciliburgensia Romana« Alexander Wiltheims (Fotos: Th. Zühmer/ Landesmuseum Trier)

Abb. 7: Der an der Wende zum 12. Jahrhundert entstandene Frankenturm von Westen (Foto: Landesmuseum Trier)

Abb. 8: Der Frankenturm. Auf dem Kopf verbaute antike Inschrift als Türsturz (Foto: Th. Zühmer/Landesmuseum Trier)

Abb. 9: Hochmittelalterlicher Keller im Bereich des antiken Trierer Forums mit als Balkenlager wiederverwendeten römischen Tubuli (Foto: Lukas Clemens)

Abb. 10: Randscherbe einer Terra-Sigillata-Bilderschüssel mit frühmittelalterlichem Graffito aus der Grabung von 1996 bei St. Irminen (Foto: Lukas Clemens)

Der Patrizier als Archäologe. Marcus Welser und Augsburgs römische Vergangenheit

von Benedikt Mauer

Marcus Welser, geboren am 10. Juni 1558 in Augsburg, ist wohl einer der bedeutendsten Vertreter des Späthumanismus in Süddeutschland[1]. Als Mitglied der bekannten Handels- und Patrizierfamilie standen ihm die besten Bildungschancen zur Verfügung; er nutzte sie schon als Jugendlicher, studierte in Padua an der juristischen Fakultät, hielt sich Ende der siebziger Jahre für drei Jahre in Rom auf, wo er von Marcus Antonius Muretus mit den Schriften Ciceros vertraut gemacht wurde, reiste von dort nach Venedig, wo er bis circa 1584 verweilte und eine der wichtigsten Gestalten am Fondaco dei Tedeschi, der Niederlassung der deutschen Kaufleute in der Serenissima, wurde. Auch eine Reise nach Paris kann belegt werden.

Von seinem langen Italienaufenthalt nachhaltig geprägt, kehrte er spätestens 1584 nach Augsburg zurück und startete – wohl auch die wirtschaftlichen Verluste des Handelshauses vor Augen – eine Karriere in städtischen Diensten, die ihn schließlich an die Spitze der Reichsstadt führen sollte: Im Jahr 1600 wurde er einer der beiden Stadtpfleger, die die höchsten Repräsentanten des Gemeinwesens darstellten. Marcus hatte 1583 Anna May, aus einem großen Berner Kaufmannsgeschlecht stammend, geheiratet. Die Ehe blieb kinderlos. Er starb – immer noch Stadtpfleger – am 23. Juni 1614. Eine Woche nach seinem Tod brach das Welsersche Handelshaus, an dem er zwar beteiligt war, für dessen Entwicklung er sich aber nach bisherigem Forschungsstand kaum interessiert hatte, zusammen.

Der Patrizier blieb auch bis weit über seinen Tod hinaus für die wissenschaftliche Welt eine Person, deren Leben und Werk die Erforschung lohnte – Ausweis seiner herausragenden Stellung im Augsburger Geistesleben des Späthumanismus, das in ihm seinen Höhepunkt und sein Ende fand. 1682 verfaßte Christoph Arnold eine kurze Lebensbeschreibung Welsers, druckte seine Schriften erneut ab und beschloß den umfangreichen Band mit einem Teilabdruck der Welserschen Korres-

1 Der folgende Aufsatz entstand im Rahmen des Teilprojektes B4 »Die Erinnerungskultur der Stadt vom 14. bis zum 18. Jahrhundert« (Prof. Dr. Günther Lottes) des Sonderforschungsbereichs 434 »Erinnerungskulturen« der Justus-Liebig-Universität Gießen. Ich habe Dr. Hans-Jörg Künast und Dr. Helmut Zäh (beide Augsburg), sowie PD Dr. Mark Häberlein (Freiburg i. Br.) für Anregungen und Kritik zu danken. – Vgl. zur folgenden Kurzbiographie: Bernd Roeck, Geschichte, Finsternis und Unkultur. Zu Leben und Werk des Marcus Welser (1558–1614), in: Archiv f. Kulturgesch. 72 (1990), S. 115–141, hier: S. 117–120 und Johann Michael von Welser, Die Welser, 2 Bde., Nürnberg 1917, hier: Bd. 1, S. 262–285.

pondenz[2]. Franz Anton Veith[3] konnte diese Darstellung unwesentlich erweitern. Ab dann jedoch fand sich niemand mehr, der sich umfassend mit Marcus Welser beschäftigt hätte; zu erwähnen sind lediglich die Teilstudien von Johann Michael Welser[4], Paul Joachimsen[5], Leonhard Lenk[6], Bernd Roeck[7] und Josef Bellot[8]. Eine brauchbare, methodisch ansprechende Biographie des Stadtpflegers und Humanisten liegt bis heute nicht vor.

Im folgenden soll ein Aspekt aus dem Leben Welsers herausgegriffen und diskutiert werden: die wissenschaftliche Beschäftigung mit der Geschichte seiner Heimatstadt.

1. Bücher und Briefe

Die Bindung an Italien, begonnen in den Jugendjahren Welsers, riß nie ab, da ihn sein Aufenthalt offenbar nachhaltig geprägt hatte. Nicht nur die Sprache war ihm vertraut, er sammelte italienische Bücher, korrespondierte – hinlänglich bekannt – unter anderem mit Galileo Galilei[9], Justus Lipsius, den Philologen Isaac Cosaubonus, Joseph Scaliger, Jan Gruter etc.[10]. Dieses humanistische Netzwerk kann in seiner Bedeutung für Welsers Publikationen nicht überschätzt werden. Die Korrespondenz Welsers wurde nach dem Konkurs des Handelshauses in alle Winde zerstreut. Die Auswahl Christoph Arnolds ist der einzige halbwegs geschlossene und publizierte Bestand. Im Moment wird eine Edition des noch erhaltenen Briefwechsels von Matthäus Rader SJ und Marcus Welser vorbereitet[11].

2 Christoph ARNOLD, Marci Welseri Matthaei F. Ant. N. reip. Augustanae quondam duumviri, opera omnia historica et philologica, sacra et profana […], Nürnberg 1682.
3 Franz Anton VEITH, Bibliotheca Augustana […], Augsburg 1786, Bd. II.
4 Wie Anm. 1.
5 Paul JOACHIMSEN, Marx Welser als bayerischer Geschichtsschreiber, München 1905, wiederabgedruckt in: DERS., Gesammelte Aufsätze. Beiträge zu Renaissance, Humanismus und Reformation, zur Historiographie und zum deutschen Staatsgedanken, ausgewählt und eingeleitet von Notker HAMMERSTEIN, Bd. 2, Aalen 1983, S. 577–612.
6 Leonhard LENK, Augsburger Bürgertum im Späthumanismus und Frühbarock, Augsburg 1968 (= Abhandlungen zur Geschichte der Stadt Augsburg 17).
7 Wie Anm. 1 und Bernd ROECK, Humanistische Geschichtsschreibung im konfessionellen Zeitalter. Marcus Welser und seine Augsburger Chronik, in: Kommentar zur Faksimile-Ausgabe, Augsburg 1984, S. 7–31.
8 Josef BELLOT, Editionsgeschichte der sogenannten Welserchronik, in: Kommentar zur Faksimile-Ausgabe, Augsburg 1984, S. 45–51.
9 Die Briefe Galileis an Welser wurden kurz vor dem Tod des Patriziers gedruckt: Istoria e dimostrazioni intorno alle macchie solari e loro accidenti comprese in tre lettere scritte all' illustrißimo Signor Marco Velseri Linceo Duumviro D' Augusta, Consigliero di sua Maesta Cesarea, dal Signor Galileo Galilei […], Rom 1613.
10 Briefe sind zum Teil abgedruckt in ARNOLD (wie Anm. 2) und VEITH (wie Anm. 3).
11 Welser hatte Raders Briefe zusammen mit den Konzepten seiner Antwortschreiben aufbewahrt. Rader nahm diese Sammlung nach Welsers Tod an sich. Diese Korrespondenz ist so umfangreich, daß sie in einem eigenen Band der »Bayerischen Gelehrtenkorrespondenz« publiziert werden soll, siehe Alois SCHMID (Hg.), P. Matthäus Rader SJ, bearbeitet von Helmut

Doch nicht nur über Briefe hielt er sich auf dem letzten Stand der Dinge; Welsers Bibliothek umfaßte mehr als 2200 Bände. Da jedoch ein Band bis zu sieben Titel in sich bergen konnte, ist von einer sehr viel höheren Anzahl von Schriften und Darstellungen auszugehen. Der Bibliothekskatalog Elias Ehingers[12] aus dem Jahr 1633 enthält unter anderem alle Bücher aus der Bibliothek Welsers und ist eine exzellente Quelle zur Rekonstruktion von Bildungsvorräten, Sammlungsstrategien und vor allem Interessenlagerungen Marcus Welsers, dessen Lesestoffe nach dem Konkurs des Handelshauses 1614 der Augsburger Stadtbibliothek einverleibt wurden. Die umfangreichen Bibliotheken anderer Welser, etwa von Anton und Paul, gingen in den Besitz des Klosters St. Ulrich und Afra beziehungsweise in private Hände über[13].

In der Bibliothek Marcus Welsers finden sich Werke beinahe aller wichtigen Philosophen, Philologen, Theologen, Juristen, Mediziner und Mathematiker in deutscher, italienischer, französischer und auch spanischer Sprache. Allein die Publikationen, die unter der Rubrik *libri historici* verzeichnet sind, umfassen 368 Einheiten; bei durchschnittlich fünf Titeln pro Verzeichniseinheit ergibt sich allein bei den historischen Schriften im engsten Sinne eine Zahl von etwa 1840 Publikationen. Natürlich ist die Zuordnung der Literatur zu verschiedenen Wissensgebieten mit äußerster Vorsicht zu genießen: So enthalten etwa die 297 Verzeichniseinheiten der italienischen Bücher auch eine ganze Reihe historischer Schriften, ebenso die unter dem Oberbegriff Theologie subsumierten.

Konfessionelle Grenzen interessierten den Katholiken Welser weder bei der Auswahl seiner Korrespondenzpartner noch bei der Zusammenstellung seiner Bibliothek. Er besaß zahlreiche Publikationen Martin Luthers und Philipp Melanchthons[14].

2. *Humanistische Geschichtsschreibung vor Welser*

Will man Welser die Rolle des letzten Späthumanisten seiner Stadt zuschreiben, so scheint es angebracht, ihn ganz knapp in die Reihe der Augsburger Humanisten überhaupt einzuordnen. Hier bietet sich als Beginn der Benediktinermönch Sigismund Meisterlin (* um 1450, † nach 1491) an. In seinen bis heute unübertroffenen Darstellungen zum Augsburger Humanismus stellte Paul Joachimsen die heraus-

ZÄH und Silvia STRODEL, Bd. 1, München 1995 (Bayerische Gelehrtenkorrespondenz), S. XXXVIII und XLVI; DERS., Der Briefwechsel des P. Matthäus Rader SJ. Eine Kulturgeschichte Bayerns im 17. Jahrhundert, in: Zeitschr. f. bayer. Landesgesch. 60 (1997), S. 1109–1140.

12 Elias EHINGER, Catalogus Bibliothecae amplissimae reipublicae Augustanae, Augsburg 1633. Die Benutzung dieses Verzeichnisses ist etwas kompliziert; alle Bücher, die sich im Besitz Welsers befanden, sind unter »Litera« A–X verzeichnet, wobei Ehinger bei der Auflistung der Bücher nach Wissensgebieten vorging und die Bibliothek Welsers der Systematisierung der Stadtbibliothek anpaßte.

13 LENK (wie Anm. 6), S. 159.

14 EHINGER (wie Anm. 12), Sp. 232, 798, 803, 942.

ragende Bedeutung dieses Mannes dar[15]. Als Vertreter des sogenannten »scholastischen Humanismus«[16] verstand es Meisterlin, erstmals sehr kritisch bekannte legitimierende Gründungssagen Augsburgs zu hinterfragen und zum Teil zu widerlegen.

Im 15. Jahrhundert wurden in Augsburg das Trojanerbuch des Guido von Columna sowie die Geschichte des römischen Reiches von Jordanus von Osnabrück einem größeren Personenkreis bekannt und begeistert aufgenommen. Augsburg sei, so die Erkenntnis, eigentlich eine Gründung der Trojaner, die, nachdem sie über Afrika, Italien und Gallien nach Köln gekommen seien, den Weg an den Lech gesucht und gefunden hätten[17]. Der Kleriker Küchlin setzte diese Geschichte auf Anregung des Kaufmanns Peter Egen (oder: Argon) in seiner sogenannten Reimchronik um[18]. Mit der Konstruktion solch sagenhafter Ursprünge befanden sich die Augsburger in guter Gesellschaft: Circa 100 italienische Städte sahen sich ebenfalls als Trojanergründungen und trugen somit zu der Ausbildung eines besonderen städtischen Selbstverständnisses bei[19].

Sigismund Meisterlin fielen jedoch chronologische Ungereimtheiten in Küchlins Werk auf, das sich in Teilen auf Otto von Freising stützte. Auf Anregung des Patriziers Sigismund Gossembrot machte er sich nun an eine neue Geschichte Augsburgs, seine »Chronographia Augustensium« von 1456, in der die neue Methode, nicht das Ergebnis von Bedeutung ist[20]. Er widerlegte die sogenannte Trojanerle-

15 Paul JOACHIMSEN, Die humanistische Geschichtsschreibung in Deutschland. Heft 1: Die Anfänge. Sigismund Meisterlin, Bonn 1895; DERS., Geschichtsauffassung und Geschichtsschreibung in Deutschland unter dem Einfluß des Humanismus, Berlin/Leipzig 1910 (= Beiträge zur Kulturgeschichte des Mittelalters und der Renaissance 6).

16 Dieser Begriff wurde geprägt von JOACHIMSEN, Humanistische Geschichtsschreibung (wie Anm. 15). Neuerdings wird dieser Terminus in Frage gestellt, siehe etwa Klaus GRAF, Ordensreform und Literatur in Augsburg während des 15. Jahrhunderts, in: Johannes JANOTA, Werner WILLIAMS-KRAPP (Hgg.), Literarisches Leben in Augsburg während des 15. Jahrhunderts, Tübingen 1995 (= Studia Augustana 7), S. 100–159, hier: S. 139–143. Graf kritisiert diesen Terminus mit Recht, wenn er ihn auf die Reimchronik Küchlins bezogen sieht. Bei Meisterlins Chronographia Augustensium hingegen sind in bezug auf die Quellenauswahl und -wertung Ansätze erkennbar, die tatsächlich frühhumanistische Züge tragen.

17 JOACHIMSEN, Geschichtsauffassung (wie Anm. 15), S. 42.

18 Chronik über das »Herkommen der stat zu Augspurg«, in: Die Chroniken der deutschen Städte 4 (Die Chroniken der schwäbischen Städte. Augsburg 1), Leipzig 1865, S. 332–356. – Vgl. zu den unterschiedlichen Ansätzen Meisterlins und Küchlins, zum Entstehungszusammenhang und ihren Quellen den brillanten Aufsatz von Peter JOHANEK, Geschichtsschreibung und Geschichtsüberlieferung in Augsburg am Ausgang des Mittelalters, in: JANOTA/WILLIAMS-KRAPP (wie Anm. 16), S. 160–182, hier: S. 167–171. Siehe auch Karl SCHNITH, Mittelalterliche Augsburger Gründungslegenden, in: Fälschungen im Mittelalter, Hannover 1988 (= Monumenta Germaniae Historica, Schriften, 33. I), S. 497–517.

19 August BUCK, Der Primat der Stadt in der italienischen Geschichte des Mittelalters und der Renaissance, in: DERS., Studien zu Humanismus und Renaissance. Gesammelte Aufsätze aus den Jahren 1981–1990, hg.v. Bodo GUTHMÜLLER u. a., Wiesbaden 1991 (= Wolfenbütteler Abhandlungen zur Renaissanceforschung 11), S. 395–408, hier: S. 395.

20 Vgl. hierzu und zum folgenden JOACHIMSEN, Geschichtsauffassung (wie Anm. 15), S. 42 f.

gende, setzte an deren Stelle die Version einer Stadtgründung zur Zeit eines Amazonenangriffs, also zeitlich weit vor den Trojanern, womit die Stadt noch etwa 550 Jahre älter als Rom wurde. Als offenbar gerne gesehener Nebeneffekt dieser Erkenntnis stand fest, daß die Augsburger nicht von besiegten Flüchtlingen abstammten, sondern ein autochthones Volk waren. Meisterlins Hypothese beruht auf einem »Vers der Römeroden des Horaz, der die Vindelicier mit ihrer ›Amazonenstreitaxt‹ bei den Siegen des Drusus erwähnt«[21]. Eine Gründungssage wird also durch eine andere ersetzt, und dies ist, wie schon Paul Joachimsen richtig bemerkte, nicht gerade eine Neuerung. Die schon erwähnte innovative Methodik ist das Wichtige: eine in Ansätzen erkennbare Quellenkritik, eine stärkere Konzentration auf die Stadtgeschichte. Zwei Punkte fehlten jedoch, die Welser noch aufnehmen wird: Eine Verknüpfung verschiedener – auch archäologischer – Quellenbestände, sowie eine verfeinerte historisch-kritische Methode. Meisterlin wird von ihm in seinen Darstellungen zur Augsburger Geschichte nirgendwo namentlich erwähnt, obwohl er als Augsburger Geschichtsschreiber sein direkter Vorgänger war. Von 1456 beziehungsweise 1483[22] bis in die 1590er Jahre hat sich niemand in gedruckter Form ausführlich zur Augsburger Geschichte geäußert, auch nicht das Haupt des Augsburger Humanismus, Conrad Peutinger, der Großonkel Welsers. Meisterlin markiert hier den Anfang, Welser das Ende; in der Mitte steht niemand.

3. Welsers Interesse an Augsburgs römischer Vergangenheit

Augsburg war aufgrund seiner römischen Ursprünge für Humanisten ein Betätigungsfeld ersten Ranges. Antike Inschriften wurden zusammengetragen, und als erster publizierte Conrad Peutinger Stücke seiner Sammlung sowie an anderen Orten in Augsburg gefundene epigraphische Quellen, in erster Linie Weihe- und Grabinschriften. Dies geschah auf Anregung Kaiser Maximilians I. und Conrad Celtis', was die Bedeutung dieser Sammlung besonders illustriert[23]. Weitere Augsburger Humanisten folgten diesem Beispiel und widmeten sich der Erforschung der Antike[24].

21 Ebd., S. 43.
22 Meisterlin übersetzte seine Chronik von 1456 im Jahr 1457 ins Deutsche; 1483 wurde sie in Auszügen erstmals gedruckt: Ursprung und Anfang Augsburgs, gedruckt von Johann Bämler, Augsburg 1483. Bämler setzte den Schwerpunkt auf Augsburger Heiligenviten. Hier jedoch und vor allem in der Geschichte der Christianisierung der Stadt stützte er sich als erster Drucker auf Meisterlin. Die Gründungsgeschichte der Stadt führte er nicht ausführlich aus und verwies auf Meisterlins »cronick [...] gemachet von der stat augspurg, genommen und gezogen auß latein von den gar alten Poeten unnd cronick schreyberen«. – Erst im beginnenden 16. Jahrhundert wurde Meisterlins Chronik, nur unwesentlich gekürzt, publiziert: Ein schoene Cronick und Hystoria [...], gedruckt von Melchior Ramminger, Augsburg 1522.
23 Renate von Busch, Studien zu deutschen Antikensammlungen, Tübingen 1973, S. 2.
24 Vgl. Lenk (wie Anm. 6), S. 170–182. Weitere Antikensammlungen befanden sich im Besitz der Familien Rem, Rehlinger und Fugger, vgl. Busch (wie Anm. 23), S. 16 und 90–99, außerdem Wolfgang Kuhoff, Augsburger Handelshäuser und Antike, in: Johannes Burkhardt (Hg.), Augsburger Handelshäuser im Wandel des historischen Urteils, Berlin 1996

Peutingers umfassende Bildung und seine herausragende Bedeutung für den Augsburger Humanismus wird nicht in seiner publizistischen Tätigkeit zur Augsburger Vergangenheit manifest. Erich König bezweifelte, daß in seinen gedruckten Schriften ein großer Humanist erkennbar sei. Allerdings – und hier nähern wir uns schon dem Späthumanismus – bejaht er die Vorbildfunktion Peutingers für Welsers Arbeiten[25]. Dessen Publikationsliste umfaßt mehr als ein Dutzend Titel.

Da Arbeiten zu Augsburgs römischer Vergangenheit die Mehrzahl seiner Schriften bilden, werden im folgenden die beiden wichtigsten Veröffentlichungen zu dieser Stadt im Vordergrund der Untersuchung stehen. Schon 1590 erschienen in Venedig seine »Inscriptiones Antiquae Augustae Vindelicorum«[26]. Hier präsentiert der Patrizier vornehmlich eine Sammlung von Grabinschriften, die diejenige Peutingers beträchtlich erweiterte. Hatte dieser zuerst 24[27], im Jahr 1520[28] 36 Inschriften aus der Stadt und der Diözese ohne eine erkennbare Gliederung unkommentiert nebeneinandergestellt, so wies Welser nun 35 stadtaugsburgische Inschriften, 20 aus der Diözese sowie weitere 20 Inschriften nach, die die Stadt am Lech zwar inhaltlich betrafen, jedoch zum Teil in Italien gefunden worden waren. Im Vorwort erwähnte Welser lobend Conrad Peutinger, sah sich offenbar in einer Traditionslinie, bemerkte allerdings auch, daß dessen Publikation mittlerweile fast neunzig Jahre zurückliege und nun eine aktualisierte Fassung angebracht sei.

Aber auch dabei beließ er es nicht. Im Jahre 1594 erschien eine um 13 Inschriften erweiterte Ausgabe der »Inscriptiones« als Anhang der »Rerum Augustanarum Vindelicarum libri octo«[29]. Dieser Antikensammlung gab er den Titel »Antiqua quae Augustae Vindelicorum extant Monumenta«. Das Gesamtwerk wurde ein Jahr später in deutscher Sprache in Frankfurt am Main gedruckt. Von 36 Inschriften bei Conrad Peutinger hatte sich der publizierte Bestand nun auf 88 erhöht.

Wie gesehen, stützte sich Welser auf die Vorarbeiten seines berühmten Verwandten und übernahm dessen Arbeiten in seine Werke. Zwei große Unterschiede in der Darstellung sind allerdings hervorzuheben: Erstens kommentierte Welser die Inschriften, ordnete sie in den Kontext ihrer Entstehungszeit ein und lotete ihre Bedeutung aus; zweitens war er der erste, der auch nichtschriftliche Quel-

(= Colloquia Augustana 3), S. 258–276. Vgl. auch die neue Untersuchung von Gerrit WALTHER, Adel und Antike. Zur politischen Bedeutung gelehrter Kultur für die Führungselite der Frühen Neuzeit, in: HZ 266 (1998), S. 259–385.

25 Erich KÖNIG, Peutingerstudien, Freiburg/Br. 1914, S. 24 und 62 f. Nicht nur für Welser waren die Arbeiten Peutingers von Bedeutung. Lange vor ihm hatten Petrus Apianus und Bartholomäus Amantius eine Inschriftensammlung zusammengetragen, die unter anderem 34 Augsburger Inschriften und das Merkurrelief enthielt. Vgl. Peter APIAN, Bartholomaeus AMANTIUS, Inscriptiones sacrosanctae vetustatis, Ingolstadt: Peter und Georg Apian 1534.

26 Marcus WELSER, Inscriptiones Antiquae Augustae Vindelicorum, Venedig 1590, 2. Auflage 1594.

27 Conrad PEUTINGER, Romanae vetustatis fragmenta in Augusta Vind. et eius dioecesi, Augsburg 1505.

28 DERS., Inscriptiones vetustae Roman. et earum fragmenta in A.V. et eius dioecesi, Mainz 1520.

29 Marcus WELSER, Rerum Augustanarum Vindelicarum libri octo, Venedig 1594.

len in großer Zahl für überlieferungswürdig hielt. 19 Reliefs und ein Mosaik ergänzen und erläutern die schriftlichen Quellen. Peutinger hatte 1520 nur ein Relief abbilden lassen – das des Handelsgottes Merkur – und ging mit epigraphischen Quellen ähnlich um wie Johannes Aventinus, der als der wichtigste bayerische Geschichtsschreiber des Humanismus bezeichnet werden kann. Aventin sammelte insgesamt 80 Inschriften[30], publizierte sie jedoch nicht und wertete sie auch nicht aus[31]. Sein Umgang mit den »Vetustates Romanae« hatte ein anderes Ziel: »Inschriften sind ihm Kuriositäten, die in erster Linie der Illustration dienen. Aventin beschäftigte sich mehr aus einem antiquarischen als einem wirklich historischen Interesse heraus mit ihnen. Am wichtigsten sind sie ihm für die Gewinnung topographischer Angaben«[32].

Welser hingegen ging, wie Leonhard Lenk dies etwas zugespitzt, aber im Ansatz richtig formulierte, »nicht mehr sorglos und voll Entdeckerfreude wie die Humanisten zu Anfang des Jahrhunderts« an die Arbeit[33]. Hier erkennen wir somit auch einen geschichtswissenschaftlich veränderten Ansatz, der sich zwischen den Lebenszeiten Aventins und Welsers entwickelt hat. Das Besondere an den »Rerum Augustanarum« Welsers ist, daß hier nicht eine kommentierte Zusammenstellung aller seinerzeit bekannten römischen Augsburger Inschriften ans Licht gebracht wurde, sondern daß ab jetzt eine umfangreiche Darstellung des antiken Augsburg vorlag, die auf einer soliden, breiten Quellenbasis – epigraphisch, numismatisch wie literarisch – beruhte und zudem widersprüchliche Überlieferungen einer sehr kritischen Überprüfung unterzogen wurden.

Seinen stark ausgeprägten humanistischen Ansatz kann man bei den hier untersuchten Schriften zur Augsburger Geschichte aber auch an zwei eher äußerlichen Merkmalen ablesen. Erstens reicht seine Darstellung nur von der Stadtgründung bis ins Jahr 552. Er vermied also eine ausführliche Beschäftigung mit der sogenannten mittelalterlichen Geschichte; zweitens gab er seinem Werk nicht etwa den Titel »Chronica« und folgte somit einer offenbar zeittypischen Ablehnung dieser Gattung, die schon von einem der wichtigsten Theoretiker humanistischer Geschichtsschreibung, Giovanni Antonio Viperano, mit dem Hinweis, sie sei zu wenig glaubwürdig und kunstvoll, verworfen wurde. Zur Geschichte gehörten nach Viperanos Ansicht Glanz, Würde, Schmuck[34]. An Werken italienischer Humanisten, die sich mit der Art und Weise von Geschichtsschreibung befaßten, sind eini-

30 Alois SCHMID, Johannes Aventinus und die Realienkunde, in: Frank-Lothar KROLL (Hg.), Neue Wege der Ideengeschichte. Festschrift für Kurt Kluxen zum 85. Geburtstag, Paderborn 1996, S. 81–101, hier: S. 87.

31 EBD., S. 92.

32 EBD.

33 LENK (wie Anm. 6), S. 204.

34 Eckhard KESSLER, Theoretiker humanistischer Geschichtsschreibung. Nachdruck exemplarischer Texte aus dem 16. Jahrhundert, München 1971 (Humanistische Bibliothek. Abhandlungen u. Texte. Reihe II, Bd. 4), S. 20.

ge von Francesco Robertello und Uberto Foglietta in Welsers Bibliothek nachweisbar[35].

Seine kurz skizzierte Methodik führte nun dazu, daß bis dahin als geistesgeschichtliche Größen wahrgenommene Geschichtsschreiber wie Küchlin und Sigismund Meisterlin, aber auch antike Autoren Stück für Stück widerlegt oder ihre Darstellungen schlichtweg verworfen wurden. Analogieschlüsse, wie sie auch noch von Aventin vorgenommen worden waren, zum Beispiel bei etymologischen Untersuchungen, waren Welser völlig fremd. Seitenhiebe namentlich auf Aventin finden sich offen und versteckt. Gerade der Etymologie, als deren methodologischer Stammvater im deutschen Sprachraum der bayerische Geschichtsschreiber gerne bezeichnet wird[36], stand der Patrizier sehr skeptisch gegenüber. Als Beispiel einer Fehlinterpration führte er die Diskussion über einen angeblich im Jahr 163 hingerichteten Augsburger Bischof namens Philipp an. Erstens sei bisher in keiner Augsburger Kirche irgendein Hinweis auf diesen Kirchenfürsten Raetiens dingfest gemacht worden. Zudem habe zu dieser Zeit ein Bischof gleichen Namens auf Kreta den Tod gefunden und *es also wol sein kan/ daß sie diesen beyden Worten Creta und Raetia irr worden/ wie ich wol weiß/ daß es sonsten mehr geschehen*[37].

Wurde eine überlieferte Nachricht nicht von mindestens einem antiken Autor mitgeteilt oder fanden sich an einer genau angegebenen Stelle innerhalb des antiken Augsburg keine Hinweise auf römische Siedlungsreste, so war die Quellengrundlage aus seiner Sicht zu vage, um aus ihr eine gesicherte Kenntnis ableiten zu können.

4. Motivationen

Nun sollte man sich die Frage stellen, was Welser zu solch ausführlichen Reflexionen veranlaßte, da er sich selbst hierzu nur sehr zurückhaltend äußert. Ein sehr wacher Forschergeist kann als vorhanden vorausgesetzt werden, zudem der Wunsch, im speziellen veraltete Ansichten über Augsburgs Herkunft und Gründung zu überprüfen und, wo nötig, auch zu widerlegen. Das ist ein Allgemeinplatz, der einer detaillierten Begründung nicht mehr bedarf, weil einleuchtend und zudem schon bewiesen; ebenso erkennbar wird der Wunsch, das städtische Herkommen, verstanden als die Gesamtheit von Überlieferungssicherung und Überlieferungsbildung, einer größeren Öffentlichkeit nahezubringen[38].

35 Francesco ROBERTELLO, De vita et victu populi Romani […], Bologna 1559; Uberto FOGLIETTA, Historia Genuensium, o. O. 1585. Verzeichnet bei EHINGER (wie Anm. 12), Sp. 565 und 898.

36 Alois SCHMID, Das historische Werk des Johannes Aventinus, in: Gerhard-Helmut SITZMANN, Aventinus und seine Zeit 1477–1534, Abensberg 1977, S. 9–37, hier: S. 13.

37 Die folgenden Welser-Zitate sind der deutschen Fassung der Rerum Augustanarum Vindelicarum libri octo entnommen, der sogenannten »Welser-Gasser-Chronik«: Marcus WELSER, Acht Bücher augsburgischer Geschichte, in: Chronica der weitberuempten keyserlichen, freyen und deß H. Reichs Statt Augspurg in Schwaben […], Frankfurt 1595, S. 60.

38 Vgl. GRAF (wie Anm. 16), S. 145.

Außerdem könnten ihn kompensatorisch-eskapistische Tendenzen zur Beschäftigung mit und an der Geschichte bewegt haben. Die sogenannte »Krise des ausgehenden 16. Jahrhunderts«, die die Stadt und das Reich tangierte[39], mag für diesen Rückzug in die Vergangenheit ebenso verantwortlich gewesen sein wie die Krise des eigenen Handelshauses, die dem Patrizier sicherlich nicht verborgen geblieben war. Der Umgang mit der Antike und ihre Rezeption konnte zudem zu einer Form standestypischer Repräsentation werden[40].

Ein weiterer, die vorhergegangenen ergänzender Aspekt, der das Welsersche Interesse an Augsburgs römischer Vergangenheit möglicherweise noch deutlicher als bisher erklären könnte, ist der, daß Geschichtsschreibung zum einen der Selbstvergewisserung, zum anderen aber auch als Arsenal, als Waffe dienen kann. Notker Hammerstein hat unter diesem Aspekt die bayerische Geschichte Welsers, eine Auftragsarbeit Herzog Maximilians, bereits untersucht[41]. Selbstvergewisserung soll in diesem Zusammenhang heißen, daß die Beschäftigung mit der eigenen Stadtgeschichte einen Beitrag zu einem umfassenderen Verständnis des Wie und Warum der eigenen Existenz im historischen Zusammenhang leisten soll. Was verband das Augsburg Welsers mit der Augusta Vindelicorum der Römer? Gab es noch administrative Bezüge, spezifische Traditionen, die sich von der Antike bis in das Augsburg des ausgehenden 16. Jahrhunderts erhalten haben? Wie nah war man der Vergangenheit der eigenen Stadt noch?

Das Paradigma der »Geschichte als Waffe« kann anders verstanden werden: Inwiefern konnte man sich mit der eigenen Geschichte von anderen abgrenzen, den spezifischen historischen Wert der Reichsstadt hervorkehren? Dies muß, so ist anzunehmen, keine aktuellen Anlässe voraussetzen, also etwa Geschichtsschreibung als spontane Antwort auf eine aktuelle militärische Bedrohungssituation. Eine solche hat es zu Welsers Lebzeiten nicht gegeben. Zwar konnte der mächtige bayerische Nachbar dem kleinen Augsburger Stadtstaat von Zeit zu Zeit etwas unangenehm werden; kleinere Scharmützel zwischen bayerischen und augsburgischen Truppen werden in den Quellen häufig genannt, vor allem dann, wenn der große Nachbar der reichen Stadt buchstäblich den Wasserhahn zudrehen wollte, indem der Lech zum Teil auf bayerisches Territorium umgeleitet wurde. Eroberungsgelüste sind allerdings nicht nachweisbar. Auch der sogenannte »Geharnischte

39 Winfried SCHULZE, Untertanenrevolten, Hexenverfolgungen und »kleine Eiszeit«: Eine Krisenzeit um 1600? In: Venedig und Oberdeutschland in der Renaissance. Beziehungen zwischen Kunst und Wirtschaft. Hg. v. Bernd ROECK, Klaus BERGDOLT, Andrew John MARTIN. Sigmaringen 1993 (= Studi. Schriftenreihe d. dt. Studienzentrums in Venedig 9), S. 289–309; ROECK (wie Anm. 7), S. 14.

40 Siehe hierzu WALTHER (wie Anm. 24).

41 Notker HAMMERSTEIN, Geschichte als Arsenal. Geschichtsschreibung im Umfeld deutscher Humanisten, in: August BUCK u. a. (Hgg.), Geschichtsbewußtsein und Geschichtsschreibung in der Renaissance, Leiden 1989, S. 19–32. Prinzipielle Überlegungen zum Thema »Geschichte als Waffe« finden sich auch bei Andreas KRAUS, Grundzüge barocker Geschichtsschreibung, in: DERS., Bayerische Geschichtswissenschaft in drei Jahrhunderten. Gesammelte Aufsätze, München 1979, S. 11–33, hier: S. 13 (zuerst erschienen in: Hist. Jahrb. 88 (1968)), S. 54–77.

Reichstag« von 1548, der Augsburg wie anderen Städten verfassungsrechtliche Veränderungen aufzwang, bedrohte die Stadt in ihrer relativ autonomen Stellung jedoch nicht im Kern. Jedoch war das ausgehende 16. Jahrhundert unbestritten eine Krisenzeit; eine Rezession erschütterte die bikonfessionelle Stadt nachhaltig[42], der Schwäbische Bund hatte aufgehört zu existieren, ein gerade städtisches Forum, das nun verstummt war. Geschichte als Waffe ist hier also stark abstrahiert zu sehen und so zu verstehen, daß Auswärtigen die Besonderheit, ja Einzigartigkeit der Stadt verdeutlicht werden sollte. Augsburg war aus Welsers Sicht nicht irgendeine schwäbische Stadt, die auch nicht irgendwelche Traditionen und daraus abgeleitete Rechte hatte, sondern eben eine der wichtigsten Reichsstädte, die »Augusta«; hier trifft er sich mit Meisterlin. Dies den historisch Interessierten zu verdeutlichen, war offenbar Welsers Interesse. Daß er dabei massiv gegen die Darstellung des schon erwähnten Aventin Stellung bezog, ist nur zu verständlich, ist er doch derjenige gewesen, der das antike Augsburg in die Nähe von Wolfratshausen in Bayern hatte verlegen wollen, wo es dann angeblich um das Jahr 518 zerstört worden war[43]. Der bayerische Humanist und Historiker Aventin ist historiographisch das eigentliche Ziel, das der Patrizier anvisierte und attackierte. Diese Rivalität hat nichts mit einem gespannten Verhältnis Welsers zu Bayern oder den Wittelsbachern zu tun. Er stand in regem Briefkontakt mit Herzog Maximilian und sollte ja gerade später auf dessen Bitte hin eine bayerische Geschichte schreiben, wenn auch nicht zu dessen vollster Zufriedenheit, da Welser Maximilians Wunsch, die Abstammung der Wittelsbacher von den Karolingern zu belegen, nicht erfüllen konnte.

Die eigene Stadt jedoch aus historischen Räumen im engsten Sinne des Wortes herauszuhalten, in denen sie nichts zu suchen hatte, war ihm ein selbstverständliches Anliegen. Noch im Jahr 1605 bemängelte er die nach seiner Meinung unkritische Methode, mit der Aventin Urkunden und Chroniken ausgewertet habe[44], obwohl er für den Patrizier als Landeshistoriker durchaus Vorbildfunktion hatte.

Welser ging in seinen stadtgeschichtlichen Arbeiten zu Augsburg über das hinaus, was wir aus der spätmittelalterlichen Chronistik an städtischem Bewußtsein kennen. Zukunftsweisend war, so Andreas Kraus, »vor allem der scharfe kritische Geist, der sich in der Auseinandersetzung mit der vorausgehenden historischen Literatur und den späten Quellen zeigte. Auch die Themen, die sich Welser wählte,

42 Vgl. zur Stadtgeschichte dieses Zeitraums und zur Wirtschaftsentwicklung im besonderen Bernd Roeck, Eine Stadt in Krieg und Frieden. Studien zur Geschichte der Reichsstadt Augsburg zwischen Kalenderstreit und Parität, 2 Bde., Göttingen 1989 (= Schriftenreihe d. Hist. Komm. bei d. Bayer. Akad. d.Wiss. 37), hier: Bd. 1, S. 193 ff. und 270–299.

43 Aventin schrieb zu Augsburg: *Augusta Vindelicorum* [...] *wais man nun nit gar wol, wo si gelegen ist, ist nimmer vorhanden*, siehe Matthias von Lexer (Hg.), Johannes Thumair's, genannt Aventinus, Bayerische Chronik (Johannes Thurmair's, genannt Aventinus. Sämtliche Werke, 6 Bände), München 1883 und 1886, hier: Bd. 4, S. 643; Zur Zerstörung der Stadt führt Aventin aus: *Es ward auch die stat gar verprent und nidergerissen dermassen, das man nit wol mer wais, wo si gelegen ist,* Ebd., Bd. 5, S. 25 f.

44 Bayrische Geschicht/ in fuenff Buecher getheilt [...] durch Herrn Marxen Welser (übersetzt von Paul Welser), Augsburg: Ad insigne pinus 1605, S. 163 f.

sind symptomatisch für seine Zeit; sie greifen nicht aus auf die Weite der Geschichte [...] sondern handeln in einer eng begrenzten, vor allem in einer nahen und vertrauten Welt. Die Geschichte der unmittelbaren Heimat ist, wie zu allen Umbruchzeiten, das einzige noch lockende Thema«[45].

Obwohl sich in seiner Bibliothek nicht das Werk des Florentiners Matteo Palmieri »Della vita civile« fand, so ist doch davon auszugehen, daß Welser mit den Gedanken dieses Autors vertraut war, der sich in seinen Überlegungen stark auf Cicero stützte, den römischen Autor, der dem Augsburger Patrizier während seiner italienischen Studienzeit so wichtig wurde und der sich in seiner Büchersammlung in mehreren Ausgaben nachweisen läßt. Palmieri definierte die Aufgaben und Pflichten eines Bürgers gegenüber seiner Stadt dergestalt, daß es für ihn *keine wichtigere und würdigere Aufgabe* [gäbe], *als zum Wohl des Vaterlands zu dienen und dessen Größe zu mehren*[46]. Dieser Gedanke wird Welser neben den oben genannten Beweggründen offenbar bei der Erstellung seiner historischen Werke begleitet haben; zudem war er – nach Conrad Peutinger – einer der Augsburger Humanisten, die umfassend wissenschaftlich gebildet und diplomatisch, hier auch im Dienste der Stadt, tätig waren, eine humanistische »vita activa« und eine »vita contemplativa« pflegend[47].

Im zeittypischen Humanistenlatein beschrieb Welser sein Anliegen im Vorwort zu den acht Büchern Augsburger Geschichte[48]. Selbstverständlich wird der Leser hier vergeblich nach einer genannten Verfasserintention suchen, die geeignet wäre, speziell den bayerischen Nachbarn zu verärgern. Welser argumentiert hier nur als Historiker, dem die lange vergangene, große Augsburger Geschichte am Herzen liegt: *Schon seit langem* [...] *bereitet es mir Verdruß, daß derjenige Teil der Augsburger Geschichte, durch dessen Berühmtheit die Augen aller in besonderem Maße geblendet werden müßten, gewissermaßen als zur Seite getan und aufgegeben daliegt und angesichts seines Alters von Tag zu Tag mehr verdeckt wird*[49]. Im folgenden vergleicht er die antike Stadt mit einem großen, prächtigen Haus, das verfallen dasteht, dessen Säulen und Statuen allerdings zum Teil noch vorhanden sind. Diese sollten *für die Zeit gesammelt werden, damit die Sockel nicht leerbleiben müssen*[50].

45 Andreas KRAUS, Die benediktinische Geschichtsschreibung im neuzeitlichen Bayern, in: DERS. (wie Anm. 41), S. 106–148, hier: S. 113; zuerst erschienen in: Studien u. Mitt. d. Benediktinerordens 80 (1969), S. 205–229; zur These der Abgrenzung gegenüber Nachbarterritorien siehe auch ROECK (wie Anm. 7), S. 18.
46 In der Übersetzung zitiert bei BUCK (wie Anm. 19), S. 404.
47 SCHMID (wie Anm. 36), S. 11, betont meines Erachtens zu sehr die Unterschiede zwischen italienischen und deutschen Humanisten im Hinblick auf ihre wissenschaftliche Bildung *und* ihre Tätigkeit für das eigene Gemeinwesen.
48 WELSER (wie Anm. 29). Die folgenden Textstellen wurden von mir ins Deutsche übersetzt.
49 EBD., *Iam olim mihi* [...] *dividiae est, eam historiae Augustanae partem depositam quodammodo & deploratam iacere, vetustatisque situ in dies magis ac magis obduci, cuius maxime claritudine omnium oculi debebant perstringi.*
50 EBD., [...] *ne bases vacent interim, pro tempore collocari.*

Mit einem zeittypischen Eingeständnis der eigenen Schwäche und der Unvollkommenheit des Werkes bittet er den geneigten Leser um Nachsicht: *Ich weiß, daß ich dies* [das Zusammentragen der Überreste, B. M.] *in dem größtmöglichen Maß, in dem ich es darzustellen vermochte, hervorgehoben habe: Dies mag gering nennen, wer will, und es wird niemand verneinen, daß es zu dünn gesponnen ist; dennoch habe ich es zu versprechen gewagt*[51].

5. Welser als Historiker und Archäologe

Welsers Antikenbeschreibungen und auch -sammlungen sind in ihrer Auswirkung auf seine acht Bücher Augsburger Geschichte von nicht zu überschätzender Bedeutung. Zwar verfügte er über eine umfangreiche Bibliothek, in der sich alle namhaften Autoren der Antike fanden, auch war er in der Quellenkritik durchaus versiert. Allerdings konnten ihm Strabo, Florus, Tacitus, Cassius Dio, Velleius Paterculus und andere mehr natürlich nur Fragmente der Augsburger Vergangenheit präsentieren, die vor allem mit Krisensituationen zusammenfielen. Diese Nachrichten galt es mit Funden zu vergleichen, soweit diese zugänglich waren. Ergab sich dies jedoch, dann konnte er die »große« mit der »kleinen« Geschichte verknüpfen, seine antiken Vorgänger ergänzen, korrigieren oder auch widerlegen. Wo immer man im antiken Siedlungskern der Augusta den Spaten ansetzte, fand sich etwas von der großen, untergegangenen Epoche, oder in seinen Worten, *so viel und gewaltige alte eingefallene Maurwerck/ welche taeglich under der Erden/ wann man etwan ein Grundfeste zusetzen/ dasselbe außwirfft*[52]. Dies war für Welser, wie er betont, nicht nur ein Beleg für das Alter und die *dignitas* der Stadt, sondern auch glücklicherweise einzigartiges Quellenmaterial. Hier lassen sich wohl methodische Parallelen zum Veroneser Augustinereremit und Antikenforscher Onophrius Panvinius erkennen, dessen Schriften Welser vorlagen[53].

So verwirft Marcus etwa die von Velleius Paterculus stammende und von Otto von Freising übernommene Ansicht, der Perlach – immerhin der Ort, an dem nach Welsers Meinung der antike Statthalterpalast zu lokalisieren war und wo bis heute das Rathaus steht – habe seinen Namen von der sogenannten ›Varusschlacht‹ gegen die Römer, die eben dort von den vorrömischen Einwohnern erschlagen – *perierit* – worden seien[54]. Auch eine solch prominente Überlieferung wie die Varusschlacht, die ja in ihrer Auswirkung für die römische Geschichte weit über Augsburgs Stadtgeschichte hinaus eine große Bedeutung hatte, findet bei Welser nur die

51 Ebd., *Ego me, quantumcumque praestare potuerim, praestitisse hoc scio: exile dicat qui volet, licet et tenue nemo negabit – ausim tamen promittere* […].

52 Welser (wie Anm. 37), S. 12.

53 Insgesamt besaß er sechs Bücher dieses Autors. Für Welsers Stadtgeschichte sind wahrscheinlich zwei Werke von Bedeutung: Onophrius Panvinius, Fastorum libri V., a Romulo usque ad Imp. Caesarem Carolum V […], o. O. 1588; Ders., De Republ. Romana, Venedig 1558; siehe Ehinger (wie Anm. 12), Sp. 521 und 556.

54 Otto, Bischof von Freising, Chronik oder die Geschichte der zwei Staaten, übersetzt von Adolf Schmidt, hg. v. Walther Lammers, Darmstadt 1960 (= Ausgew. Quellen z. dt.

vernichtende Kritik des archäologisch interessierten Humanisten: *dann an diesem Berg/ niemals einig todten Beinlein gefunden worden*[55].

Wir wissen nicht, ob Welser selbst an Grabungen in Augsburg beteiligt war. Gesichert ist hingegen, daß er informiert wurde, wenn bei Neu- und Umbauten im antiken Siedlungskern der Stadt interessante Funde gemacht wurden. Allerdings gingen nicht alle Zeitgenossen so behutsam mit diesen Relikten einer untergegangenen Epoche um, wie sich der Patrizier dies wünschte: Um 1574 soll am Frauentor eine Säule mit dem Namen Kaiser Vespasians gefunden worden sein, die jedoch, so Welser, *auß Unachtsam: und Fahrlässigkeit der Wercklcuthe und Tagloener widerumb verfallen/ und wie ich hoere/ ist darauff gebauen worden. So gar ward sein damals nicht geacht/ daß man auch nicht nachgesehen/ was sonst fuer ein Titul und Jarzahl daran gestanden: und koennen wir nun iezund auch nit mehr darhinder kommen*[56].

Der Patrizier war hingegen Feuer und Flamme, wenn interessante Funde noch zu bergen waren, so etwa bei einem die Verladung von Weinfässern darstellenden Kalksteinrelief, das unter einer Säulenbasis in der Barfüßerkirche gefunden und 1604 durch Elias Holl geborgen wurde. Welser ließ diese Spolie in die Balustrade des Balkons über dem Portal des neuerbauten Weinsiegelhauses vor St. Ulrich einfügen[57]. Da dieses Stück erst nach der Publikation der »Monumenta« freigelegt wurde, wird man dort vergeblich danach suchen. Und da es spätestens beim Abbruch des Siegelhauses im Jahr 1809 verschwand, sind zwei Zeichnungen Elias Holls die einzigen bildlichen Zeugen dieses Reliefs. Welser war daran gelegen, diese Spolie durch die Zuweisung einer neuen Funktion in einem absolut sinnvollen Kontext der Augsburger Bevölkerung zugänglich zu machen und nicht nur sie, sondern auch auswärtige Besucher an dieser prominenten Stelle mit einer Traditionslinie zu konfrontieren, die offenbar von der Antike bis in seine Zeit reichte.

Diese sehr außergewöhnliche Konstruktion städtischer Erinnerung beschränkte sich allerdings nicht auf die Präsentation antiker Fundstücke. Der Patrizier kann durchaus als Motor und Ideengeber der umfassenden Umgestaltung Augsburgs an der Wende vom 16. zum 17. Jahrhundert gesehen werden. Bis heute ist jedoch im Detail umstritten, wie hoch genau Welsers Einfluß auf das sogenannte »Brunnenbauprogramm« und die architektonische Umgestaltung der Stadt durch Elias Holl einzuschätzen ist[58]. Gerade wenn Jürgen Zimmer in seiner Studie zum Augsburger

Gesch. d. Mittelalters. Freiherr vom Stein-Gedächtnisausg. 16), S. 220–223. Außerdem sei, so Otto von Freising, eine Ansiedlung nahe Augsburg nach Varus benannt, das heutige Pfersee, das früher Verisse geheißen haben soll.

55 Welser (wie Anm. 37), S. 16.

56 Ebd., S. 55.

57 Bernd Roeck, Elias Holl. Architekt einer europäischen Stadt, Regensburg 1985, S. 105 f.; Abb. S. 93.

58 Vgl. zur Diskussion dieser Frage Roeck (wie Anm. 57), S. 175ff.; Ders., Anmerkungen zum Werk des Elias Holl. Über den Entstehungsprozeß von Architektur im 17. Jahrhundert, in: Pantheon 41 (1983), S. 221–234; Ders., Kollektiv und Individuum beim Entstehungsprozeß der Augsburger Architektur im ersten Drittel des 17. Jahrhunderts, in: Wolfram Baer

Rathaus behauptet, daß Welser gegen den schließlich ausgeführten Rathausbau votierte, ist davon auszugehen, daß während seiner Tätigkeit als Stadtpfleger kein Bauentwurf ohne seine Zustimmung umgesetzt wurde und er natürlich zum Teil massiven Einfluß auf die Gestaltung nahm[59]. Seine umfangreiche Bibliothek kann hier nicht der einzige Gradmesser für die vorausgesetzte Bildung in Architekturfragen sein. Tatsächlich verfügte Welser über erstaunlich wenige prominente Werke zur Architekturtheorie. Nach Serlio, Biondo, Palladio oder Leon Battista Alberti wird man bei ihm vergeblich suchen; Vasaris Viten hingegen finden sich[60]. Auf der anderen Seite ließ er aber den Vitruv-Kommentar Bernardino Baldis in seinem Verlag Ad insigne pinus publizieren.

Auch ohne einen umfangreichen Bücherschrank konnten sich interessierte Bürger mit antiken Autoren und Achitekturtheoretikern beschäftigen; die Bestände der Stadtbibliothek boten hierfür Material im Überfluß. Und auch an diesem Ort begegnete man dem Patrizier, der von 1592 bis zu seinem Tode als »Verordneter über die Bibliothek« unter anderem für die Neuerwerbungen des Hauses verantwortlich zeichnete[61].

So ist also Welsers Einfluß unbestritten, eine Führungsrolle als Ideenstifter jedoch nicht zweifelsfrei zu belegen. In jedem Fall ist die Architektur der Stadt auch Ausdruck ihres Schicksals, ihrer Geschichte. Da Augsburg im ausgehenden 16. Jahrhundert nicht nur vom blühenden Späthumanismus profitieren konnte, sondern auch als Stadt mit antiker Vergangenheit direkteste Bezüge zur Renaissancearchitektur herzustellen vermochte, lag die Wahl der Architektursprache nahe. Der Späthumanismus erschöpfte sich in Augsburg nicht in der Produktion gelehrter Schriften. Er wurde hier, egal ob von einer oder von mehreren Personen initiiert, auch zur Architekturgeschichte.

Die »Monumenta Antiqua« sind eine überzeugende Ergänzung zur eigentlichen antiken Stadtgeschichte, geschrieben mit historisch-kritischem Verstand, in Umfang und Interpretation beeindruckender als die vergleichbaren Publikationen Peutingers. Während der Berater Kaiser Maximilians I. eine überschaubare Anzahl römischer Inschriften sammelte und publizierte, näherte sich Welsers Arbeit in Aufbau und Inhalt eher einer Edition an. Unter Angabe von Fund- und derzeitigem Standort werden die Inschriften vorgestellt, wo nötig und möglich rekonstruiert und in ihren historischen Zusammenhang eingeordnet. Auffallend ist, daß Welser auch äußerst vielen Fragmenten einen Platz in seiner Sammlung einräumte. Zum

u. a. (Hgg.), Elias Holl und das Augsburger Rathaus, Regensburg 1985, S. 37–54; Markus Völckel, Marcus Welser und die Augsburger Architektur der Hollzeit, in: ebd., S. 126–134; Jürgen Zimmer, Das Augsburger Rathaus und die Tradition, in: Münchner Jahrb. d. bildenden Kunst 28 (1977), S. 191–218.

59 Siehe hierzu jetzt auch Benedikt Mauer, Zur Organisation städtischen Bauens zwischen Elias Holl, Marcus Welser und Bernhard Rehlinger, in: Zeitschr. d. hist. Vereins f. Schwaben 89 (1996), S. 75–94.

60 Ehinger (wie Anm. 12), Sp. 883 f.

61 Lenk (wie Anm. 6), S. 154 f.

einen schien ihm die bloße Existenz dieser Funde bedeutend, ja gerade ihr Fundort lud zu einer weiteren Beschäftigung mit ihnen ein. Zum anderen wünschte er sich offenbar eine Auseinandersetzung der Leser mit diesen Fragmenten, die nur auf diesem Weg Zug um Zug sinnvoll ergänzt und im besten Falle rekonstruiert werden konnten. Diese Annahme ist nicht aus der Luft gegriffen, sie findet ihren Beleg wiederum in der Augsburger Staats- und Stadtbibliothek. Dort werden bis heute mehrere Exemplare der lateinischen Ausgabe der »Rerum Augustanarum« aufbewahrt, darunter auch das Handexemplar Welsers mit Nachträgen von seiner Hand[62]. Wir finden hier auf zahlreichen Seiten Verbesserungen, Ergänzungen und weiterführende Funde aus Augsburg, aber auch aus anderen Ländern. Diese Aktualisierungen entstammten der umfangreichen Korrespondenz, die der Patrizier mit europäischen Geistesgrößen des Späthumanismus führte, aber auch anderen Publikationen, die erst nach seiner eigenen erschienen waren. Mit einer bemerkenswerten Akribie aktualisierte er sein Handexemplar um 22 Inschriften. Zudem werden eigene Irrtümer eingestanden, stark fragmentierte Inschriften erhalten plötzlich einen Sinn, bekannte werden anders gedeutet; schließlich läßt sich Welser hier als Sammler von Inschriften eindeutig nachweisen. Konnte man bisher eine eigene Sammeltätigkeit nur vermuten oder auf der anderen Seite davon ausgehen, daß sich in seinem Haus schon Inschriften befanden, bevor es in Familienbesitz kam, so läßt sich nun belegen, daß er nach der Publikation seiner Schriften zur Augsburger Antike seiner Sammlung mindestens drei Inschriften hinzufügte.

Die »Monumenta Antiqua« sind als Ergänzung zu Welsers Augsburger Geschichte zu verstehen, modern gesprochen, ein Quellenanhang bisher unpublizierter Zeugnisse der römischen Vergangenheit Augsburgs. Die von ihm zitierten antiken und spätantiken literarischen Belege konnten die meisten wirklich interessierten Zeitgenossen in ihrer Privatbibliothek oder – wie in Augsburg – in der Stadtbibliothek nachschlagen.

Eine Veröffentlichung der römischen Funde in diesem Umfang jedoch war etwas ganz Neues. Sie illustrierten im doppelten Sinn des Wortes die acht Bücher Augsburger Geschichte, sie schmückten sie und regten zu eigener Beschäftigung mit diesem Thema an, da ja durchaus noch Fragen offenblieben, was Welser auch in den Erläuterungen verschiedener Funde offen zugab.

Archäologie im Späthumanismus und vornehmlich antike Geschichtsschreibung gingen bei Welser in einer äußerst fruchtbaren Verbindung Hand in Hand. Nur so ist sein äußerst kritischer Umgang mit anderen Historikern zu begreifen und auch zu würdigen. Er wolle seine Historie der Stadt Augsburg nicht mit *un-*

62 Staats- und Stadtbibliothek Augsburg, 2° H. 397. Seine Ausführungen ergänzende Nachträge finden sich etwa auf S. 101, wo er eine Information Joseph Scaligers aus dem Februar 1599 notierte; zwischen S. 232 und S. 233 klebte er die Zeichnung eines zwischenzeitlich aufgetauchten Fragments ein. Diese Nachträge wurden im 18. Jahrhundert publiziert: Jacob BRUCKER, Antiquorum quae Augustae Vindelicorum extant monumentorum a summo viro Marco Velsero […], in: Johann Georg SCHELHORN, Amoenitates literariae, Bd. 5, Frankfurt, Leipzig 1726, S. 116–140.

gegruendten Sachen [...] *beschmieren*, und bedenken, daß etwa die Eroberung Augsburgs durch die Amazonen *recht beym Liecht besehen* [...] *ein lauter Fabelwerck were*[63]. Bei aller Liebe zu seiner Heimatstadt und bei allem Willen, ihren Ruhm zu mehren, waren ihm jedoch unwissenschaftliche Methoden zuwider. Die immer wiederkehrenden Versuche, Augsburgs Herkunft möglichst weit ins Dunkel der Geschichte hinein zu verfolgen, auch unter der Gefahr, ohne ausreichende Quellen arbeiten zu müssen, fanden seinen Widerstand, denn *Wir sollens uns wol lassen gesagt seyn/ und tieff einbilden/ daß man den Adel und stattlichs Herkommen nit besser herauß streichen koenne/ dann wenn man mit der Warheit umbgehet*[64].

Dem Leser präsentierte er also hier den nicht gerade revolutionären Anspruch, der historischen Wahrheit nachzuspüren und nur ihr zu dienen. Offenbar jedoch – und das wird zu häufig übersehen – war er in Teilen immer noch einer durchaus spätmittelalterlichen Geschichtsauffassung verpflichtet, etwa bei der Frage, ob die Augsburger denn nun wirklich mit den Trojanern verwandt seien.

Die Römer, so der Patrizier, rühmen sich mit Recht ihrer trojanischen Herkunft, *mit welchem dann alle Historienschreiber uberein stimmen*[65], wie er ausführt. Allerdings würden sie es damit etwas übertreiben, weil sie *mit Rhumgierigkeit alle Voelcker* überträfen. Da sich jedoch die Augsburger nicht recht erklären konnten, wie denn die Trojaner den Weg an den Lech fanden, hätten sie *ein sehr ungereimbtes Maehrlein erdacht und es durch ihren grossen Ernst und Fleiß dahin gebracht/ daß es nun niemandt glauben wil oder wirdt/ daß die Augspurger von den Troianern herkommen/ welches doch an ihm selbs waar.*

So verwirft Welser zwar die personale Komponente, also eine Anwesenheit trojanischer Heerscharen oder Siedler im Gebiet um Augsburg. Eine Verwandtschaft der Augsburger mit den Trojanern jedoch wird nicht bezweifelt. Sein durchaus logisches Argument ist, daß über die nach Augsburg gekommenen Römer und ihre Ehen mit Vindelicern eine direkte Verwandtschaft mit den Trojanern erklärt werden könne.

Augsburgs römische Vergangenheit hatte für den Patrizier gerade unter verfassungsgeschichtlichen Gesichtspunkten ein besonderes Gewicht, war somit tagespolitisch nicht unwichtig. Schon Gellius betonte, genau wie Welser, der ihn zitierte, daß die römischen *Colonias kleine Bildtnussen unnd Gleichnussen der Statt Rom* seien[66]. Unter den oben genannten Motiven der Selbstvergewisserung und der daraus resultierenden Abgrenzung war eine solche Parallelisierung von größter Bedeutung. Augsburg war nicht nur eine alte, vornehme Stadt, sondern als römische Gründung in historischer wie politischer Hinsicht privilegiert. Aus dieser antiken Vergangenheit ließen sich – so wird es sich der Humanist gedacht haben – Rechte und Ansprüche ableiten, gerade auch gegenüber dem bayerischen Nachbarn, der

63 WELSER (wie Anm. 37), S. 7.
64 EBD., S. 14.
65 S. hierzu und zum folgenden EBD., S. 21.
66 EBD., S. 29.

sich in der aventinischen Geschichtsschreibung als Augsburgs größerer Bruder gerierte.

So erklärt sich auch die offen und versteckt dargestellte Parallelisierung des antiken und des zeitgenössischen Augsburg nicht nur in der Verfassungsgeschichte. An recht profanen Beispielen verdeutlichte Welser Traditionslinien, wie etwa der Tatsache, daß die Maßeinheit des Schuh ursprünglich römisch sei und bis in seine Gegenwart hinein in Augsburg Gültigkeit besaß; auch die Zünfte seien ursprünglich augusteisch, freilich gab es sie seit 1548 im Grunde nicht mehr[67].

Historisch jedoch – und hier zeigt sich wieder eine Spitze gegen den mächtigen bayerischen Nachbarn sowie gegen Aventinus – konnte Welser mit einer antiken Funktion seiner Heimatstadt aufwarten, von der etwa München weit entfernt war: Augsburg war die Provinzhauptstadt Raetiens; zudem hatten Bayern und Raetien seinerzeit in bezug auf die Verwaltung nichts gemein: *Und kan das Bayrlandt nit/ vil weniger Oestereich zu Retien gerechnet werden: dann wer mit Fleiß die Historien liset/ der wirdt offtermals befinden/ daß das Retien/ also auch das Beyrlandt unnd Oestereich/ jederzeit seine sonderliche Oberherren gehabt*[68]. Augsburg stand also schon seit der Römerzeit politisch-administrativ neben, nicht unter Bayern. Welsers Beschreibung der antiken Verfassung Augsburgs, vor allem der Ämterbesetzung und der Titulierung der Magistratsmitglieder, verweist, ohne daß er dies direkt aussprechen würde, auf die Regierungsstrukturen, die seit 1548 in Augsburg galten[69]. Die beiden Stadtpfleger – oder, wie Welser die *Duumviri* übersetzt, »Zweiherren« – stellten die höchste Obrigkeit dar. Die Strafherren gab es seinerzeit auch schon, genauso die Aediles, die er mit den Bauherren parallelisiert. Hier ist neben einer besonders deutlich zur Schau getragenen Kontinuitätslinie als Movens der ausführlichen Verfassungsschilderung zu diskutieren, ob auf diesem Weg nicht auch gerade die Verfassungsänderung des Jahres 1548 zu rechtfertigen versucht wird: Zurück zu den Wurzeln.

Der Ratsschreiber Thomas Trumer leitete 1601 die Augsburger Stadtverfassung direkt von der römischen ab und nahm sich hier offenbar Welser zum Vorbild[70]. Weitere Bestandteile der römischen Verfassungsgeschichte ließen sich problemlos in die Entstehungsgeschichte der Reichsstädte übertragen. So standen die Landpfleger den einzelnen Provinzen vor, *an Statt der Kayser/ und wie die Burgerschafft*

67 Ebd., S. 18 und 23.

68 Ebd., S. 11. Er kann in diesem Zusammenhang nur die drei Provinzen Raetia, Noricum und Pannonia meinen.

69 Ebd., S. 38 ff.

70 Lenk (wie Anm. 6), S. 111. Welser war nicht der erste Augsburger, der mit Hilfe der römischen Vergangenheit der Stadt Verfassungsänderungen bzw. -zustände zu legitimieren suchte. Der Ratsdiener Clemens Jäger tat dies ebenfalls in seinem Zunftehrenbuch – allerdings fünfzig Jahre früher – und rechtfertigte hier das zünftische Regiment, indem er Schriften antiker Autoren, allen voran Titus Livius, zur Verherrlichung des Zunftregiments heranzog. Siehe hierzu immer noch Pius Dirr, Clemens Jäger und seine Augsburger Ehrenbücher und Zunftchroniken. Zur Kenntnis der Historiographie des 16. Jahrhunderts, in: Zeitschr. d. Hist. Vereins f. Schwaben u. Neuburg 36 (1910), S. 1–32, hier: S. 3–6.

zu Rom von Keysern sonderliche Freyheiten erlangten/ also bekamen etwan dieselben auch die Colonien mit Huelffe ihrer Landtpfleger[71]. Der Landpfleger war also ein Vorläufer, vielleicht Vorbild der hochmittelalterlichen Vögte.

Nach dem Untergang des Imperiums wurden viele Colonien landsässig, jedoch *Augspurg und sonsten auch andere wenig/ so sich durch wunderbarliche und merckliche Mannheit und Bstandhafftigkeit/ in mancherley Glueck unnd Unglueck/ so viel hundert Iar hero herauß gewürcket/ gebrauchten sich nun deß Regiments/ wie andere freye Reichsstätte/ die weder den Landpflegern/* [...] */ noch Fürsten/ ausser dem einigen obersten haupt/ dem das ganze Roemische Reich gehorchen muß/ underworffen seyn: Ia daß sie nun wie gelehrte hochverstaendige Leuthe ihnen einhellig zu messen/ Fürstliche Recht und gerechtigkeit haben/ und gleichsam selbst fuerstliche Verwalterinne seyn*[72].

Diese Autonomie – so betont er ausdrücklich – wird auch durch geistliche Reichsfürsten nicht beeinträchtigt: *Da soll ich von denen zusagen* [sic!] *nicht umbgehen/ welche/ wann sie etwan lesen oder hoeren/ von einer Statt/ daß sie under diesen/ oder jenen Bischoff gehoert/ die meinen/ daß dieselben under desselben Bischoffs Gewalt gewesen: und ist wol nicht unrecht geredt/ was Geistliche Sachen belanget/ ander seits aber/ so viel das Weltliche Regiment betrifft/ ist es weit gefehlet/ unnd uber die Schnur gehauen*[73]. Zur Argumentation zitiert er aus dem 1. Korintherbrief des Apostels Paulus. Der Bezug auf die Auseinandersetzungen zwischen dem Bischof und der Stadt Augsburg im Spätmittelalter und auch noch zu Welsers Lebzeiten drängt sich geradezu auf und zudem, daß Welser nicht als Katholik schrieb, sondern eine historisch-theologische Argumentationsstrategie verfolgt, die seiner Heimatstadt eine beinahe biblisch begründete Unabhängigkeit in weltlichen Dingen vom Ortsbischof attestiert.

Die acht Bücher Augsburger Geschichte sind, für sich allein genommen, schon eine beachtliche Leistung und in bezug auf Qualität und Umfang im zeitgenössischen Augsburg singulär. Über die Auflagenhöhe dieses Werkes sind wir nicht informiert, jedoch spricht die Übersetzung für ein hohes Interesse, die Reaktionen namhafter zeitgenössischer Geistesgrößen für die außergewöhnliche Qualität[74].

Der Wert der Welserischen Arbeiten, ihre bis heute Maßstab setzende Qualität wurde von der Forschung immer wieder hervorgehoben. Seine Untersuchungen zur Topographie der antiken Stadt konnten fast gänzlich bestätigt werden[75]. Der

71 Welser (wie Anm. 37), S. 41.

72 Ebd., S. 41 f.

73 Ebd., S. 19.

74 Lenk (wie Anm. 6), S. 162 ff.

75 Siehe hierzu Zimmer (wie Anm. 58), S. 192; Wolfgang Kuhoff, Augsburg in römischer Zeit. Quellenlage und Forschungsstand, in: Gunther Gottlieb u. a. (Hgg.), Geschichte der Stadt Augsburg von der Römerzeit bis zur Gegenwart, Stuttgart 1984, S. 11–17, hier: S. 14 f. – Der wichtigste Augsburger Geschichtsschreiber des 18. Jahrhunderts bewertete die ›Rerum Augustanarum‹ wie folgt: Sie seien ein »Meister-Stuck [...], dergleichen wenig teutsche Staedte aufzuweisen haben werden«, Paul von Stetten d. Ä., Geschichte der Heil Röm. Reichs Freyen Stadt Augspurg [...], 2 Bde., Frankfurt/Leipzig 1743/1758, hier: Bd. 1, Quellenbeschreibung (o. S.).

Patrizier nutzte die ihm zur Verfügung stehenden finanziellen Ressourcen nicht nur für seine wissenschaftliche Arbeit. Mit der Gründung eines eigenen Verlags, der den Namen »Ad insigne Pinus« trug, ermöglichte er vielen Autoren die Erstellung qualitativ hochwertiger Publikationen[76]; so erschien hier im Jahr 1612 etwa auch der Marcus Welser gewidmete berühmte Vitruv-Kommentar Bernardino Baldis[77]. Eine Rekonstruktion der Welserischen Bibliothek und eine genaue Aufstellung aller im Welserischen Verlag gedruckten Bücher stehen bisher noch aus[78].

Seine verlegerische Tätigkeit bot, wie erwähnt, finanzschwachen Autoren eine äußerst qualitätvolle Drucklegung ihrer Werke. Welser versuchte dadurch offenbar, den qualitativen Rückstand von Drucken Augsburger Provenienz abzubauen. Er hatte seine eigenen Publikationen ja vornehmlich in Venedig bei den Nachfolgern des Aldus Manutius verlegen lassen. Erstmals konnten nun auch in Augsburg philologisch exakte lateinische und griechische Drucke erscheinen. Auf der anderen Seite bot diese Tätigkeit dem Patrizier die Möglichkeit, als Mäzen aufzutreten. Die eben genannte Widmungsadresse Baldis ist dafür ein Beleg.

Aber auch jenseits der Augsburger Stadtmauern war Welser an der Verbreitung wichtiger Bücher beteiligt. So erschienen 1603 die »Inscriptiones antiquae totius orbis romani« von Janus Gruter unter den Auspicien Joseph Scaligers und Marcus Welsers[79]. Hier war Welser für die Beschaffung italienischer Inschriften verantwortlich. Er konnte dabei seine Kontakte zu zahlreichen europäischen Gelehrten nutzen, die mit ihm korrespondierten und neue Funde mitteilten[80]. Auch einige Augsburger Inschriften aus seiner eigenen Sammlung gingen in dieses Werk ein. In einem mitabgedruckten lateinischen Bittbrief an Kaiser Rudolf II. um Erteilung eines Druckprivilegs werden beide von Gruter in den höchsten Tönen gelobt. Dem Versuch, das Werk zu publizieren, war ein glücklicher Ausgang beschieden, da er vom *Duumvirat der Literatur – Joseph Scaliger und Marcus Welser, dieser der Adler unter den Gelehrten Deutschlands, jener unter denen Galliens*[81] – offenbar so massiv unterstützt worden war, daß er sein großes Werk nun auch publizieren konnte.

76 Siehe zur Geschichte dieses Verlages immer noch LENK (wie Anm. 6), S. 160–175.

77 Bernardino BALDI, De verborum Vitruvianorum significatione, Augsburg 1612. – In Augsburg waren während des 16. Jahrhunderts keine wichtigen Publikationen zur Architektur erschienen, s. Dietrich ERBEN, Augsburg als Verlagsort von Architekturpublikationen im 17. und 18. Jahrhundert, in: Helmut GIER, Johannes JANOTA (Hgg.), Augsburger Buchdruck und Verlagswesen. Von den Anfängen bis zur Gegenwart, Wiesbaden 1997, S. 963–989, hier: S. 965.

78 Ein wahrscheinlich unvollständiges Verzeichnis der im Verlag Ad insigne pinus gedruckten Publikationen findet sich bei LENK (wie Anm. 6), S. 221–224.

79 Janus GRUTER, Inscriptiones antiquae totius orbis Romani [...] ac cura Iani Gruteri, auspiciis Ios. Scaligeri ac M. Velseri [Heidelberg 1603-06].

80 Wilhem LARFELD, Handbuch der griechischen Epigraphik, Bd. 1, Leipzig 1907, S. 38–40; Elmar MITTLER u. a. (Hgg.), Bibliotheca Palatina, Textband zur Ausstellung 1986, Heidelberg 1986, S. 443 f.

81 GRUTER (wie Anm. 79), o. S., aus dem Brief Gruters an Kaiser Rudolph I. mit der Bitte um Erteilung eines Druckprivilegs: [...] *literariae Duumviri, Iosephus Scaliger, ac Marcus Velserus, hic Germaniae suae, ille Galliae vere doctorum aquila.*

Am Ende dieser Untersuchung sei noch auf ein verlegerisch und auch geistesgeschichtlich interessantes Detail aufmerksam gemacht: Der Frankfurter Verlag Christian Egenolffs Erben veröffentlichte im Jahr 1595 die vorgestellten Welserschen Werke zu Augsburgs römischer Vergangenheit und die großen Augsburger Annalen des Stadtarztes Achill Pirmin Gasser, beide in deutscher Übersetzung[82]. Ursprünglich war eine solche Kombination nicht vorgesehen, weshalb sich Welser und die Nachkommen Gassers über diesen Nachdruck beschwerten; inhaltliche Gründe dieses Widerstands sind nicht überliefert, allein finanzielle Ansprüche – die allerdings nicht befriedigt wurden – sind bekannt.

Hier treffen zwei völlig unterschiedliche historiographische Ansätze aufeinander, und wir können ein sehr schönes Beispiel für die Gleichzeitigkeit des Ungleichzeitigen erkennen. Auf der einen Seite Gasser, immer noch die bekannten Gründungsgeschichten Meisterlins wiederholend, in seinem Hauptteil, der vom 6. bis ins ausgehende 16. Jahrhundert reicht, allein auf schriftliche Quellen gestützt[83]. Auf der anderen Seite sein Zeitgenosse Welser: Detailverliebt, kritisch, neben dem Studium der Schriften immer auch auf der Suche nach materiellen Überresten der Vergangenheit. Da Welser sein Werk mit der römischen Geschichte beginnen ließ und, wie gezeigt, mit legitimierenden Gründungstheorien nichts zu tun haben wollte, fiel es dem Verleger offenbar ein, wenige Seiten der Annalen Gassers auszukoppeln und die dort enthaltene Amazonensage vor den Beginn der Welserschen Geschichte setzen zu lassen. Beim Lesen dieser Ausgabe der Welser-Gasser-Chronik kann man sich des Eindrucks nicht erwehren, daß hier zwei Werke aus verschiedenen Epochen vorliegen, die allein durch den Bucheinband zusammengehalten werden.

82 S. zur Geschichte dieser Publikation LENK (wie Anm. 6), S. 110, und BELLOT (wie Anm. 8).

83 Der Arzt Achill Pirmin Gasser war durchaus einer der wichtigsten Augsburger Humanisten seiner Zeit. Die Annales Augustani sind seine wichtigste historische Darstellung. Gerade seine große Ratsnähe gestattete ihm Zugang zu städtischen Archivalien, die anderen Chronisten unzugänglich waren. Allerdings trägt seine Darstellung stark additiven Charakter. Gasser reflektierte die Stadtgeschichte bedeutend weniger als Welser. Vgl. zu ihm, seinen Publikationen und seiner Korrespondenz Karl Heinz BURMEISTER, Achilles Pirmin Gasser. 1505–1575. Arzt und Naturforscher, Historiker und Humanist, 3 Bde., Wiesbaden 1970–75.

Stadtarchäologie in Rom und den Vesuvstädten vom 18. bis zum 20. Jahrhundert

von Stefan Altekamp

In der Archäologie gibt es eine Vielzahl mehrdeutiger und mißverständlicher Begriffe. Einer dieser Begriffe lautet »Stadtarchäologie«. Dem Laien vermittelt diese Wortbildung keine eindeutige Vorstellung, und in der Fachwelt liegen ihr unterschiedliche Sichtweisen zugrunde.

Henry Cleere, der frühere Direktor des Council for British Archaeology, legte 1983 auf einer Tagung in Neapel Wert auf die Unterscheidung zwischen einer neuartigen »Archäologie in der Stadt« und einer eher konventionellen »Archäologie der Stadt«[1]. »Archäologie in der Stadt« nannte er »Stadtarchäologie« und verstand darunter in offizielle Planungsvorgänge eingebundene archäologische Aktivitäten innerhalb einer modernen Stadt. Als »Archäologie der Stadt« definierte er stadtgeschichtliche Forschungen mit archäologischen Mitteln.

»Archäologie in der Stadt« (nach Cleere) trifft keine Aussagen über die Art der archäologisch untersuchten Phänomene: Es kann sich um städtische, aber ebenso auch um nichtstädtische Befunde handeln. Gemeinsam ist beiden, daß sie sich auf dem Territorium der modernen Stadt anfinden. Charakteristisch für diese Archäologie ist die Arbeit in einem hochkomplexen und sich beständig verändernden Umfeld, um das unterschiedliche, darunter starke ökonomische Interessen konkurrieren. Kennzeichnend ist weiter die besonders exponierte Arbeitssituation, die die Archäologie unentwegter Öffentlichkeit aussetzt.

»Archäologie der Stadt« (nach Cleere) dagegen legt Stadt als Untersuchungsgegenstand fest, sei dieser nun modern städtisch überbaut oder nicht. Weitere Angaben zu den äußeren Bedingungen dieser archäologischen Tätigkeit werden nicht gemacht. Cleeres Definitionen stehen in der Tradition der britischen »urban archaeology«, die sich seit den späten sechziger Jahren auf einem besonderen Schauplatz etablierte und professionalisierte, einem Schauplatz, der innerhalb weniger Jahre archäologisch steril zu werden drohte: der modernen Stadt[2].

1 Vgl. Henry Cleere, L'archeologia urbana nel quadro della città attuale, in: Archeologia urbana e centro antico di Napoli. Atti del convegno 1983, hg. v. Stefania Adamo Muscettola, Patrizia Gastaldi, Tarent 1984, S. 19–24, hier: S. 19 f.

2 »Stadtarchäologie« (urban archaeology) als »rescue archaeology« in der modernen Großstadt hat in Großbritannien die früheste und konsequenteste programmatische Ausbildung erfahren; vgl. Martin Biddle, Archaeology and the history of British towns, in: Antiquity 42 (1968), S. 109–116, The erosion of history. Archaeology and planning in towns. A study of

Abweichend definierte etwa der italienische Archäologe Bruno d'Agostino 1985 das Konzept der »Stadtarchäologie« gerade als »Archäologie der Stadt«[3]. Die Stadt stelle den denkbar anspruchsvollsten Grabungsgegenstand und damit eine besondere Herausforderung dar. Ziel der »Stadtarchäologie« sei eine integrierte Betrachtung des Phänomens Stadt in allen seinen Facetten, die die isolierte Behandlung von Einzelaspekten, zum Beispiel eine solche einzelner Phasen, zu überwinden hätte. Anders als Cleere rückte d'Agostino damit den Gegenstand der archäologischen Aktion in den Vordergrund, weniger ihre äußeren Umstände. Die bloße »Archäologie in der Stadt« grenzte d'Agostino von der »Stadtarchäologie« ab, ohne jene weiter zu behandeln.

Die aufgezeigte Mehrdeutigkeit läßt sich auf unterschiedliche innovative Tendenzen innerhalb verschiedener archäologischer Disziplinen sowie ihrer jeweiligen sozialen Praxis zurückführen; diese Tendenzen liefen nebeneinander auf etwas Neues hinaus. Dieses Neue wurde ebenfalls parallel mit der Bezeichnung »Stadtarchäologie« versehen. Worum handelte es sich?

Erstens um die Ausweitung archäologischer Arbeitsmethoden auf die historische Erforschung jüngerer und jüngster Zeitschichten. Wie wenig selbstverständlich dies für lange Zeit gewesen ist, geht etwa daraus hervor, daß die Archäologie des europäischen Mittelalters nicht, wie man erwarten könnte, bereits dem 19. Jahrhundert verdankt wird, sondern sich im wesentlichen erst in der zweiten Nachkriegszeit dieses Jahrhunderts entfaltet hat. Auf den Untersuchungsgegenstand Stadt bezogen bedeutet diese Entwicklung, daß mehr und mehr jüngere Stadtepochen archäologisch untersucht werden. Neben (im europäischen Rahmen) dem Mittelalter gilt dies auch für die Neuzeit bis hin an die Schwelle zur Jetztzeit (in Städten, deren Geschichte so massive Umbrüche aufweist wie etwa die Berlins, sind längst materielle Relikte des Nationalsozialismus oder der frühen Nachkriegszeit Objekt archäologischer Betreuung). So hat Archäologie als fester Bestandteil der Stadtgeschichtsforschung auch in weniger alte oder sogar ziemlich junge Städte Einzug gehalten. Es kann nicht verwundern, daß zum Beispiel im nordamerikanischen Raum die Idee von »Stadtarchäologie« gerade auf diese Weise wesentlich mitgeprägt worden ist[4]. Durch die Ausweitung der zeitlichen Horizonte veränderte sich das Verhältnis zwischen den Betrachtern und den Gegenständen ihres Interesses.

historic towns affected by modern development in England, Wales and Scotland, hg. v. Carolyn M. Heighway, London 1972 (= Council for British Archaeology. Urban Committee), Rescue archaeology, hg. v. Philip A. Rahtz, Harmondsworth 1974; zur aktuellen Einbindung der »urban archaeology« in modernes »Archäologie-Management«: Archaeological resource management in the UK. An introduction, hg. v. John Hunter, Ian Ralston, Stroud 1993. – Vgl. zusammenfassend zur Situation in Deutschland: Günter P. Fehring, Stadtarchäologie in Deutschland, in: Archeologia urbana (wie Anm. 1), S. 49–58, und Ders, Stadtarchäologie in Deutschland, Stuttgart 1996 (= Archäologie in Deutschland, Sonderheft).

3 Vgl. Bruno d'Agostino, Le strutture antiche del territorio, in: Storia d'Italia (Einaudi) 8. Annali: Insediamenti e territorio, Turin 1985, S. 5–50, hier: S. 19.

4 S. etwa Living in cities: current research in urban archaeology, hg. v. Edward Staski, Ann Arbor 1987.

Die Beobachtung von Entwicklungen gewann gegenüber der von Zuständen an Bedeutung.

Eine andere Entwicklung betrifft die, stark vereinfacht ausgedrückt, zunehmend systematische Kombination archäologischer Arbeit mit sozial-, wirtschafts- und kulturgeschichtlichen Fragestellungen. Der archäologischen Arbeit selber verursachte das eine doppelte methodische Revolution: den Einschluß zuvor weniger beachteter Fundgattungen in Betrachtung und Analyse sowie ein wesentlich skrupulöseres Vorgehen bei der Ergrabung und Dokumentation der nun viel komplexeren Befund- und Fundsituationen. Mit die kompliziertesten Befunde erbringen Siedlungsgrabungen. Durch den methodischen Qualitätssprung wurde die archäologische »Erforschung von Siedlungen« wie die »Archäologie in Siedlungen« zu einer neuen Errungenschaft. Daß beide Konzepte einen weiten Überschneidungskreis besitzen, versteht sich nach dem Gesagten von selbst.

Damit die an dieser Stelle stark schematisiert nachvollzogenen Entwicklungen jeweils auf ein sich als neu verstehendes Teilgebiet von Archäologie, nämlich »Stadtarchäologie«, hinauslaufen konnten, bedurften sie eines Anstoßes. Dieser ergab sich daraus, daß weltweit massive Erneuerungswellen das Gesicht der meisten Städte radikal veränderten. Für Europa sei an die Aufbauarbeiten nach dem Zweiten Weltkrieg erinnert, deren Resultate ihrerseits erneut ehrgeizigen Anpassungs- und Sanierungsprogrammen unterliegen. Dabei wurden und werden ober- wie unterirdisch die materiellen Relikte früherer Phasen der Stadtgeschichte wie nie zuvor dezimiert. Ein derartiger Verlust, bereits eingetroffen oder noch bevorstehend, rief Forderungen hervor: Im Zuge der Veränderungsprozesse sollten historisch besonders wertvolle Befunde vor der Vernichtung bewahrt werden; da, wo die Beseitigung materiell-historischer Quellen unvermeidlich schien, sollten in einem geregelten und vorausschauenden Verfahren Dokumentationen der anstehenden Verluste entstehen.

Insofern ist etwa seit einem Vierteljahrhundert mit »Stadtarchäologie« (im zweifachen Sinne) etwas Neues entstanden: Eine Archäologie, die (zumindest theoretisch) in Planungsprozesse eingebunden ist; eine Archäologie, die an Orten präsent ist, die den Lebensraum von immer mehr Menschen darstellen, und damit immer mehr Menschen direkt vor ihrer Haustür einen Einblick in die historische Dimension ihrer Lebenswelt anbietet; schließlich eine Archäologie, die mit ihrem Interesse für sämtliche materiell faßbaren Lebensäußerungen einer »totalen Vision« von Geschichte zuarbeitet.

Aus dieser Sicht stellt das Thema des vorliegenden Beitrags ein Paradox dar: »Stadtarchäologie« und archäologische Forschungen im 18. oder 19. Jahrhundert scheinen sich auszuschließen. Es wäre aber verfehlt anzunehmen, »Stadtarchäologie« hätte keinen historischen Vorlauf. Denn es bedurfte eines langen Prozesses bis zur Ausprägung von Methoden und Routinen der heutigen Grabungsarchäologie. Hinzu kommt einer der bestimmenden Faktoren in der Geschichte der Archäologien: Jede Idee, jeder neue Ansatz hatte um die Möglichkeiten der praktischen Umsetzung zu kämpfen. Die Geschichte der Grabungsarchäologie ist daher eher eine Geschichte ihres praktischen Aktionsraums als eine solche ihres theoretischen Entwicklungspotentials.

Ich möchte über den historischen Vorlauf und den derzeitigen Stand der *Stadtarchäologie* aus der Sicht einiger alter Grabungsplätze auf italienischem Boden berichten. Als Beispiele dienen mir Rom sowie die Vesuvstädte Herculaneum und Pompeji. In allen Fällen handelt es sich um »Archäologie der Stadt«, in Rom zusätzlich um »Archäologie in der Stadt«.

Karl Weber

Der Beginn wissenschaftlicher Ausgrabungstätigkeit in Italien fällt in das 18. Jahrhundert. Die größte Aufmerksamkeit galt ohne Zweifel den Aktivitäten in den Vesuvstädten, obwohl eine Reihe weiterer aufwendiger Grabungen unternommen wurden, so zum Beispiel in Rom, in Tivoli oder in Velleia. Seit der Renaissance wußte man um die Existenz antiker Ruinen unter dem modernen Ort Resina am Westabhang des Vesuvs. Immer wieder wurden auch einzelne Funde zutage gefördert. Als der Beginn planmäßiger Grabungen gilt das Jahr 1738, in dem bei Geländearbeiten für einen neuen königlichen Sommerpalast einige unterirdische antike Strukturen berührt wurden, die sich später als die Reste des Theaters der römischen Kleinstadt Herculaneum herausstellten. Die Sondagen stießen auf Statuen, Wandmalerei, Inschriften etc. König Karl von Neapel ordnete an, die Suche nach antiken Objekten fortzusetzen.

So hoch wie der Bekanntheitsgrad der bourbonischen Grabungen in den Vesuvstädten (neben Herculaneum seit 1748 etwa auch in »La Cività«, später als Pompeji identifiziert), so anhaltend ist ihre schlechte Reputation als »Schatzgräberei« mit dem bloßen Ziel, die königlichen Sammlungen mit Werken antiker Kunstproduktion zu füllen. Dieser Vorwurf wiegt um so schwerer, als die Nachrichten vom verheerenden Ausbruch des Vesuvs 79 n. Chr. immer präsent geblieben waren, unterhalb des modernen Bodenniveaus daher mit den Resten antiker Siedlungen zu rechnen war, die keinem langsamen Verfall preisgegeben gewesen, sondern in einem Zustand uneingeschränkter Nutzung jäh verschüttet worden waren. Jemals die Möglichkeit eines unmittelbareren Einblicks in einen Ausschnitt antiken Lebens zu erhalten, blieb kaum zu hoffen.

Lange ist aber ebenfalls bekannt, daß die an den Grabungen in den Vesuvstädten Beteiligten über ihr Vorgehen uneins waren. Während man den überwiegenden Charakter der Grabungen als Fundbergung der Grabungsleitung anlastet, so galt schon den Zeitgenossen einer der Ausgräber, der Schweizer Militäringenieur in bourbonischen Diensten Karl Weber (1712–1764), seit 1750 maßgeblich an den Arbeiten beteiligt, als Querdenker, der anders als die entscheidenden Instanzen das höhere Potential der Grabungsplätze klar erkannte. Dank der kürzlich erschienenen Biographie Webers von der Hand des amerikanischen Archäologen Christopher Charles Parslow[5] ist es nun nicht nur möglich, Webers Rolle minutiös zu be-

5 Christopher Charles PARSLOW, Rediscovering antiquity. Karl Weber and the excavation of Herculaneum, Pompeii, and Stabiae, Cambridge 1995.

stimmen, sondern auch Einblick in eine lebhafte Diskussion zu nehmen, die die bourbonischen Grabungen in ein neues Licht rücken.

Die frühen Grabungen in dem unter einer 12 bis 25 Meter tiefen Lavaschicht begrabenen Herculaneum wurden in Stollentechnik durchgeführt. Unabhängig von den Zielsetzungen erschwerte diese Vorgehensweise die Orientierung beträchtlich. Es gelang nur mit Mühe, die unterirdischen Mauerverläufe als ansprechbare Strukturen zu interpretieren. Unter der Maxime äußerster Fundausbeute wurde die Richtung der Stollen oft geändert, statische Probleme rieten zur Wiederverfüllung der Tunnel; so ging die Übersicht verloren. Fehlender Überblick zwang zur kartographischen Erfassung der unterirdischen Ruinen: 1743 erstellte Pierre Bardet de Villeneuve, kurzfristig von 1741 bis 1745 Verantwortlicher der Ausgrabungen, einen ersten Plan des bis dahin bekannten monumentalen Stadtzentrums von Herculaneum, der jedoch unveröffentlicht blieb.

Webers Tätigkeit in Herculaneum setzte mit den Untersuchungen des später als Villa dei Papiri bekanntgewordenen Areals ein. Unter anderem fielen eine reiche Ausstattung an Bronzeskulpturen und die namengebende berühmte Papyrusrollen-Bibliothek an. Weber veränderte die Prioritäten und suchte zunächst die Dimensionen und den Plan des antiken Gebäudes zu gewinnen. Bis heute ist die Villa nicht ausgegraben; ihre Rekonstruktion ergibt sich allein aus den Daten der Weberschen Stollengrabung. In seinem Plan verzeichnete Weber die Fundstellen der beweglichen Objekte, deren Verteilung auf die Räume der Villa zur Zeit der Auffindung auf diese Weise nachvollzogen werden konnte.

1755 begann Weber mit seiner Arbeit auf einer offenen Grabung in Pompeji, dem inschriftlich als solchem ausgewiesenen Anwesen der Iulia Felix. Dieser Gebäudekomplex war der erste in den Vesuvstädten, der systematisch in Gänze freigelegt wurde. Erneut entstand ein sorgfältiger Plan mit zuverlässigem Eintrag der Funde. Darüber hinaus entwickelte Weber ein starkes Interesse daran, die Zweckbestimmung der einzelnen Räume, darunter Läden, Latrinen, eine Küche und Badeanlagen, zu klären. Er begann, Funktionszusammenhänge antiken Lebens nachzuzeichnen.

Das ungewöhnliche Ende der Vesuvstädte hatte dazu geführt, daß den Ausgräbern der materielle Rahmen antiken Alltags in einer derartigen Massivität vor Augen trat, daß nicht darüber hinweggesehen werden konnte. Verstärkt durch Sensationslust angesichts der Katastrophe, entwickelte die materielle Kultur der letzten Bewohner der Städte eine unwiderstehliche Anziehungskraft. So entstanden bereits in den frühen Grabungsjahren neben den Kunstkabinetten auch Sammlungen von Gegenständen des täglichen Lebens, etwa von petrifizierten Speiseresten.

Die sich akkumulierenden Informationen gedachte Weber in angemessener Weise zu publizieren. Zur möglichst anschaulichen Illustration der baulichen Kontexte schlug er die zu seiner Zeit noch wenig geläufige axonometrische Darstellungsweise vor. Als Muster verfertigte er um 1759/60 eine solche Darstellung des Anwesens der Iulia Felix in Pompeji[6]. Der Plan sollte von einer Funktionsanalyse

6 Parslow (wie Anm. 5), S. 166–177 mit Abb. 48 f.

und einer Dokumentation aller zugehörigen Funde begleitet sein. Webers außergewöhnlich fortschrittliches Konzept einer archäologischen Publikation wurde nicht realisiert, seine Vorarbeiten und Eingaben landeten in den Archiven.

Nach einem abgebrochenen Vorgängerunternehmen setzte 1757 die offizielle Publikation der *Antichità di Ercolano* ein. Nach alter Tradition antiquarischer Forschung war sie typologisch nach Objekten organisiert. Sie stellte unter Angabe grober Provenienzen die Malereifunde für sich zusammen, die Bronzen, die Lampen, die Kandelaber etc. Über die angegrabenen antiken Siedlungen dagegen erfuhr das Publikum nichts. Erst 1797 wurde der erste summarische, im wesentlichen auf den Arbeiten Webers beruhende Gesamtplan Herculaneums veröffentlicht[7]. Die geringe Wertschätzung für die bourbonischen Grabungen maß sich an der Einseitigkeit der von der höfischen und akademischen Entourage des Monarchen geprägten Grabungsziele sowie der konzeptionellen Rückständigkeit der in schleppender Folge erscheinenden offiziellen Publikationen.

Doch stand bereits den Zeitgenossen eine klare Alternative zur Verfügung: Danach genoß die Dokumentation von Informationen und der Kontext von Funden und Befunden oberste Priorität. Die antiken Siedlungen traten als Wert für sich, nicht nur als Lieferanten kostbarer Sammlungsstücke in ihre Rechte. Ihre Ausdehnung, ihre Aufteilung und ihre Zweckbestimmung begannen zu interessieren. Auch wurde erwogen, sie für Besucher geöffnet zu halten sowie bestimmte Funde zum besseren Verständnis der Zusammenhänge zur Zeit des Erlöschens antiken Lebens in situ zu belassen[8]. Damit entstand dem Museum als Ort der Begegnung mit historisch-materieller Kultur eine Konkurrenz: die Ausgrabungsstätte. Mit dem Vorsatz der permanenten Herrichtung von Grabungsflächen machte die Archäologie zugleich einen Schritt heraus aus dem geschlossenen Schutzraum in die Welt modernen Alltags.

Giuseppe Fiorelli – Pompeji im 19. Jahrhundert

Die zeitliche Vorreiterrolle lag bei den Grabungen in Herculaneum, doch Pompeji entwickelte sich zum größten Grabungsareal. Mit der Freilegung des Stadtmauerrings und eines Teils der antiken Gräberstraßen vor den Toren der Stadt bot sich anders als in Herculaneum die Möglichkeit, ein abgeschlossenes Siedlungsbild archäologisch kennenzulernen. Auf dem Weg der Bewältigung des territorialen anstelle des punktuellen Aspekts der Grabungen bedeutete die von 1860 bis 1875 dauernde Direktion Giuseppe Fiorellis (1823–1896) einen Meilenstein. Fiorelli gehört zu den prominentesten italienischen Archäologen des 19. Jahrhunderts; 1875 wurde er der erste Generaldirektor des neugegründeten nationalen Antikendienstes[9].

7 Ebd., S. 276 f. mit Abb. 76.

8 Ebd., S. 147.

9 Zu Fiorelli s. Francesco De Angelis, Giuseppe Fiorelli: la ›vecchia‹ antiquaria di fronte allo scavo, in: Ricerche di Storia dell'arte 50 (1993): L'archeologia italiana dall'Unità al Novecento, hg. v. Salvatore Settis, S. 6–15.

1858 veröffentlichte Fiorelli seine Rekonstruktion der antiken Einteilung der Stadt in *regiones* und *insulae* und schlug einen Katalog antiker Termini für die Bezeichnung der vorgefundenen Gebäudetypen vor (*domus*, *tabernae*, *viae*, *vici* etc.)[10]. Mit der Synopse der antiken schriftlichen und archäologischen Überlieferung wurden aus der besonderen Ausgangslage der Klassischen Archäologie, über eine reichhaltige schriftliche und inschriftliche Parallelüberlieferung zu verfügen, naheliegende Konsequenzen gezogen. In der Zusammenarbeit von Archäologie, Geschichtswissenschaft und Philologie war damit für später entstehende Historische Archäologien wie die Mittelalterarchäologie ein überzeugender Präzedenzfall geschaffen. Die klare Ordnung und Benennung der ortsfesten Befunde gestattete zugleich, den Fortgang der Grabungsarbeiten methodischer zu planen. Denn die präzise und unmißverständliche Ansprache der Monumente nach Funktion und Adresse schuf den Ansatz einer Ordnung, die ihrerseits neue Leitlinien für die weitere Grabungsplanung mit sich brachte.

Dem systematischen Ansatz entsprach die Anwendung einer bestimmten Grabungstechnik: Fiorelli vermied es, zunächst entlang der alten Straßen auf antikes Niveau zu gehen, weil durch den plötzlich nicht mehr ausgewogenen Druck des Füllmaterials Mauern einknickten. Stattdessen wählte er nicht von Mauern begrenzte Areale, in denen er sich auf der gesamten Fläche gleichzeitig in kleinen vertikalen Schritten bis auf das Niveau von 79 n. Chr. hinabarbeitete.

Diese Vorgehensweise darf nicht als Vorläufer stratigraphischer Grabungen mißverstanden werden, wie denn die Verschüttung der Vesuvstädte mit Lava beziehungsweise Vulkanasche, also eine natürliche anstelle einer künstlichen Stratigraphie aus der Zeit von 79 bis in die Neuzeit, für die Ausbildung einer schichtenbeobachtenden Grabung nicht förderlich war. Das Fehlen des stratigraphischen Ansatzes betraf auch die Horizonte vor 79 n. Chr. Die Phaseneinteilung der Stadtgeschichte bis zur Katastrophe stützte Fiorelli auf Beobachtungen verwendeter Baumaterialen und vorherrschender Mauertechniken, also auf typologische Ansätze. Die Einteilung in »Tuffperiode«, »Kalksteinperiode« etc. wirkt bis heute nach.

Das positivistisch ausgerichtete spätere 19. Jahrhundert war selbstverständlich an Pompeji als Musterbeispiel antiken Lebens in allen seinen Facetten interessiert. Dabei sind jedoch zwei Besonderheiten zu beobachten: Erstens war die schiere Fülle des Materials einer optimalen Ausnutzung der archäologischen Ressourcen eher abträglich. Dem rein organisatorischen Problem leistete die weiterhin typologisch geprägte Betrachtungsweise Vorschub, die etwa den Gesichtspunkt der Fundkontexte vernachlässigte. Auch auf typologisch vorbereitetem Terrain war es möglich, eine unbegrenzt scheinende Anzahl gültiger Aussagen zu machen und nicht endenwollende intellektuelle Debatten zu führen. Doch blieben dabei wichtige Aspekte außer acht, ein Manko, dem sich erst das späte 20. Jahrhundert mit Erfolg stellen sollte.

10 Vgl. Giuseppe FIORELLI, Sulle regioni pompeiane e della loro antica distribuzione. Programma, Bullettino Archeologico Napolitano 7 (1858/59), Nr. 153, S. 11–13.

Zweitens begannen die Vesuvstädte im allgemeinen, Pompeji im besonderen, stellvertretend für ein bestimmtes archäologisches Quellenmaterial überhaupt zuständig zu werden. Das bedeutet, Phänomene, die in Pompeji beobachtet und analysiert wurden, blieben auf anderen Ausgrabungsstätten mit weniger exzeptionellen Erhaltungsbedingungen unberücksichtigt. Für eine umfassende Kulturgeschichte der Antike lieferten exemplarisch Grabungen wie die in Pompeji das Material, andere eher nicht. Der ›Alltag der Antike‹ war in Pompeji angesiedelt, weniger in Zentren wie Rom, Athen, Pergamon usw.

Rom im 19. Jahrhundert

Auch in Rom beginnt das Grabungszeitalter im 18. Jahrhundert. Den Bezug zwischen Archäologie und Stadt stellte jedoch erst das 19. Jahrhundert her[11]. Dabei ist zu betonen, daß sich die Archäologie in Rom bis in das 20. Jahrhundert hinein auf die antike und frühchristliche Stadtepoche beschränkte.

Den Auftakt bildeten die Planungsorgien der napoleonischen Zeit. Die meisten der zu dieser Zeit im Stadtbild präsenten archäologischen Relikte waren über alle Jahrhunderte hinweg sichtbar gewesen, die frühesten von wissenschaftlichem Erkenntnisinteresse geleiteten Grabungen hatten sich an diesen Fixpunkten orientiert und zunächst in deren unmittelbarer Umgebung das antike Niveau freigelegt. Die napoleonischen Planungen für das archäologische Zentrum banden die herausragenden Monumente in ein System von Plätzen und Achsen ein. Das Projekt des französischen Architekten Louis Berthault von 1813 schloß Kapitol, Palatin, Forum Romanum und Kolosseumstal zu einer neuen Einheit zusammen. Kolosseum, die Basilica Nova sowie die Bögen des Septimius Severus und des Konstantin bildeten wichtige Blickfänge in diesem System. Die geometrisierenden Hauptlinien des Entwurfs wurden jedoch nicht durch bestehende alte oder neue Bebauung definiert, sondern über Baumanpflanzungen. Da, wo etwa Ruinen störend von den Hauptachsen des Entwurfs abwichen, sollten sie durch Bewuchs kaschiert werden.

Damit kann eine Konstante des Verhältnisses von moderner Stadt und Archäologie in Rom bis in das frühe 19. Jahrhundert zurückverfolgt werden: Archäologische Monumente erhielten im urbanistischen Gefüge eine besondere Bedeutung, ohne daß damit gleichzeitig der Archäologie ein größerer Stellenwert beigemessen werden mußte.

Dennoch gab es diese Archäologie. Sie setzte, wie schon gesagt, mit sehr beschränkten Grabungen ein. Damit konnten Identifizierung und Datierung vieler

11 S. zum frühen 19. Jahrhundert: Attilio LA PADULA, Roma e la regione nell'epoca napoleonica, Rom 1969, Marita JONSSON, La cura dei monumenti, Stockholm 1986, Ronald T. RIDLEY, The eagle and the spade. Archaeology in Rome during the Napoleonic era, Cambridge u. a. 1992. – Zum späteren 19. Jahrhundert: L'archeologia in Roma capitale tra sterro e scavo, Venedig 1983 (= Roma Capitale 1870–1911, 7), und Robin Brentwood WILLIAMS, Rome as state image: The architecture and urbanism of the Royal Italian government, 1870–1900, Ann Arbor 1993.

Monumente gesichert und der gelehrten Spekulation entzogen werden. Durch Klassizismus und Nationalismus in ein neues Licht gerückt, begannen exponierte antike Denkmale die Funktion nationaler Symbole anzunehmen. Auch daraus ergaben sich weitreichende Konsequenzen: Neben die beschränkte archäologische Grabung trat eine Umgestaltung der Monumente selbst und ihrer unmittelbaren Umgebung. Eine moderne Nutzung wurde als mit der neu empfundenen Würde dieser Monumente unvereinbar angesehen. Puristische Eingriffe reduzierten den Bestand auf den antiken Befund und machten so aus den Resten antiker Bauten zum Teil zum ersten Mal Ruinen ohne eine praktische Funktion.

Die sichtbaren Zeugen des Weiterlebens und schrittweisen Aufgehens der antiken in der mittelalterlichen und frühneuzeitlichen Stadt reduzierten sich, die Umgestaltungspolitik entfernte sich von einer Integration von Älter und Neuer zugunsten einer Bipolarität von Antik und Modern. Das sichtbare Erbe des Zeithorizontes, den die neue Zeit zur Eigendefinition und -legitimation am meisten bemühte, wurde mehr und mehr aus dem Stadtgefüge abgelöst und isoliert. Dazu trug die Schaffung neuer Plätze bei. Auf die moderne Stadt verteilt, gestatteten eingegitterte und zum Teil zufällig abgeteilte Gehege Einblicke in den um die meisten späteren Einbauten bereinigten antiken Stadtplan.

Mit Anschluß des Kirchenstaates an das neue Königreich Italien wurde Rom 1870 dessen Hauptstadt. Eine zügellose Bauspekulation setzte ein. Da die Stadt in nachantiker Zeit stark geschrumpft war, spielten sich Umgestaltung und Ausbau für lange Zeit vor allem auf dem von den antiken Stadtmauern umgebenen Gelände ab. Überall in diesem Areal stieß man auf die Reste ganzer Quartiere der antiken Stadt, die jahrhundertelang unter Gartenland verborgen gewesen waren. Mit Ausklang des gründerzeitlichen Baufiebers war es möglich, eine neue, bis heute grundlegende archäologische Karte Roms zu zeichnen. Mehrere Museen und Antiquarien hatten sich bis zum Rand mit archäologischem Fundgut gefüllt. Den Aufschwung der Grabungsarchäologie begleiteten eine neuartige Bürokratie und neue Periodika. Eine kritische Bilanz dieser Zeit fällt dennoch negativ aus: Der Erforschung des antiken Roms als Stadt hat der Ausbau Roms zur Hauptstadt einen unwiderruflichen Rückschlag versetzt. Das zeigt ein Blick auf die Archäologische Karte: Das moderne Rom auf diesem Plan ist durchsetzt mit antiken Monumentalbauten. Doch diese Bauten ergeben kein Stadtbild. Das eigentliche Gewebe, die Wohnquartiere, Gewerbe- und kleinen Kultbauten, ist fast völlig ausgelöscht. Nicht das antike Rom wurde rezipiert, sondern seine offizielle Repräsentationsarchitektur.

Damit kein Mißverständnis entsteht: Das Wachstum des modernen auf Kosten des alten Roms war unvermeidlich. Bedauerlich ist weniger der Verlust an archäologischer Denkmalsubstanz als solcher als die Einseitigkeit der Verluste und die unzureichende Dokumentation des Zerstörten. So ist es auch bei größter Akribie heute nur sehr ausschnitthaft möglich, die großen weißen Flecken der archäologischen Stadtkarte hypothetisch zu füllen.

Giacomo Boni

In die Zeit des gründerzeitlichen Baufiebers in Rom fiel die Tätigkeit Giacomo Bonis als Leiter der Ausgrabungen des Forum Romanum. Auf diesem sakrosankten, vor dem Zugriff der Spekulation geschützten Areal entwickelte Boni das Modell einer penibel schichtenbeobachtenden, das heißt einer stratigraphischen Grabung. Zur Methode erschienen mit zwölf Jahren Abstand zwei programmatische Aufsätze[12]. Diese Schriften sind Klassiker archäologischer Fachliteratur: In knappen und anschaulichen Worten beschreibt Boni nicht nur sein Vorgehen auf der Forumsgrabung, sondern begründet das Prinzip der stratigraphischen Grabung allgemeingültig. Als durchgehenden Vergleich zieht Boni das bis heute geläufige Bild des Archivs beziehungsweise der geschichtlichen Chronik heran, die ihren Wert nicht zuletzt aus der Vollständigkeit und der korrekten Abfolge der in ihnen verwahrten Informationen beziehen. Entsprechend handele es sich bei einem Grabungsareal um ein »Stratigraphisches Archiv« [13], das Seite für Seite aufzublättern und zu lesen sei.

Boni beschrieb nicht nur klar und deutlich den Übergang von der objektbergenden zur schichtenbeobachtenden Grabung, er trennte sauber den Schnitt vom Planum und verlangte das Vorgehen nach gegebenen, nicht schematisch bestimmten Straten[14]. Er schenkte dem Übergang von archäologischer zu geologischer Stratigraphie Aufmerksamkeit[15] und würdigte den Wert von Brunnenfüllungen und Abfallgruben[16]. Ein zentrales Anliegen war ihm der Zusammenhang von Schicht und Einzelfund[17]. Schließlich wurde nicht nur der Wert der archäologischen Detailbeobachtung für die Rekonstruktion von Alltagsleben hervorgehoben, sondern diese Rekonstruktionsarbeit auch im »hochoffiziellen« Ambiente des Forum Romanum, einem herausragenden Schauplatz politischer Geschichte, als erstrebenswert angesehen: »Auch die einfachen Scherben gewöhnlichsten Küchengeschirrs können zur Rekonstruktion der Geschichte beitragen und die Lücken füllen, die das Studium römischen Lebens der Zeit, in der Polybios die Verfassung der großen Republik und das einfache und anständige Leben ihrer Gesetzgeber und ihrer Führer bewunderte, bisher hinterlassen hat. Diese Lücken sollen nicht glauben machen, daß die Römer, beschäftigt mit der Eroberung der Nationen des Mittelmeerraumes, sich des Essens und Trinkens, der Arbeit und des Handelns enthalten hätten«[18].

12 Vgl. Giacomo Boni, Il metodo negli scavi archeologici, Nuova Antologia 16. 7. 1901, S. 312–322, und Ders., Il »metodo« nelle esplorazioni archeologiche, in: Bollettino d'Arte 7 (1913), S. 43–67.

13 Boni, Metodo (wie Anm. 12), S. 315.

14 Vgl. Ebd., S. 314 f.

15 Vgl. Ebd., S. 316.

16 Vgl. Ebd., S. 318 f.

17 Vgl. Ebd., S. 315–317.

18 »I vili detriti del vasellame più comune possono essi pure concorrere alla ricostruzione della storia, a colmare le lacune che presenta lo studio della vita romana, nel tempo in cui Polibio ammirava la costituzione della grande repubblica, la vita semplice e virtuosa dei suoi le-

Trotz seiner Verdienste eignet sich jedoch auch Boni nur bedingt als archäologischer Säulenheiliger. Auf einen Pferdefuß verweist der Tenor der soeben im Wortlaut zitierten Textstelle: Boni entwickelte sein Modell nicht für eine beliebige Grabung, sondern für ein Areal, dem er sich mit quasireligiöser Ehrfurcht näherte. Dem Erznationalisten Boni war das Forum Romanum als Kristallisationszentrum römischer – das heißt nach seinem Verständnis protoitalienischer – Macht derartig heilig, daß es die diachrone Betrachtung seiner Entwicklung erzwang und die Bewahrung auch noch der unscheinbarsten historischen Reliquie rechtfertigte. Aufgrund der äußerst komplexen Geschichte des Grabungsplatzes bedurfte diese Beobachtungs- und Bergungstätigkeit jedoch eines besonderen praktischen – und methodischen! – Aufwandes.

Bonis Plädoyer für die stratigraphische Grabung wird durch eine einschränkende Wertung relativiert: Bestimmte historische Phasen lohnen den Aufwand, andere dagegen nicht. Die mittelalterlichen oder frühneuzeitlichen Straten oberhalb des antiken Horizontes tat Boni mit dem Vergleich ab, sie seien wie ein weißer Wandanstrich über einem Giotto-Fresko[19]. Dabei ist festzuhalten, daß sich Boni, stark beeinflußt von John Ruskin, denkmalpflegerisch sehr für mittelalterliche Baukunst eingesetzt hat. Von kunsthistorisch geprägtem denkmalpflegerischem Engagement zur archäologischen Historiographie war jedoch ein weiterer Weg zurückzulegen, als es heute vielleicht verständlich sein mag. So ist Boni einer der Väter des erforderlichen methodischen Rüstzeugs, jedoch kein Anwalt einer »Stadtarchäologie« im modernen Sinne.

Abschließend zu diesem Punkt sei ohne weitere Ausführung erwähnt, daß Boni für das Areal des Forum Romanum auch auf dem Gebiet der Luftbildarchäologie und der didaktischen Aufbereitung der Grabungen im Antiquarium des Forum Pionierleistungen erbrachte.

Vittorio Spinazzola

Vittorio Spinazzola leitete von 1910 bis 1923 die Ausgrabungen Pompejis. Unter seiner Regie wurde ein längerer Trakt einer der Hauptstraßen Pompejis, der sogenannten Via dell'Abbondanza, mit ihrer Randbebauung freigelegt.

Als einer der wenigen Ausgräber hat Spinazzola die Grundsätze seiner Grabungstätigkeit schriftlich fixiert. Sie wurden zusammen mit den Resultaten der Grabungen selber postum von seinem Schwiegersohn Salvatore Aurigemma publiziert[20]. Die Äußerungen Spinazzolas lassen sich in interessanter Weise an die Kon-

gislatori e dei suoi duci. Queste lacune non bastano a far credere che, occupati a conquistare le nazioni mediterranee, i Romani si astenessero dal mangiare e dal bere, dal lavoro e dal traffico.« – Ebd., S. 322.

19 Vgl. ebd., S. 313.

20 Vgl. Vittorio Spinazzola, Metodi e metodo dello scavo, in: Ders., Pompei alla luce degli scavi nuovi di Via dell'Abbondanza (anni 1910–1923). Text, hg. v. Salvatore Aurigemma, Rom 1953, S. 3–32.

zeption Bonis anschließen. Für Spinazzola gab es keine Grabungsmethode an sich, sondern das Prinzip methodischen Vorgehens in Abhängigkeit von verschiedenen Umständen beziehungsweise Zielen konkreter Grabungen. In Pompeji verfolgte Spinazzola ein ganz konkretes Grabungsziel: die möglichst detailgetreue Rekonstruktion einer antiken Straßenfront. Dieses Ziel war mit der Hypothese verbunden, die Häuser Pompejis wären viel weniger, als in der Forschung bis dahin angenommen, zur Straße hin geschlossen gewesen, sondern hätten Fenster und Balkone und darüber hinaus eine reiche Fassadengestaltung aufgewiesen. Diese Hypothese galt es, durch die Grabung zu verifizieren und durch anschließende Rekonstruktionen zu veranschaulichen[21]. Die methodische Ausrichtung der Grabung entwickelte sich für Spinazzola so nicht aus einem allgemeingültigen Prinzip, sondern war aus einer konkreten Fragestellung abgeleitet. Um seine Hypothese zu belegen, folgte der Ausgräber der natürlichen Schichtung des vulkanischen Auswurfs, der sich über Pompeji gelegt hatte. Um die Reste von Obergeschossen, Zwischendecken, Balkonen, Fenstern und ähnlichem als solche identifizieren zu können, rekonstruierte Spinazzola die einzelnen Phasen des Ausbruchs, ordnete jeder Phase ihren Zerstörungseffekt und damit die idealtypische Fundsituation der betroffenen Partien der Bebauung zu[22]. Entsprechend skrupulös gestaltete sich die Grabung; die Identifizierung der geologisch-archäologischen Straten sowie die präzise Lokalisierung der Funde in Zuordnung zu diesen Straten geriet zu einem primären Grabungsziel. Der partikularistische Ansatz Spinazzolas zeigte sich jedoch darin, daß er das geschilderte stratigraphische Vorgehen für unumgänglich hielt, um das »Leben« Pompejis in seiner Spätphase rekonstruieren zu können, daß er aber nicht der Meinung war, ein analoges Vorgehen müßte auch im »Boden« der Stadt, also diachron stadtgeschichtlich orientiert, erfolgen. Der primäre Wert der archäologischen Ressource Pompeji läge in der Möglichkeit der synchronen Zusammenschau, nicht in der entwicklungsgeschichtlichen Perspektive[23].

Faschismus

Wie Daniele Manacorda gezeigt hat, ließe sich der Widerspruch zwischen der grundsätzlichen Anerkennung des Prinzips der stratigraphischen Grabung und einer inkonsequenten bis ausbleibenden Umsetzung dieses Prinzips in die Praxis noch mit weiteren Beispielen illustrieren[24]. Die stratigraphische Grabung wurde zur Vision und zum Schrecken der Klassischen Archäologie zugleich: Sie vervielfachte das Potential einer archäologischen Stätte, aber sie verbot, so zu graben, wie es das Publikum, die Entscheidungsträger und die meisten Archäologen selber gewohnt wa-

21 Ebd., S. 11–15.
22 Ebd., S. 23–30.
23 Ebd., S. 19.
24 Vgl. Daniele Manacorda, Cento anni di ricerche italiane: il dibattito sul metodo, in: Quaderni di Storia 16 (1982), S. 85–119, hier: S. 97–104.

ren: in kurzer Zeit große Flächen mit wenig archäologischem Fachpersonal. Die wachsende Kluft zwischen Theorie und Praxis stellte unter anderem einen Reflex auf die massive, im Faschismus ihren Höhepunkt erreichende Politisierung der italienischen Archäologie dar, eine Politisierung, die, wie gesehen, ihre Wurzeln tief im 19. Jahrhundert besaß. Die öffentliche Inanspruchnahme unter ideologischen Vorzeichen verlangte von der Archäologie die Schaffung herauspräparierter Grabungstableaus, die in ihrer eindeutigen und leicht faßlichen Aussage den simplen Geschichtsbildern der Zeit zu entsprechen hatten. Der Schwierigkeit, komplexe »stadtarchäologische« Befunde als solche zu sichern und verständlich zu machen, ging die politisierte Archäologie dadurch aus dem Wege, daß sie sie ignorierte. Anschaulichkeit und Vermittelbarkeit stellte sie über radikale Selektion her. Die Selektion diente der Beleuchtung der Zeithorizonte, die sich im Sinne des historisierenden Nationalismus verwerten ließen.

»Stadtarchäologisch« hinterließ der Faschismus ein fatales Erbe: Unzweifelhaft stellte er eine bisher nicht gekannte Form von Öffentlichkeit her, was sich sowohl in der »Archäologie der Stadt« wie der »Archäologie in der Stadt« manifestierte. In Rom[25] entschied sich der schwelende Konflikt zwischen Alt und Neu, zwischen dem Anspruch auf Erhaltung und Aufwertung des archäologischen Erbes sowie den Bedürfnissen einer rasch expandierenden Großstadt auf eindeutige Weise: Einige herausragende antike Monumente wurden auf ihre ›Urzustände‹ zurückgeführt, als Symbole einer als vorbildhaft propagierten Zeit von der modernen Stadt isoliert. Die Masse der archäologischen Zeugnisse und vor allem ihr Zusammenhang standen dagegen zur Disposition. Der Faktor Archäologie im Stadtbild war unübersehbar, dem Anschein nach sogar aufgewertet, eine ehrliche Auseinandersetzung mit der archäologisch faßbaren Stadtgeschichte als Kontinuum aber blieb mehr denn je unterbunden.

Wie eine Kartierung der zwischen 1873 und 1940 in der Hauptstadt durchgeführten Abrißarbeiten verdeutlicht, wurde das Zentrum innerhalb von 70 Jahren teilweise regelrecht entleert. Das bekannteste Beispiel stellt die Anlage einer breiten Straßenverbindung zwischen Piazza Venezia und Kolosseum her, die das Gelände der römischen Kaiserfora überquerte. Ein ganzes Stadtviertel und eine natürliche Anhöhe fielen dieser Straße zum Opfer, die Kaiserfora wurden zum Teil die Straße rahmend freigelegt, zum Teil blieben sie unter der Piste verborgen. Die Entleerung des Zentrums und seine Umwandlung nahm in den Plänen bizarre Züge an, wie ein Projekt des Architekten Vincenzo Fasolo für die Umgebung des Kapitols verdeutlichen kann[26]. Die weite Leere der heutigen Via del Teatro di Marcello weist darauf hin, daß die Realisierung hinter den extremen Planungen nur wenig zurückblieb.

25 Die Literatur zur römischen Archäologie faschistischer Zeit ist mittlerweile sehr umfangreich. Als ein noch aktueller Einstieg ist der Sammelband Gli anni del governatorato (1926–1944). Interventi urbanistici, scoperte archeologiche, arredo urbano, restauri, hg. v. Luisa Cardilli, Rom 1995, geeignet.

26 Vgl. La Mostra del Governatorato di Roma, in: Capitolium 5 (1929), S. 498–501, hier: S. 500, Abb.

Gegenüber dem 19. Jahrhundert tritt der megalomane Grundzug der faschistischen Planungen deutlich zu Tage. Unterhalb der Ebene ideologischer Botschaften vollzieht sich zugleich eine starke Aufwertung der Stadtplanung als solcher. Die vorgestellten Projekte sind Elemente eines Wandels im großen Stil. Auch die archäologischen Versatzstücke weisen nun über ihre unmittelbare Umgebung hinaus, sie werden zu Bestandteilen einer neuen Stadtlandschaft.

Die Vorstellung von einer Stadtlandschaft läßt sich auch auf die Vesuvstädte übertragen. Die dortigen Grabungen (wie auch die in Ostia) steigerten sich zu einem Freilegungsrausch von zuvor unbekannten Ausmaßen. In dieser Zeit entstanden archäologische Stadtwüsten. Auch dieses Vorgehen war durchaus zu popularisieren, ergaben sich doch anstelle beschränkter Grabungsausschnitte vollständig wirkende Stadtbilder, wurde damit doch dem Kriterium flächenmäßiger Ausdehnung des Grabungsobjektes »Stadt« sichtbar Rechnung getragen. Der Preis lag auf der Hand: Der Aspekt der stadtgeschichtlichen Entwicklung blieb mit der Freilegung der repräsentativsten Phase auf der Strecke, die Hast der Arbeiten erlaubte keine ausreichende Fundbeobachtung.

Rom – aktuelle Tendenzen

Dem faschistischen Extrem folgte eine lange Phase der Stagnation. Die verspätete Reaktion fiel umso heftiger aus: Eine Gruppe jüngerer Archäologen, als deren Exponent Andrea Carandini, heute Profesor an der »Sapienza« in Rom, hervortrat, formulierte und praktizierte ein geradezu antagonistisches Gegenkonzept. Die Radikalität dieses Konzeptes ist ohne die jahrzehntelange Polarisierung der politisch-kulturellen Landschaft Italiens, ohne die Spaltung in eine tendentiell rechte politische Mehrheit und eine mehrheitlich links geprägte kulturelle Öffentlichkeit, nicht vorstellbar. Stärker als in anderen westeuropäischen Ländern war die Archäologie in diese grundsätzliche Auseinandersetzung eingebunden.

Der Angriff auf die ererbte Archäologie erfolgte auf breiter Front: Er umschloß den Vorwurf der ideologischen Willfährigkeit ebenso wie den der technischen Inkompetenz. Die Anschuldigung technischer Inkompetenz beruhte vor allem auf der fehlenden Akzeptanz des Prinzips der stratigraphischen Grabung, ein Manko, das wissenschaftlich wie kulturstaatlich gesehen als verantwortungslos gebrandmarkt wurde. Entsprechend galt der Etablierung verbindlicher Grabungsstandards die besondere Aufmerksamkeit. Tatsächlich erließ das zuständige Ministerium landesweit verbindliche Normen, die sich im Sinne der Gruppe um Carandini unmittelbar an den methodischen Vorgaben der auf die Wheeler-Schule aufbauenden angelsächsischen Leitfiguren Philip Barker und Edward Harris[27] orientierten. Zur ›Er-

27 Vgl. Philip BARKER, Techniques of archaeological excavation, London ^{3}1993 (1. Aufl. 1977), und Edward HARRIS, Principles of archaeological stratigraphy, London u. a. ^{2}1989 (1. Aufl. 1979).

ziehung‹ des italienischen Publikums erschienen theoretische Arbeiten, von denen eine handbuchartige Programmschrift Carandinis die größte Verbreitung erlebte[28].

Es versteht sich von selbst, daß jede Grabung, die sich der Beobachtung und Dokumentation der stratigraphischen Einheiten verpflichtet sieht, nicht nur ungleich mehr Daten liefert als Grabungen, die lediglich bewegliche oder unbewegliche Objekte freilegen, sondern normativ einen hohen Zeit- und Arbeitsaufwand erfordert. Die offizielle Etablierung der stratigraphischen Grabung in Italien war für deren Befürworter eine elementare Frage des archäologischen Berufsethos. Vor diesem Hintergrund avancierte Rom als zentraler Schauplatz des faschistischen Archäologiemodells zum prestigeträchtigen Testfall. Hier erfuhr »Stadtarchäologie« als neues Credo die schärfsten Konturen.

Ein Gegenbild zur traditionellen »Archäologie in der Stadt« sollte in jeder Hinsicht entstehen: Die neue Archäologie sah sich als Sachwalterin der gesamten Stadtgeschichte; sie schied nicht zwischen relevanten (also vorbildhaften) und irrelevanten geschichtlichen Epochen, sondern betonte ihre treuhänderische Zuständigkeit für den historischen Prozeß als ganzes. Mit der Selbstverpflichtung, dem Publikum das historische Erbe der materiellen Kultur so vollständig und vorurteilslos wie möglich darzustellen, hatte das Verhältnis der Archäologie zur Öffentlichkeit eine neue Qualität erreicht. Zugleich trat als Partner der Archäologie der idealtypische aufgeklärte Bürger ins Spiel, zu dessen Selbstverständnis es gehört, über das historische Leben in seiner Umgebung informiert zu sein und bewußt mit diesem Erbe leben zu wollen. Diesem Bürger bot die Archäologie einen versachlichten, aber bereicherten Zugang zur Vergangenheit. Sie erklärte außerdem ihre Bereitschaft, an der sinnvollen Integration archäologischer Relikte in die jeweils jüngste Nutzungsschicht der Stadt mitzuwirken.

Bis in die 70er Jahre hinein bestanden für den Umgang mit dem archäologischen Zentrum in Rom Planungsstudien, die sowohl als Ausdruck technokratischen Machbarkeitswahns wie als Fortschreibung der faschistischen Trennung von moderner, verkehrsbetonter Stadt und bewußt als Symbolen vergangener Macht gesetzten Ruinen aufgefaßt werden konnten. Stellvertretend sei ein Projekt Pierluigi Romeos angeführt, das die Anlage stadtautobahnähnlicher Trassen über Kaiserfora und entlang des Circus Maximus vorsah[29].

Ende der 70er Jahre jedoch materialisierten sich die neuen Ideen. Die Umstände waren günstig: Ein die Wende mittragender archäologischer Amtschef, Adriano La Regina, traf auf eine linke Stadtregierung unter kommunistischer Führung, der die Umgestaltung der archäologischen Mitte Roms, des Areals der Fora, zu einem zentralen Anliegen geriet. Damit war die neuralgischste und eine der komplexesten archäologischen Zonen angesprochen, an denen sich der neue Ansatz be-

28 Vgl. Andrea CARANDINI, Storie dalla terra. Manuale di scavo archeologico, Turin ²1991 (1. Aufl. 1981).

29 Vgl. Pierluigi ROMEO, Riunificazione del centro di Roma, Rom 1979. Die neue Straße im Bereich der Kaiserfora: Tafel G.

weisen konnte. Zugleich wurde ein zentrales verkehrspolitisches Problem berührt, nämlich die Zerteilung der archäologischen Mitte durch eine Hauptverkehrsader, die Via dei Fori Imperiali. Unter beiden Aspekten stand damit das Herzstück faschistischer Stadtplanung im Visier: Die ikonenartige Aufreihung weniger ausgewählter und isolierter Repräsentationsbauten der römischen Kaiserzeit entlang überdimensionierter Verkehrsschneisen.

Der detaillierteste Gegenentwurf stammte von einer Arbeitsgruppe um den Städteplaner Leonardo Benevolo. Er sah die Eliminierung der Via dei Fori Imperiali und eine teilweise Wiederherstellung des Geländereliefs vor, wie es bis Anfang der 30er Jahre bestanden hatte. Langfristig war an eine vollständige archäologische Freilegung der Zone der römischen Kaiserfora sowie an die einfühlsame Einpassung eines Museums gedacht. Diese Ausweitung des archäologischen Zentrums sollte nicht nur die Möglichkeit bieten, neue wissenschaftliche Erkenntnisse zu gewinnen, sondern in besonderem Maße das ganze Gebiet städtebaulich aufwerten. Für die Archäologie ergab sich dadurch eine doppelte Herculesaufgabe: die Ergrabung eines sehr ausgedehnten Areals unter den ›erschwerenden‹ Bedingungen der stratigraphischen Grabung und die anschließende Herrichtung dieser Zone als eines neubelebten Bestandteils des centro storico.

Das Projekt eines neuen Museums weist darauf hin, daß die lebhafte Nutzung des Geländes nicht zuletzt als eine didaktisch geleitete gedacht war. Diese war aber mit der ›Hypothek‹ der stratigraphischen Grabung belastet, die sich der Darstellung historischer Abläufe und weniger der isolierter einzelner Phasen verpflichtet fühlt. Es verbot sich daher, die Grabungen allein in eine Freilegung der römischen Fora münden zu lassen, wie dies bis in faschistische Zeit hinein üblich gewesen wäre. Das Ergebnis ließ daher eine größere primäre Unanschaulichkeit und damit einen höheren Bedarf an didaktischer Aufbereitung und Information erwarten. Der enorme ständige Unterhaltungsaufwand sei nur am Rande erwähnt.

Den Nachweis, den Erfordernissen gerecht werden zu können ohne das sensible Areal einer, wie es die Gegner formulierten, »Pompejisierung« zu überantworten, ist die Archäologie schuldig geblieben. Im Abstand von 10 bis 15 Jahren erscheint es eine zu sehr den 70er Jahren verpflichtete Vision, eine so große innerstädtische Fläche in der Form eines archäologischen Freiluftmuseums in einen verkehrsberuhigten und dennoch frequentierten Innenstadtbereich verwandeln zu können. Der archäologische Park als Focus städtischer Repräsenation war eine Utopie.

Das Projekt scheiterte jedoch nicht nur an seinen ehrgeizigen ideellen Dimensionen, sondern auch an praktischen Hindernissen. Unter diesen steht das Verkehrsproblem, das nur in wesentlich größerem Rahmen zu lösen wäre, an erster Stelle.

Die Blockade des Gesamtplans bedeutet nicht, daß das Projekt folgenlos geblieben ist. So wurde in einem begrenzten Areal, das den Verlauf der Straße nicht berührte, oberhalb eines Abschnitts des Nervaforums eine Grabung eröffnet und mittlerweile zu einem vorläufigen Abschluß geführt. Die vordergründige Unanschaulichkeit der sichtbar gebliebenen Reste und die unvermeidlicherweise käfigartige Absonderung des Geländes als Besichtigungsterrain bestätigen die zuvor geäußerten Vorbehalte.

Nach einer Phase der Beruhigung ist seit einigen Jahren im Gefolge der Vorbereitungen für das »Giubileo 2000«, das Heilige Jahr zur Jahrtausendwende, wieder Bewegung aufgekommen. Während einige der Protagonisten der Debatte der 80er Jahre nach wie vor Verantwortung tragen, sorgt der erneute Amtsantritt einer linken Koalition auf dem Kapitol fast für ein déjà-vu-Erlebnis. Die zunehmende Bedeutung »grüner Themen« macht Verkehrspolitik zu einem noch gewichtigeren Punkt auf der politischen Tagesordnung. Die unbefriedigende Lösung der stark belasteten Via dei Fori Imperiali vor dem Hintergrund der im Faschismus herauspräparierten archäologischen Kulissen steht ein weiteres Mal zur Diskussion.

Was im Bereich der Kaiserfora vorerst scheiterte, scheint auf einem kleineren und weniger symbolträchtigeren Areal zu gelingen: Ein Stück Stadtreparatur, das zugleich ein Kapitel Stadtgeschichte archäologisch aufblättert. Auf dem Gelände der ursprünglich zum antiken Theater des Balbus gehörigen Portiken fanden Anfang der 80er Jahre mit allen Insignien moderner »Stadtarchäologie« gekennzeichnete Grabungen statt. Ihre Aufmerksamkeit galt der Nutzungsgeschichte des Areals durch alle Zeiten hinweg. Der Verwahrlosung des Quartiers sollte nicht nur eine bloß bauliche Sanierung begegnen, sondern eine Gestaltung, die die Reste der unterschiedlichen Phasen sichtbar machen und in einen neuen Funktionszusammenhang integrieren konnte. Dem diachron ausgerichteten Interesse entsprach eine stratigraphische Grabung modellhaften Zuschnitts, die durch eine ebenso programmatisch ausgerichtete Publikation begleitet wurde[30]. Dem Bemühen der Ausgräber, die Bindung der Bewohner an den genius loci ihres Viertels zu verstärken, entsprach der Versuch, die noch persönlich erlebte Historie mit der schriftlich beziehungsweise archäologisch dokumentierten Vergangenheit zu verknüpfen. Zur Dokumentation dieses Ansatzes ließ sich der leitende Ausgräber als mit einer betagten Bewohnerin des Sanierungsgebietes ins Gespräch vertieft in der Grabungspublikation abbilden. Mit der Durchführung der Mustergrabung war es jedoch noch nicht getan. Die Nagelprobe der Integration von Archäologie und Stadtplanung wäre erst mit der Realisierung des der historischen und archäologischen Bestandsaufnahme zu folgenden Sanierungsprojektes bestanden.

Nach Abschluß der Grabungen verblieb das Gelände zunächst für Jahre in einem unwirtlichen Zustand. Seit kurzem haben jedoch Sanierungsarbeiten begonnen; es wird sich zeigen, inwieweit sie die ursprünglichen Planungen widerspiegeln. Auch ob das Projekt die Bürgernähe aufweisen wird, um die es so eindringlich wirbt, wird die Zukunft erweisen. Sollte sich der gewünschte Erfolg einstellen, so markiert möglicherweise der Abstand zwischen dieser Maßnahme und den Plänen für die Kaiserfora die Grenze, innerhalb derer Archäologie in der modernen Stadt einen prägenden Einfluß auszuüben vermag und vielleicht auch nur ausüben sollte.

30 Archeologia urbana a Roma: il progretto della Crypta Balbi, Bde. 1–5.2, Florenz 1982–1990 (= Biblioteca di Archeologia medieavale).

Vesuvstädte – aktuelle Tendenzen

Neuansätze der Grabungsarchäologie in Italien betrafen natürlich auch die Vesuvstädte. An dieser Stelle soll jedoch auf solche Aspekte eingegangen werden, die die Archäologie in den offenen, modern nur teilweise überbauten Siedlungen am Fuße des Vulkans von der »Stadtarchäologie« in Rom abheben. Aus diesem Grunde seien die Probleme, die die ungezügelte, oft illegale Zersiedelung der Landschaft für die archäologische Erforschung des Verhältnisses von Stadt und Umland mit sich bringen, nicht weiter behandelt. Sie gelten selbstverständlich in nicht weniger scharfer Form für Rom.

Anders als in der modernen Großstadt Rom hat in den ihr zugewiesenen Reservaten auf dem Gelände der antiken Vesuvstädte pro forma die Archäologie das Hausrecht. In der Rezeption des Ergrabenen macht sich jedoch bis auf den heutigen Tag eine alte Hypothek bemerkbar: Die Ausdehnung, der Erhaltungszustand und die in den groben Zügen leichte Faßlichkeit des Aufgedeckten ist so ansprechend, daß es vertiefter archäologischer Analyse nicht bedarf, um die durchschnittlichen Erwartungen der Besucher voll zu befriedigen. Pompeji und Herculaneum »laufen« ohne Zutun der Archäologen. Mit nur wenigen informationstechnischen Spielereien ist es sogar möglich, den meisten Betrachtern ohne weiteren inhaltlichen Anspruch die Modernität von Archäologie zu suggerieren.

Anders als im Falle von »Archäologie in der Stadt« steht die Wissenschaft in diesem Fall von »Archäologie der Stadt« unter einem wesentlich sublimeren Druck, sich durch konzeptionelle Anpassungen auf öffentlichem Terrain zu behaupten. Nicht die archäologisch geprägte Nutzung der Gelände steht zur Disposition, aber eventuell der wissenschaftliche Charakter von Betreuung und Präsentation.

Vor diesem Hintergrund werden es heutige Forschungsaktivitäten schwer haben, aus dem Schatten des Spezialistentums herauszutreten. Bedauerlich ist das besonders im Falle neuerer Kontextforschungen, die die historisch-materielle Kultur weniger unter dem Gesichtspunkt der Produktion, sondern unter dem des Konsums, das heißt der tatsächlichen Nutzung, betrachten, die sich nicht selten von der mit der Produktion intendierten unterscheidet[31]. Diese Fragestellung ist vor allem für einen Zeithorizont wie den antiken mit einer so differenzierten und über utilitaristische Zwecke weit hinausreichenden Produktpalette von großem Interesse. Um Konsum jedoch beurteilen zu können, sind Informationen über die letzten Nutzungskontexte, das heißt über die Objektpalette und ihre authentische Verteilung innerhalb eines Befundes, unentbehrlich. Die stärker konsumorientierten Interpretationsansätze sind also wesentlich stärker auf eine gute Grabungsdokumentation angewiesen. Es ist ein wichtiges Anliegen, Kontexte, deren saubere Doku-

31 S. etwa Penelope Mary ALLISON, The distribution of Pompeian house contents and its significance, Ph. D. Sydney 1992, DIES., The Pompeian compromise – the consuming evidence, in: Archaeology, ideology, method. Inter-academy seminar on current archaeological research Rom 1993, hg. v. Catherine M. GILLIVER, Wolfgang ERNST, Friedemann SCRIBA, Rom 1996, S. 97–106, und Andreas OETTEL, Fundkontexte römischer Vesuvvillen im Gebiet um Pompeji. Die Grabungen von 1894 bis 1908, Mainz 1996.

mentation die Grabungsumstände nicht begünstigten, wenigstens ansatzweise nachträglich zu rekonstruieren.

Fällt es den neueren theoretischen Ansätzen schwer, sich auch außerfachlich Gehör zu verschaffen, so ist die Archäologie auf praktischem Felde mit einer Sisyphos-Aufgabe belastet: Die ausgegrabenen Gelände sind so ausgedehnt, die freigelegten Reste zum Teil so delikat, daß der Verlust eines Teils der Denkmalsubstanz unvermeidlich ist.

Die Archäologie steht unter Druck, das, was nicht mehr zu retten sein wird, wenigstens zu dokumentieren. Diese defensive Aufgabe der »Stadtarchäologie« in den Vesuvstädten mahnt zur Zurückhaltung: 250 Jahre Grabungen in Herculaneum und Pompeji haben dazu ausgereicht, eine einzigartige historisch-archäologische Ressource zu erschließen und sie zum Teil unwiderruflich dem Untergang preiszugeben. Die Ruinenstädte am Golf von Neapel, die zu den ältesten großen offenen Grabungsflächen gehören, weisen auf den dunkelsten Punkt der noch kurzen Geschichte der Grabungsarchäologie hin: Der enorme Erkenntnisgewinn wurde nicht zuletzt durch ein bislang einmaliges Zerstörungswerk erkauft. Auch den ehrgeizigen Planungen für das archäologische Zentrum Roms sollte diese Überlegung warnend vor Augen stehen.

Schluß

Prognosen zu machen, ist riskant. Für die von mir ausgewählten Beispiele jedoch drängt sich eine eher pessimistische Sicht auf: Die vorgestellten Grabungen sind Ziele des internationalen Massentourismus. Das Massenpublikum stellt an eine qualitative Vertiefung der archäologischen Arbeit keine Anforderungen. Selbst ein elementares Verständnis etwa der Überreste des Forum Romanum und des Palatin in Rom ist auf zusätzliche Erläuterungen angewiesen. Doch der pure Nimbus und die physische Imposanz der Ruinen führen zu einer weitgehenden intellektuellen Genügsamkeit der meisten Besucher.

Die Befriedigung des Bedürfnisses, sich mit Geschichte auseinanderzusetzen, oder, zeitgemäß ausgedrückt, Geschichte zu erleben, ist in schwindendem Umfang auf authentische Zeugnisse angewiesen. Hemmungen, künstliche historisierende Erlebniswelten und -räume zu schaffen, bauen sich ab. Das trifft die Archäologie mit ihren oft fragmentierten und sperrigen Befunden in besonderer Weise.

Diese beiden Phänomene verbinden sich in folgenreicher Weise mit der Finanzknappheit der öffentlichen Kassen beziehungsweise dem Rückzug der öffentlichen Hand aus vielen traditionellen Verantwortungsbereichen. Und so stellt sich die Frage, ob das anspruchsvolle Konzept von »Stadtarchäologie«, das so sehr einer kritischen wie bewußten Öffentlichkeit bedarf, sich nicht als ein sehr zeitgebundenes Phänomen zu erweisen droht, das seinen Zenit vielleicht bereits überschritten hat.

Geschichtsvereine und Archäologie im 19. und frühen 20. Jahrhundert

VON FRITZ REUTER

1. Archäologische Sammlungen an Höfen und in Städten seit dem Humanismus

Das Interesse an »Altertümern«, darunter vorzüglich solchen der sogenannten »heidnischen Vorzeit«, worunter vor allem römerzeitliche Überreste zu verstehen sind, nahm seit dem 15. Jahrhundert unter dem Einfluß des Humanismus deutlich zu. Sammlungen von Denkmälern und Inschriften, aber auch von Kleinobjekten des Alltagsgebrauchs lassen sich in Residenzschlössern der weltlichen und geistlichen Fürsten nachweisen. Der Wormser Bischof und Humanist Johann von Dalberg (1455–1503, Bischof 1482–1503) trat nicht nur an die Spitze des von Conrad Celtis in Heidelberg gegründeten Humanistenbundes »Sodalitas litteraria per Germaniam«, sondern ließ in seinem Wormser ebenso wie in seinem Ladenburger Bischofshof Inschriften und Denkmäler aufstellen[1]. Reisende haben sie beschrieben, Chronisten haben sie abgebildet[2]. Johann Friedrich Schannat, der Verfasser der 1734 erschienenen ersten Wormser Bistumsgeschichte, bot im Vorspann neben Siegelbildern und christlichen Monumenten auch Abbildungen von römischen Reitergrabsteinen und Sarkophagen[3].

Gleiches Interesse läßt sich bei Gelehrten oder Bürgern in den Städten aufzeigen[4]. In Rathaushöfen wurden sowohl römerzeitliche wie mittelalterliche Grab-

1 Burkard KEILMANN, Zwischen Mittelalter und Renaissance. Der Wormser Bischof Johann von Dalberg (1455–1503) und die Humanisten am Oberrhein, in: Bildung um 1495. Der Umbruch des Denkens zur Zeit des Wormser Reichstags. Ausstellung des Rudi Stephan Gymnasiums Worms (Katalog), Worms 1995, S. 5–19, hier: S. 15 f., Peter WALTER, Johannes von Dalberg und der Humanismus, in: 1495. Kaiser Reich Reformen. Der Reichstag zu Worms. Ausstellung des Landeshauptarchivs Koblenz in Verbindung mit der Stadt Worms (Katalog), Koblenz 1995, S. 139–171, hier: S. 142 ff., Eugen KRANZBÜHLER, Verschwundene Wormser Bauten, Worms 1905, S. 122, Mathilde GRÜNEWALD, Die Römer in Worms, Stuttgart 1986, S. 28. Eine Abbildung des Bischofshofs bei Fritz REUTER, Peter und Johann Friedrich Hamman. Handzeichnungen von Worms aus der Zeit vor und nach der Stadtzerstörung im »Pfälzischen Erbfolgekrieg« 1689, Worms 1989, S. 90 f.

2 Vgl. KRANZBÜHLER (wie Anm. 1), S. 122.

3 Vgl. Johann Friedrich SCHANNAT, Historia Episcopatus Wormatiensis, Frankfurt 1734, Teil I, Vorspann.

4 S. dazu Benedikt MAUER, Der Patrizier als Archäologe. Marcus Welser und Augsburgs römische Vergangenheit, in diesem Band.

steine, Sarkophage und dergleichen aufgestellt[5]. In den Rathäusern gab es Sammlungen von Waffen, Krügen, Öllämpchen oder Glas. Bisweilen wird das aus eher nebensächlich erscheinenden Nachrichten deutlich. So wandte sich 1737 Johann Daniel Schöpflin, der Verfasser der »Alsatia illustrata«, aus Straßburg mit der Bitte an den Wormser Magistrat, ihm einige römische Glasgefäße leihweise zu überlassen, die sich im Rathaus befänden. Der Magistrat fand sie dort auch, hielt sie aber wohl nicht für besonders wertvoll. Er wollte sie nämlich nicht wieder zurück haben, sondern verehrte sie Schöpflin als Geschenk[6].

2. *Archäologie und die Gründung von Geschichts- und Altertumsvereinen*

Im »Handbuch der Archäologie« findet sich 1969 der Wiederabdruck einer von Ernst Buschor bereits 1932 verfaßten »Einführung in Begriff und Methode der Archäologie«[7]. Archäologie bedeutet für ihn »eigentlich die Kunde vom Anfänglichen, von den Wurzeln des Heutigen, also Geschichte schlechthin, aber es bedeutet heute nur einen Ausschnitt aus diesem Gebiet, wenn auch einen gewaltigen: den durchs Auge aufnehmbaren Teil der Menschheitsgeschichte«. Im Kleinen Brockhaus von 1952 ist dies auf die vereinfachte Aussage gebracht: »Archäologie, Altertumskunde, die Wissenschaft vom Altertum, soweit sie aus Denkmälern, Funden und Ausgrabungen, jedoch nicht aus Schriftquellen erschlossen wird«[8]. Die Beschäftigung mit Schriftquellen, ohne die die Archäologie nicht auskommt und die, gerade bei Laien-Archäologen und den Gründern von Gesellschaften und Vereinen, vielfach überhaupt erst den Anstoß zu archäologischer Tätigkeit gegeben hat, besitzt demnach die Funktion einer archäologischen Hilfswissenschaft.

Arnold Esch hat das Laienelement unter anderem aus romantischen Neigungen begründet: »Beschäftigung mit den Bodenaltertümern, die Lust also, der Vergangenheit inmitten der Natur nachzugehen«, verband ruinenseliges Landschaftsvergnügen mit wissenschaftlichem Anspruch und verhalf zur Lebensfreude[9]. Auch des-

5 Vgl. Fritz Reuter, Worms zwischen Reichsstadt und Industriestadt 1800–1882. Beobachtungen und Materialien, Worms 1993 (= Wormsgau Beiheft 32), S. 46 f. mit Abb. 18.

6 August Weckerling, Die Römische Abteilung des Paulus Museums der Stadt Worms, zwei Teile, Worms 1885 und 1887, hier: Teil 1, S. 21 f.; Fritz Reuter, Altertumsverein und Paulusmuseum. Aspekte der Wormser Wissenschafts-, Personen- und Stadtgeschichte im 19. Jahrhundert als Beitrag zum hundertjährigen Jubiläum des Museums der Stadt Worms 1881–1981, in: Wormsgau 13 (1979/81), S. 20–38, hier: S. 21.

7 Ernst Buschor, Begriff und Methode der Archäologie. In: Hb. der Archäologie. Allgemeine Grundlagen der Archäologie. Begriff und Methode, Problem der Form, Schriftzeugnisse, hg. v. Ulrich Hausmann, München 1969. Das folgende Zitat S. 3.

8 Der Kleine Brockhaus, 1. Band, Wiesbaden 1952, S. 61; der zusätzliche Hinweise, »Archäologie im engeren Sinne« sei die Erforschung der Kunstdenkmäler des Altertums, gibt eine ältere, überholte Auffassung wieder.

9 Arnold Esch, Limesforschung und Geschichtsvereine. Romanismus und Germanismus, Dilettantismus und Facharchäologie in der Bodenforschung des 19. Jahrhunderts, in: Geschichtswissenschaft und Vereinswesen im 19. Jahrhundert. Beiträge zur Geschichte historischer Forschung in Deutschland, hg. v. Hartmut Boockmann u. a., Göttingen 1972 (= Veröff. des MPIG 1), S. 163.

halb blieb Bodenforschung im Sinne von Ausgraben und Sammeln lange die Domäne von Dilettanten, die Archäologie aus Liebhaberei und nicht berufsmäßig, damit aber keineswegs weniger verantwortungsbewußt und mit zunehmender Fachkenntnis betrieben. Die wissenschaftliche Archäologie hat darauf bisweilen etwas hochmütig herabgesehen. Grund dazu bestand selten, zumal die Verwissenschaftlichung der Archäologie einschließlich ihrer universitären Ausbildung, abgesehen von den klassischen Altertumsfächern, jünger ist als das vorhergehende Interesse engagierter Laien.

In den Anfängen der Archäologie ging es weniger um das Erkennen von Siedlungsformen und dergleichen als um Objekte, um Monumente und Gegenstände. Daher stellen Sammlungen einen wesentlichen Teilbereich dessen dar, was bei der Betrachtung des Themas »Geschichtsvereine und Archäologie« unter »Archäologie« verstanden werden soll. Hinzu kommt die Durchführung von Grabungen, die zunächst durch Privatpersonen absichtlich[10] oder zufällig erfolgten[11], ehe sich Geschichtsvereine dem Auffinden, Ausgraben, Anlegen von Sammlungen, der Publikation und der Präsentation in eigenen Museen annahmen.

Gelehrte Gesellschaften wie die von Kurfürst Carl Theodor von der Pfalz 1763 in Mannheim gegründete »Kurpfälzische Akademie der Wissenschaften«[12] wandten sich bereits im 18. Jahrhundert der Altertumskunde zu. In der 1801 in der nachrevolutionären Franzosenzeit gegründeten »Gesellschaft für nützliche Forschungen« in Trier tritt das Element des gebildeten bürgerlichen Laien deutlicher hervor[13]. Hermann Heimpel hat angemerkt, daß »im Schatten mächtiger antiker Ruinen und in der Nachbarschaft der Igler Säule von Anfang an die Archäologie im Vordergrund des Interesses« der Gesellschaft gestanden habe. Katharina Reidel hat jedoch gezeigt, daß das »Ausgraben« nur »*ein* Interessensbereich neben der zunächst im Vordergrund stehenden Beschäftigung mit Landwirtschaft, Gewerbe und Naturwissenschaft gewesen ist. Die Grabungstätigkeit und dieser folgende Veröffentlichungen entwickelten sich erst im Laufe der nächsten Jahrzehnte zu einer erfolgreich wahrgenommenen Hauptaufgabe der Gesellschaft«[14].

10 Vgl. Erich GRILL, Sanitätsrat Dr. Karl Koehl, in: Wormsgau 1 (1926/33), H. 5, S. 109–113, mit Bibliographie Koehl von Ingeborg Winther, S. 114–116; Wiederabdruck ohne Bibliographie in: Wormser Profile. Lebensbilder zehn Wormser Persönlichkeiten, hg. v. Carl J. H. VILLINGER, Worms 1966, S. 50–55.

11 Der Wormser Sammler Bandel fand bei der Arbeit in seinen Weinbergen römerzeitliche Objekte, die er in seine Sammlung aufnahm; vgl. Fritz REUTER, Johann Philipp Bandel. Ein Wormser Demokrat, Altertümer- und Kunstsammler im 19. Jahrhundert, in: Wormsgau 8 (1967/69), S. 41–67, hier: S. 52–54 und 58–63; vgl. unten 3.5: Altertumsverein Worms.

12 Vgl. Meinrad SCHAAB, Geschichte der Kurpfalz, Bd. 2, Stuttgart/Berlin/Köln 1992, S. 208–210.

13 Vgl. Katharina M. REIDEL, Wissenschaftliches Streben der bürgerlichen Gesellschaft des 19. Jahrhunderts im heutigen Rheinland-Pfalz, in: Geschichtl. Landeskd. 14 (1976), S. 188–227, hier: S. 188–204.

14 Hermann HEIMPEL, Geschichtsvereine einst und jetzt, in: Geschichtswissenschaft und Vereinswesen im 19. Jahrhundert (wie Anm. 9), S. 45–73, hier: S. 48; vgl. Katharina M. REIDEL, Geschichte der Gesellschaft für nützliche Forschungen zu Trier. Wissenschaftliches Streben der bürgerlichen Gesellschaft im Trierer Raum während des 19. Jahrhunderts. 1801–1900,

Doch weder die älteren Akademien noch die bereits stärker vom Laienelement geprägten und vielfach ortsgebundenen Gesellschaften der Zeit um 1800 entsprechen dem Typus des bürgerlichen Geschichtsvereins. Die eigentliche Zeit der Gründung von Geschichts- und Altertumsvereinen ist das 19. Jahrhundert gewesen[15]. Das Bürgertum, selbstbewußt geworden und nach den Befreiungskriegen den patriotischen Impetus auf die Erforschung der Geschichte des Volkes, des ja keineswegs geeinten »Vaterlandes« ausrichtend, wandte sich intensiver den Überresten der Vergangenheit zu. Dies war notwendig, um infolge politischer Veränderungen herrenlos gewordene Sammlungen, um die sich niemand kümmerte, zu retten, zu sichern und für ihre räumliche Unterbringung zu sorgen. Neben solchen Sammlungen existierten personengebundene, auf Dauer auflösungs- und somit verschleuderungsgefährdete Privatsammlungen, denen ebenfalls das Interesse von Altertumsfreunden gelten mußte[16].

Für die Entstehung der Geschichtsvereine im 19. Jahrhundert hat Heimpel zeitlich und von der jeweiligen Intention her eine Vier-Phasen-Gliederung vorgenommen: Von der Aufklärung im späten 18. Jahrhundert bis 1819 spricht er von einer gemeinnützig-patriotischen Phase (z. B. Trier und Freiburg). Es folgt zwischen 1819 und 1848 die vormärzliche Phase (z. B. Darmstadt und Mainz). Ihr schließt sich eine Phase von Neu- und Wiedergründungen an, in der liberaler Kompromiß und konservative Erholung, Organisation und Wissenschaft den Charakter der Gründungen bestimmen (z. B. Mannheim). Die vierte Phase, die ab 1871 angesetzt werden kann, ist jene, in der das Vorhandensein eines Geschichtsvereins als Selbstverständlichkeit empfunden wurde, weil er zum Selbstbewußtsein der Bürgerschaft einer Stadt gehörte (z. B. Worms und Alzey)[17].

Im Gegensatz zu Akademien und auch den meisten gelehrten Gesellschaften waren Vereine grundsätzlich allgemein zugänglich, selbst wenn ein Wahlverfahren stattfand oder die Zustimmung des Vorstandes zur Aufnahme eines neuen Mitgliedes erforderlich war. Kultur wurde damit zum Gegenstand eines allgemeinen Interesses von Privatleuten. Der Verein erweist sich als ein Element der bürgerlichen Gesellschaft. »Die Liebhaber und Kenner, die Sammler, die Interessierten, die Kunst- und Altertumsfreunde, die gebildeten, aber keineswegs unbedingt akademisch gebildeten Laien, sie prägen das Leben der musischen und vielfach auch der gelehrten Vereine«[18]. Diese Feststellung von Nipperdey trifft besonders auf die Geschichts- und Altertumsvereine zu.

Die Entwicklung vom regional orientierten, ursprünglich vom Landesherrn eingerichteten und einem speziellen Zweck verpflichteten Verein hin zum selbständi-

Trier 1975, S. 3, 5, 16, 44–48; vgl. auch Dies., Wissenschaftliches Streben (wie Anm. 13), S. 188–190.

15 Thomas Nipperdey, Verein als soziale Struktur in Deutschland im späten 18. und frühen 19. Jahrhundert. In: Geschichtswissenschaft und Vereinswesen (wie Anm. 9), S. 1–44.

16 Vgl. dazu Abschnitt 3.5.

17 Vgl. Heimpel (wie Anm. 14), S. 46–56.

18 Nipperdey (wie Anm. 15), S. 26.

gen Geschichts- und Altertumsverein mit starkem Impetus aus archäologischem Interesse ist beim »Württembergischen Geschichts- und Altertumsverein« zu beobachten. 1822 wurde durch Entschließung König Wilhelms ein »Württembergischer Verein für Vaterlandskunde« eingerichtet, der von der Regierung abhängig war, nur eine geringe Anzahl an ernannten oder zugewählten Mitgliedern besaß und dessen Aufgabe in der Zuarbeitung zum Statistisch-topographischen Bureau in Stuttgart gesehen wurde. 1843 kam es in Stuttgart zur Gründung des »Wirtembergischen Alterthumsvereins« als selbständigem Mitgliederverein. Dabei spielte der Wunsch nach Erforschung der Burgen des Landes eine Rolle. Als Vereinszweck wurde schließlich die Erforschung »geschichtlicher, archäologischer und kunstgeschichtlicher Denkmäler« angegeben. Der Verein führte Grabungen durch, von denen jene in Oberflacht (1845) als »Markstein in der Archäologie der Alamannen« bezeichnet worden sind. Es wurden »Ratschläge für die Öffnung von Gräbern« veröffentlicht. Die Vereinssammlung in der Stuttgarter Legionskaserne enthielt eine archäologische Abteilung, in der die »römische, altgermanische und fränkische Periode in einer seltenen Schönheit und Reichhaltigkeit vertreten« waren. Die Notwendigkeit fachlicher Betreuung führte 1872 jedoch zu deren Übergabe an die 1862 unter Mitwirkung des Altertumsvereins gegründete »Staatssammlung vaterländischer Kunst- und Altertumsdenkmale«, das heutige Landesmuseum. Der Verein nennt sich inzwischen »Württembergischer Geschichts- und Altertumsverein« und gibt gemeinsam mit der Kommission für geschichtliche Landeskunde Baden-Württembergs die »Zeitschrift für Württembergische Landesgeschichte« heraus[19].

Zu den Begründungen, warum es eines Geschichtsvereins bedürfe, gehört so gut wie immer der Hinweis, es solle die weitere Abwanderung von Objekten in auswärtige Sammlungen verhindert werden[20]. Das bezog sich nicht nur auf römerzeitliche Stücke, sondern auch auf weiteres Sammelgut sämtlicher historischer Epochen und auch auf Handschriften oder Gemälde. So »überwog bei den meisten [Geschichtsvereinen; d. Verf.] zunächst das antiquarische Interesse«[21]. Das zeigt sich in deren Namengebung, wo an die Stelle des »vaterländischen Geschichtsvereins« der »Altertumsverein« tritt.

Der älteste der im folgenden betrachteten Geschichtsvereine ist die »Gesellschaft für Beförderung der Geschichts-, Altertums- und Volkskunde« zu Freiburg, gegründet 1826[22]. Im Namen der Gesellschaft erscheint die Altertumskunde. Hingegen fehlte sie in Darmstadt, wo 1833 ein »Historischer Verein für das Großherzogtum Hessen« gegründet wurde, dessen Protektorat der Großherzog übernahm. Dieser

19 Hans Martin MAURER, Gründung und Anfänge des Württembergischen Altertumsvereins, in: DERS. (Hg.), Württemberg um 1840. Beiträge zum 150jährigen Bestehen des Württembergischen Geschichts- und Altertumsvereins, Stuttgart 1994, S. 117–134, hier: S. 118 f., 121, 124 f. und 132 f. Für ausführliche Informationen danke ich Dr. Kuno Drollinger, Stuttgart.

20 S. auch Abschnitt 3.3 und 3.5.

21 Vgl. Wolfgang KLÖTZER, Geschichtsvereine – Mittler zwischen Gestern und Morgen, in: Wormsgau 13 (1979/81), S. 8–13, hier: S. 8.

22 Vgl. Abschnitt 3.1.

Verein wurde zeitweilig von der großherzoglichen Regierung als eine Art Zentralverein für das Großherzogtum angesehen, so daß im Vormärz 1842 das Ansuchen auf eine Vereinsgründung in Mainz mit dem Hinweis zurückgewiesen wurde, man könne ja im Historischen Verein für das Großherzogtum Hessen Mitglied werden. 1844 kam es dann doch zur Gründung einer »Gesellschaft der Freunde vaterländischer Geschichtsforschung und Altertumskunde in Mainz«. Der Verein bezeichnete sich, ohne daß eine offizielle Namensänderung erfolgt zu sein scheint, schon bald als »Altertumsverein Mainz« und nennt sich noch heute so. Diesen Namen tragen auch der »Altertumsverein Mannheim« von 1859, der 1879 gegründete »Altertumsverein Worms« und der »Altertumsverein Alzey« von 1910. Die Bezeichnung als »Altertumsverein« weist auf ein besonderes Interesse an der Erforschung der Vor- und Frühgeschichte hin. Bis auf Darmstadt haben alle genannten Vereine die Altertumskunde in ihren Namen aufgenommen. Damit hoben sie die Archäologie als eine wichtige Vereinsaufgabe hervor. Dies ließ nicht nur Ausgrabungen erwarten, sondern sollte auch zur Einrichtung von vereinseigenen Museen führen.

Als 1852 in Mainz unter tatkräftiger Mitwirkung führender Persönlichkeiten des dortigen Altertumsvereins wie Ludwig Lindenschmit d. Ä. der »Gesamtverein deutscher Geschichts- und Altertumsvereine« gegründet wurde, war eines seiner Hauptziele die Einrichtung zweier Zentralmuseen. Davon sollte das Museum für römisch-germanische Altertümer nach Mainz kommen, während für Nürnberg ein Museum für christlich-germanische Altertümer vorgesehen war. Beide Museen sind entstanden und existieren noch heute: das »Römisch Germanische Zentralmuseum« in Mainz (RGZM) und das »Germanische Nationalmuseum« in Nürnberg[23]. Weiter hat sich der Gesamtverein der Limesforschung zugewandt, die bis dahin von verschiedenen unverbundenen Vereinen betrieben worden war[24].

Die räumliche Nähe zum Limes erwies sich oftmals als Anregung zur Vereinsgründung, wie Arnold Esch aufgezeigt hat[25]. Sie verhalf so mancher Stadt zu einem ursprünglich aus archäologischen Neigungen entstandenen, später aber mehr der allgemeinen Orts- und Regionalgeschichte offenen Geschichtsverein. Ein Beispiel für die ursprüngliche Zielrichtung der Vereinsarbeit ebenso wie für die Erweiterung der Interessen bietet Rottweil. Hier war 1832 ein »Verein zur Aufsuchung der Alterthümer in der Gegend von Rottweil« entstanden, der sich bereits 1835 »Archäologischer Verein« nannte, 1884 als »Altertumsverein« firmierte und seit 1912 »Geschichts- und Altertumsverein« heißt[26].

Allerdings waren die Fortschritte der Limesforschung durch den Gesamtverein unbefriedigend. Zudem kam es zu einem Streit darüber, ob neben den römischen nicht auch die germanischen Denkmäler gleichberechtigt zu erforschen seien. Da-

23 Helmuth MATHY, Der Altertumsverein und die Museen in Mainz, in: Mainzer Zeitschr. (MZ). Mittelrheinisches Jahrb. f. Archäologie, Kunst und Gesch. 89 (1994), S. 13; Gottfried BORRMANN, Der Gesamtverein – das turbulente Gründungsjahr 1852, in: EBD., S. 15–18.

24 Vgl. Willy HOPPE, Einhundert Jahre Gesamtverein. In: Bll. f. dt. Landesgesch. 89 (1952), S. 1–38, hier: S. 3–5.

25 Vgl. ESCH (wie Anm. 9), S. 167–179.

26 Vgl. EBD., S. 166.

bei standen »Romanisches« und »Germanisches« bisweilen neben, bisweilen aber auch gegeneinander[27]. Die Namengebung für das »Römisch-Germanische Zentralmuseum« hat hier ihren Ursprung. Nachdem aber wichtige Vorarbeiten durch örtliche Vereine getan waren, mußte doch die Facharchäologie zum Zuge kommen, was spätestens nach der Reichsgründung von 1871 mit Einrichtung der Reichslimeskommision der Fall war[28].

3. Geschichtsvereine und Archäologie an ausgesuchten Beispielen[29]

3.1 Gesellschaft für Beförderung der Geschichtskunde zu Freiburg im Breisgau (1826)

Im März 1828, zwei Jahre nach der 1826 erfolgten Gründung, erschien der erste und zugleich einzige Band der »Schriften der Gesellschaft für Beförderung der Geschichtskunde zu Freiburg im Breisgau«. Prof. Dr. Ernst Münch, erster Sekretär der Gesellschaft, legte darin einen Bericht über die »Wirksamkeit der Gesellschaft« vor, deren Aufgabe er in der »Beförderung des Studiums der Geschichte« sah. Wie weit sich das Interesse spannen sollte, zeigen die einleitenden Sätze: »Längst wurde von Freunden der Geschichte und Alterthumskunde am Musensitz zu Freiburg der Wunsch lebhaft und vielfältig ausgesprochen, daß zu Beförderung jener Wissenschaften und aller derjenigen, welche in den selben Cyklus fallen, ein engerer Verein von Männern gegründet werden möchte, die entweder durch ihre Berufsstudien selbst schon zu Erwirkung solchen Zweckes aufgefordert sind, oder aber neben ihren anderweitigen Geschäften des bürgerlichen Lebens für die edelsten und wichtigsten aller Scienzen, Eifer und Begeisterung fühlen. Als Gegenstände solch eines Vereins stellte man sich vor Augen den ganzen Reichthum der Geschichte im Allgemeinen, sodann aber und ganz besonders die Erforschung der Quellen unserer vaterländischen Geschichten, die Verarbeitung schon vorhandener oder noch zu gewinnender Materialien, die Berichtigung von eingeschlichenen Irrthümern über ganze Zeiten, Charaktere und Landstriche, die genaue Kenntniß des heimischen Bodens und seiner Erzeugnisse, ferner die unbefangene Darstellung vom vergangenen und gegenwärtigen Zustande des Gewerbefleißes und Handels, der Sitten und Gebräuche, Verfassung und Gesetz, und endlich von den moralischen und politischen Interessen des Landes«[30].

Die Freiburger Gesellschaft wurde zwar im Vormärz gegründet, ähnelte jedoch noch der Trierer »Gesellschaft für nützliche Forschungen«[31]. Münch, Professor für

27 Vgl. EBD., S. 163, 165 ff., 181.
28 Vgl. EBD., S. 167.
29 Für Hilfe bei der Literaturbeschaffung und für Informationen danke ich den Kollegen Dr. Diether Degreif, Darmstadt, Dr. Hans Schadek und Dr. Ulrich Ecker, Freiburg, Dr. Jörg Schadt, Mannheim, und Friedrich Schütz, Mainz.
30 Ernst MÜNCH, Bericht, in: Schriften der Gesellschaft für Beförderung der Geschichtskunde zu Freiburg im Breisgau, Bd. 1, Freiburg 1828, S. VII f.
31 Vgl. Anm. 14.

Historische Hilfswissenschaften, und der Bibliothekar Dr. Wilderich Weick hatten auf den 15. Januar 1826 »sämmtliche Freunde jener Idee der Stiftung eines Vereins« eingeladen. Nach rechtlicher Prüfung und Genehmigung konnte am 27. Dezember 1826 die Stiftungsurkunde von zwölf konstituierenden Mitgliedern unterzeichnet werden. Unter ihnen waren Professoren, darunter Karl von Rotteck, Hofräte, Bibliothekare, Archivare und hohe Staatsbeamte. Münch wurde als Sekretär und damit als »Leiter des Ganzen« gewählt, Weick als Bibliothekar und Kassierer. In den folgenden Sitzungen wurde eine größere Anzahl von ordentlichen, korrespondierenden und Ehrenmitgliedern »ernannt«. Die Zusammensetzung dieses erweiterten Freundes- und Mitarbeiterkreises, darunter Joseph Freiherr von Laßberg, entspricht beruflich dem der konstituierenden Mitglieder, wobei noch Pfarrer sowie als »Ehrenmitglieder« Fachhistoriker hinzukamen.

In den Statuten wird als Zweck der Gesellschaft angegeben die »Beförderung des Studiums der Geschichte, der Statistik und Alterthumskunde, (beide letztere zunächst in Beziehung auf Teutschland, und insbesondere auf das Großherzogtum Baden), ferner die Aufbewahrung vaterländischer Altertümer«. Bei der Altertumskunde beschränkte man sich 1826–1828 jedoch auf einen Vortrag über in der Donau gefundene römische Schiffe. Archäologische Themen im engeren Sinne oder Grabungen werden nicht erwähnt[32].

Der praktischen Archäologie wandte sich eines der konstituierenden Mitglieder zu, der Professor für Moraltheologie und zugleich Bearbeiter wie Herausgeber des ersten in Deutschland erschienenen Urkundenbuches einer Stadt, nämlich Freiburgs, Dr. Heinrich Schreiber[33]. Seine Ergebnisse veröffentlichte er auf eigene Kosten in dem von ihm 1839–1846 herausgegebenen »Taschenbuch für Geschichte und Alterthumskunde«. Schreiber, fachlich ein Autodidakt, hatte sich Kenntnisse der historischen Hilfswissenschaften ebenso angeeignet wie Kenntnisse in der Archäologie. Seine Verdienste wurden allerdings durch zwei eigenwillige Entscheidungen beeinträchtigt. Zum einen war dies sein Übertritt zum Deutschkatholizismus, der ihn das Lehramt kostete. Zum anderen war es sein Beharren auf einer von ihm als keltisch interpretierten Ausgrabung, die der als Wegbereiter der süddeutschen Altertumsforschung geltende Pfarrer und Gründer der von 1830 bis 1858 bestehenden »Sinsheimer Gesellschaft zur Erforschung der vaterländischen Denkmäler der Vorzeit«, Karl Wilhelmi, eindeutig als alamannisch nachgewiesen hatte[34].

Daß Schreiber als Einzelstreiter auftreten mußte, ging auf Todesfälle, Rücktritte und »unerwartete Schwierigkeiten lokaler Art« zurück, die schon bald zum Rück-

32 Vgl. MÜNCH (wie Anm. 30), S. 8–12; vgl. dazu die Statuten, EBD., S. 20–28.

33 Vgl. Friedrich GARSCHA, Heinrich Schreiber (1793–1872). Ein Beitrag zur Geschichte der Keltomanie im 19. Jahrhundert, in: Ur- und Frühgeschichte als historische Wissenschaft. Festschrift zum 60. Geburtstag von Ernst Wahle, Freiburg 1950, S. 3–19, und Hans SCHADEK, »Vielleicht der beste Lokalhistoriker Deutschlands«. Heinrich Schreiber und die Anfänge der kritischen Geschichtsforschung, in: Zeitschr. d. Breisgau-Gesch.-vereins »Schau ins Land« 114 (1995), S. 163–211.

34 Vgl. GARSCHA (wie Anm. 33), S. 3 und ESCH, Limesforschung (wie Anm. 9), S. 174 f.

gang der Tätigkeiten der Gesellschaft und um 1848 zu weitgehender Lethargie führten[35]. Erst Anfang 1866 fanden sich ehemalige Mitglieder der älteren Gesellschaft und jüngere Interessenten zu einer zum 1. August 1866 erfolgten Neugründung zusammen. Dabei wurden mit der neuen Bezeichnung als »Gesellschaft für Beförderung der Geschichts-, Alterthums- und Volkskunde von Freiburg, dem Breisgau und den angrenzenden Landschaften« die Vereinsziele und der Zuständigkeitsbereich präzisiert. Die Archäologie ist im ersten Heft der Zeitschrift der erneuerten Gesellschaft mit einem umfangreichen und bebilderten Aufsatz über »Die römische Töpferei zu Riegel im Breisgau« von Heinrich Schreiber vertreten, verfaßt aus Anlaß der Freiburger Tagung des Gesamtvereins der deutschen Geschichts- und Altertumsvereine im Jahr 1867. Eine Hauptaufgabe sah die neugegründete Gesellschaft, zumal in der Zeit zunehmender fachlicher Spezialisierung, in der Beschäftigung mit Archäologie und Ausgrabungen jedoch nicht mehr. Das blieb einzelnen Mitgliedern mit speziellem Interesse überlassen[36]. Eine eigene Sammlung wurde anscheinend zu keiner Zeit aufgebaut. Zusammenfassend läßt sich feststellen, daß die Freiburger Gesellschaft, die nach 1945 schließlich mit dem 1873 in Freiburg gegründeten, mehr volkstümlich ausgerichteten »Breisgau-Verein Schauinsland« zum »Breisgau-Geschichtsverein ›Schau ins Land‹« zusammengewachsen ist, das Thema Archäologie nicht in den Mittelpunkt ihrer wissenschaftlichen Bemühungen gestellt hat.

3.2 Historischer Verein für das Großherzogtum Hessen (1833)

Im Gegensatz zur Freiburger Gesellschaft, die ihren Wirkungskreis landschaftlich bezogen mit Freiburg und dem Breisgau umschrieb, berief sich der am 1. Juni 1833 im Versammlungssaal des Darmstädter Ludwig-Georg-Gymnasiums gegründete »Historische Verein für das Großherzogtum Hessen« in seinem Namen ausdrücklich auf eine politische Einheit.

Die Anregung zur Vereinsgründung ging 1832 von dem Advokaten Johann Wilhelm Christian Steiner in Groß-Krotzenburg bei Seligenstadt am Main aus. Steiner hatte sich als begeisterter Autodidakt neben seiner umfangreichen Familie den Geschichtsaltertümern gewidmet und zahlreiche historische Bücher und Abhandlungen verfaßt. Das trug ihm den Ehrentitel eines Fürstlichen Hof-Historiographen ein.

Aber nicht nur die romantische Begeisterung für Geschichtsdenkmäler, denen nach der Auflösung von Klöstern und Herrschaften Gefahr drohte, oder das Interesse an und die Sorge um römerzeitliche Funde, die im Limesbereich besonders zahlreich waren, begründeten den Wunsch nach der Vereinsgründung. Die Neu-

35 Vgl. Franz Leopold DAMMERT, Vorwort, in: Zeitschr. d. Ges. f. d. Beförderung d. Geschichts-, Alterthums- und Volkskd. v. Freiburg, dem Breisgau u. d. angrenzenden Landschaften 1 (1869), S. III VII.

36 Vgl. Peter P. ALBERT, Hundert Jahre Freiburger Gesellschaft für Geschichtskunde. Ein Rückblick, in: Zeitschr. d. Ges. f. Beförderung der Geschichts-, Altertums- u. Volkskd. v. Freiburg, dem Breisgau u. d. angrenzenden Landschaften 39/40 (1927), S. 56–74.

formierung des Großherzogtums nach der napoleonischen Zeit erforderte ein neues Staatsbewußtsein. Ein Geschichtsverein konnte sowohl historisch Interessierten wie Staatsbeamten als Mittel zur Förderung eines Staatspatriotismus gelten. Der Geheime Staatsrat Karl Christian Eigenbrodt, ein gebildeter und vielseitig interessierter Mann, vertrat als erster Präsident des jungen Vereins zugleich die Interessen des Staates[37].

Als Vergleichsbeispiel läßt sich der »Historische Verein der Pfalz« heranziehen. König Ludwig I. hatte 1827 in einem Kabinettsbefehl zur *Erhaltung und Bewahrung der* [...] *schon bekannten oder noch zu entdeckenden historischen Denkmale* aufgerufen. Damit verbunden war die Absicht, daß das *Studium der vaterländischen Geschichte* den Nationalgeist beleben und damit zur Festigung des Staatsbewußtseins beitragen möge. 1830 konnte Regierungspräsident Joseph v. Stichaner dem König melden, daß im Rheinkreis *schon seit einiger Zeit* – vermutlich seit 1827 – *ein kleiner Verein still und prunklos wirkte*. Außerdem existiere in Speyer ein eigens gebautes Museum, in das römerzeitliche und weitere Funde gebracht worden seien. Auf königliche Anordnung fanden sich daraufhin der Regierungspräsident, der Kreisarchivar, ein Regierungsrat, zwei Gymnasialprofessoren, ein Domkapitular und ein Protestant zusammen und erließen am 9. Juni 1830 einen Aufruf zur Gründung eines »Geschichtlichen Vereins des Rheinkreises«. Dabei handelte es sich zunächst mehr um eine Arbeitsgemeinschaft, die Kontakt zu wissenschaftlichen Mitarbeitern aufnahm. Die Regierung in München stand dem Verein trotz dessen Bemühung um korrekte Einhaltung der königlichen Order nicht zuletzt wegen der politischen Stimmung in der Pfalz samt dem Hambacher Fest von 1832 eher zurückhaltend gegenüber. Nach deutlichem Rückgang der Vereinstätigkeit wurde 1838 der Name »Historischer Verein der Pfalz« festgelegt und 1839 eine Neuformierung vorgenommen, die aus der Arbeitsgemeinschaft einen mitgliederstarken Verein erstehen ließ. Eine ähnliche Neuordnung erfolgte 1869. Der Sitz des Vereins war stets in Speyer, wo bis heute zum stark archäologisch geprägten Historischen Museum der Pfalz eine zeitweilig auch in den Vereinsnamen integrierte enge Beziehung besteht. Dennoch lag von Anfang an, nimmt man das Interesse für die Erhaltung der Pfälzer Burgen heraus, der Schwerpunkt des Vereinsinteresses stärker auf archivarisch-historischer als auf archäologischer Arbeit[38].

Der Vormärz machte sich auch beim Historischen Verein für das Großherzogtum Hessen bemerkbar. Neben Historikern, Archivaren, Archäologen und Staats-

37 Vgl. Eckhart G. FRANZ, Geschichtsverein und Geschichtsbewußtsein, in: Archiv f. hess. Gesch. u. Volkskd., NF 41 (1983), S. X XIV.

38 Vgl. Albert BECKER, Hundert Jahre Pfälzer Geschichtsforschung 1827–1927. Festschrift zur Erinnerung an die Begründung des Historischen Vereins der Pfalz. Mitt. des Historischen Vereins der Pfalz 47 (1927), Karl BOSL, Gegenstände und Motivation historischer Bewußtseinspflege in den Historischen Vereinen der vergangenen 150 Jahre, in: Mitt. d. Hist. Vereins d. Pfalz 80 (1982), S. 5–22, REIDEL, Wissenschaftliches Streben (wie Anm. 13), S. 204–215, und Volker RÖDEL, Die Anfänge des Landesarchivs Speyer, in: Arch. Zeitschr. 78 (1993), S. 191–256, hier: S. 238–242. Für Informationen danke ich Dr. Paul Warmbrunn, Speyer.

beamten, wie sie allenthalben zu Gründern und frühen Vereinsmitgliedern zählen, finden sich Männer aus dem progressiv-liberalen Lager jener Jahre. Ihnen ging es nicht um die Bergung von römerzeitlichem Fundgut, sondern eher um die Gewinnung historischer Argumente für den politischen Tageskampf[39]. In der von dem Minister du Thil im September 1834 genehmigten Satzung heißt es daher eindeutig: »Der Verein hat zum Zwecke: Beförderung des Forschens im Gebiete der hessischen Altertumskunde und Landesgeschichte, mit Ausschluß der Tagesgeschichte und aller Erörterungen über politische Gegenstände der neueren Zeit, sowie die Erhaltung und Bekanntmachung des Erforschten«[40]. Das Protektorat über den Verein übernahm Großherzog Ludwig II. von Hessen und bei Rhein.

Bedenken, die aus politischen Überlegungen bei der Gründung des Vereins laut geworden waren, dürften mit ein Grund dafür gewesen sein, daß die Regierung in Darmstadt der Bildung von Geschichtsvereinen in hessischen Städten zumindest reserviert gegenüberstand[41]. Mehrfach wurde diskutiert, ob nicht die Bildung von Zweigvereinen angestrebt werden solle, wie dies beim Historischen Verein der Pfalz[42] der Fall war. Doch kam es nicht dazu. Statt dessen bildeten sich in verschiedenen hessischen Städten selbständige und archäologisch orientierte Geschichtsvereine[43].

Archäologie spielte für einen Verein, durch dessen Tätigkeitsbereich sich der Limes zog, von Anfang an eine Rolle. Zwar schreibt Esch, daß sich der Darmstädter Verein Ausgrabungen und Archäologie nicht ganz so intensiv zugewandt habe, wie dies beim 1811 gegründeten Wiesbadener »Verein für Nassauische Alterthumskunde und Geschichtsforschung« der Fall gewesen sei[44]. Dennoch engagierte er sich bereits im Vormärz und erneut im letzten Viertel des Jahrhunderts stark in der Limesforschung, stellte bis 1892 sämtliche Limeskastelle in seinem Bereich fest[45] und war bemüht, die Ergebnisse der archäologischen Forschung in der seit 1835 erscheinenden Vereinszeitschrift »Archiv für hessische Geschichte und Altertumskunde« (AHG) zu veröffentlichen. Johann Friedrich Knapp (1776–1848), hessischer Staatsrat und 1839–1848 Präsident des Vereins, war durch Forschungen über »Römische Denkmale des Odenwaldes, insbesondere der Grafschaft Erbach und Herrschaft Breuberg« hervorgetreten[46]. Er bemühte sich 1840 auch für die finan-

39 Vgl. Franz (wie Anm. 37), S. VI.
40 Karl Esselborn, Hundert Jahre Historischer Verein für Hessen, in: AHG, NF 28 (1934), S. 1–183, hier: S. 16 ff.; vgl. auch Franz (wie Anm. 37), S. VII und Esch (wie Anm. 9), S. 176.
41 S. Abschnitt 3.3; vgl. Esselborn (wie Anm. 40), S. 35.
42 Esselborn (wie Anm. 40), S. 55. Die Untergliederungen des Historischen Vereins der Pfalz (vgl. oben bei Anm. 38) nennen sich üblicherweise »Bezirksgruppe«, doch können auch Kreis- und Ortsgruppen gebildet werden.
43 Heimatverein Bad Nauheim, Geschichtsverein für Butzbach und Umgebung, Friedberger Geschichtsverein, mit gemeinsamer Zeitschrift »Wetterauer Geschichtsblätter«, Oberhessischer Geschichtsverein Gießen u. a.
44 Vgl. Esch (wie Anm. 9), S. 168, 176.
45 Vgl. ebd., S. 176 f.
46 Vgl. Esselborn (wie Anm. 40), S. 32.

zielle Unterstützung von Ausgrabungen in Seligenstadt, bei denen ein römisches Bad freigelegt wurde[47]. Während seiner Präsidentschaft wurde die hessische Denkmalschutzverordnung von 1818 durch eine 1846 erlassene »Instruction« über die Behandlung von Bodendenkmälern und Funden beispielhaft präzisiert[48]. Darin zeigte sich der Stellenwert der Archäologie in Hessen-Darmstadt. Bei anzunehmender Mitarbeit von Knapp an der Formulierung der »Instruction« dürfte sich in ihr auch die fachliche Kompetenz des Vereins niedergeschlagen haben.

1869 gab der Verein ein Buch über die »Altertümer der heidnischen Vorzeit innerhalb des Großherzogtums Hessen« heraus. Sie waren nach Ursprung, Gattung und Örtlichkeit beschrieben. Beigegeben war eine archäologische Karte[49]. Ab und an gab es für die Mitglieder archäologische Ausflüge[50]. 1902 heiß es in einem Aufsatz über »Die Altertumswissenschaft in Hessen rechts des Rheins am Ende des Jahrhunderts«, die Erforschung der Römerzeit stehe für den Verein »im Vordergrund des Interesses«[51]. Der Verfasser, Dr. phil. Eduard Anthes (1859–1922) hatte in Leipzig Philologie und Archäologie studiert. Da er infolge einer Erkrankung den Schuldienst frühzeitig verlassen mußte, habilitierte er sich und hielt 1919–1922 Vorlesungen über archäologische Themen an der Technischen Hochschule Darmstadt. Anthes fungierte von 1909 bis 1921 als beamteter hessischer Denkmalpfleger für die Altertümer[52]. Als Vizepräsident seit 1906 und von 1912 bis zu seinem Tod als Präsident des Vereins vertrat er durch seine Arbeiten und in seiner Person neben dem Vormärzpräsidenten Knapp am deutlichsten Vorgeschichte und Archäologie[53]. Dennoch zeigen die Vorträge wie die Publikationen des Vereins um 1900 ein Zurücktreten archäologischer Themen zugunsten von Geschichte und Kunstgeschichte[54]. Im »Archiv für Hessische Geschichte und Altertumskunde« finden sich – trotz des Namens – seither kaum noch altertumskundliche Veröffentlichungen. Eine eigene Sammlung legte der Verein nicht an. Die archäologischen Funde, die von Vereinsmitgliedern gemacht wurden, kamen offenbar in das auf Großherzog Ludewig I. zurückgehende Museum, aus dem schließlich das Hessische Landesmuseum Darmstadt hervorging[55].

47 Vgl. EBD., S. 32 f.

48 Werner JORNS, Zur Entwicklung des archäologischen Denkmalschutzes und der Denkmalpflege in Hessen, in: AHG, NF 32 (1974), S. 15–42, hier: S. 16–21.

49 Vgl. ESSELBORN (wie Anm. 40), S. 53.

50 EBD., S. 60: Abb. einer Einladung zum Ausflug an den Weilerhügel bei Bickenbach, einer mittelalterlichen Motte, aus dem Jahre 1876.

51 ESCH (wie Anm. 9), S. 177.

52 Vgl. JORNS (wie Anm. 48), S. 29 f.

53 Vgl. ESSELBORN (wie Anm. 40), S. 87–90.

54 Vgl. EBD., S. 121–156.

55 Dokumentierte Geschichte: Museen, Archive und Sammlungen in Darmstadt, Darmstadt 1980, S. 30 f. und 40; Auskunft Dr. Diether Degreif, Darmstadt.

3.3 Gesellschaft der Freunde vaterländischer Geschichtsforschung und Altertumskunde in Mainz. Altertumsverein Mainz (1844)

Mainz, das Moguntiacum der Römerzeit, war bis zum Vordringen der französischen Revolutionstruppen an den Rhein 1792/93 Residenz des vornehmsten geistlichen Kurfürsten des Heiligen Römischen Reiches deutscher Nation und besaß seit dem späten 15. Jahrhundert eine Universität. Nach dem Frieden von Campo Formio gehörte die Stadt von 1797 bis 1814 zu Frankreich; die Universität wurde aufgelöst. 1816 kam Mainz als Provinzhauptstadt des linksrheinischen Landesteiles Rheinhessen zum Großherzogtum Hessen-Darmstadt.

Die geistige Elite der Mainzer Bürgerschaft, zu der zahlreiche Kleriker und Gelehrte der Universität gehörten, spielte bei der Übernahme der Gedanken der Französischen Revolution am Rhein eine aktive Rolle[56]. Aus diesem gebildeten Publikum kamen Männer wie der wegen seiner Urkundenfälschungen umstrittene Diplomatiker und Sammler Franz Joseph Bodmann oder der Gymnasialprofessor, Schriftsteller und Zeitungsredakteur Friedrich Lehne. Lehne hat mit Zustimmung des französischen Präfekten des Departements Donnersberg, Jeanbon St. André, an der Zahlbacher Steige bei Mainz Ausgrabungen vorgenommen und mit den gemachten Funden einen Grundstein zu einem städtischen Museum gelegt.

Nach ersten Anfängen in der Franzosenzeit 1802/03 und intensiv unmittelbar nach Kriegsende 1814 wurden unter Leitung des Zeichenlehrers, Theatermanns, Literaten, Gymnasialprofessors und seit 1805 Konservators der Städtischen Galerie Niklas Müller[57] von Paris nach Mainz zurückgebrachte Gemälde sowie Überreste der römischen und der mittelalterlichen Vergangenheit aufgestellt. Dazu gehörte auch die Altertümersammlung der aufgelösten Universität. Die Aufstellung des Sammlungsgutes erfolgte in einer ehemaligen Burse der Universität am Neubrunnenplatz, wo sie sowohl Goethe wie Sulpiz Boisserée besucht haben[58].

Trotz dieser günstigen Voraussetzungen kam es zunächst nicht zur Gründung eines Altertumsvereins. Müller initiierte 1823 zwar einen Verein für Literatur und Kunst, aber erst 1841 eine »Gesellschaft der Freunde vaterländischer Geschichtsforschung und Altertumskunde in Mainz«. Absicht der Gründer war eine Aktivierung der Altertumskunde, wozu auch die Archäologie gehöre. Der Verschleppung und Zerstörung altertümlicher Monumente sollte Einhalt geboten werden. 1842 erhielt die Sammlung neue Räume im – baulich herabgekommenen – ehemaligen kurfürstlichen Schloß, das in das Eigentum der Stadt übergegangen war. Im selben Jahr inspirierte Müller nachhaltig eine Eingabe an den Gemeinderat mit dem Ziel der Gründung eines Altertumsvereins[59]. Anlaß war nicht zuletzt, daß »durch Erweiterung der Festungswerke – Mainz war deutsche Bundesfestung – und An-

56 Vgl. REIDEL, Wissenschaftliches Streben (wie Anm. 13), S. 215 f. und MATHY (wie Anm. 23),S. 5–14.

57 Werner BRILMAYER, Nikolaus Müller. Eine Gestalt des Mainzer Geisteslebens von der Aufklärung bis zur Mitte des 19. Jahrhunderts, in: MZ 89 (1994), S. 157–166, hier: S. 162–165.

58 Vgl. MATHY (wie Anm. 23), S. 6 ff. und BRILMAYER (wie Anm. 57), S. 157–167.

59 Vgl. MATHY (wie Anm. 23), S. 10.

lagen neuer Straßen zu Mainz viele römische Grabsteine, Votivsteine, Münzen, Antikaglien usw. ausgegraben wurden«[60]. Hinter dem Antrag stand eine Gruppe archäologisch und historisch interessierter Männer[61]. Vereinsziel sollte es sein, die »dunklen Parthien der Geschichte des Vaterlandes aufzuhellen und seine Denkmäler zu sammeln und zu erhalten«. Betont wurde die Gefahr des Verkaufs und der Abwanderung in auswärtige Sammlungen. Es sei »die Ehre von Mainz dem Auslande und besonders den rheinischen Städten gegenüber zu retten«[62].

Das Ministerium des Inneren und der Justiz in Darmstadt lehnte nach Konsultation des Vorstandes des Historischen Vereins für Hessen das Ansinnen einer Vereinsgründung jedoch zunächst ab. Der Hinweis, daß archäologische Forschungen für die Mainzer Initiatoren ein wichtiges Movens bildeten, wurde in Darmstadt nicht als hinreichender Grund angesehen. Die Empfehlung, man möge auf die eigene Gründung verzichten und lieber dem Historischen Verein für Hessen beitreten, dem ohnehin einige der Mainzer Initiatoren angehörten, ist wohl nicht nur aus Konkurrenzdenken, sondern auch aus der gespannten politischen Situation der Zeit des Vormärz zu erklären[63].

Bis Dezember 1843 bewegte sich nichts. Dann wandten sich die Mainzer Geschichtsfreunde mit einer ausführlichen Argumentation nach Darmstadt. Es sei eine bekannte Tatsache, »daß Mainz von jeher die Wiege und die Leiterin archäologischer Studien war, daß in Mainz schon seit Jahrhunderten gelehrte Bearbeiter seines classischen Bodens für das übrige Deutschland ein Lichtmagazin unterhalten haben. Selbst in diesem Jahrhundert haben noch Männer gewirkt wie Fuchs, Bodmann, Schunk, Hutter, Brühl, Brain, Weitzel, Dahl, Schwarz, Lehne u. a. m. und die noch lebenden Werner, Schaab, Müller, Emele, Wetter, Külb: alle diese Männer haben zwar keinen organisierten Alterthumsverein gebildet; aber sie haben mit Eifer gearbeitet, Ausgrabungen veranstaltet, gesammelt und belehrende Schriften herausgegeben«[64].

Schließlich entsprach die Regierung in Darmstadt trotz des Widerspruchs aus Kreisen des Historischen Vereins für Hessen Anfang 1844 dem Mainzer Gesuch. Die Gründung des »Vereins zur Erforschung Rheinischer Geschichte und Alterthümer«, der sich später »Mainzer Altertumsverein zur Erforschung der rheinischen Geschichte und Altertümer e. V.« nannte, erfolgte am 31. Januar des gleichen Jahres. Erster Präsident wurde der in Alzey in Rheinhessen geborene Kreisrichter Dr. Emele (1796–1847), der 1825 eine »Beschreibung römischer und germanischer Altertümer in der Rheinprovinz« herausgegeben hatte, aber noch 1828 mangels ei-

60 Esselborn (wie Anm. 40), S. 35.
61 Esselborn (wie Anm. 40), S. 27 mit Anm. 33: Namen der 17 Mainzer Gründer; Reidel, Wissenschaftliches Streben (wie Anm. 13), S. 217, spricht für 1841 von 19 Gründungsmitgliedern.
62 Mathy (wie Anm. 23), S. 10 f.
63 Vgl. Esselborn (wie Anm. 40), S. 35 und Reidel, Wissenschaftliches Streben (wie Anm. 13), S. 216.
64 Mathy (wie Anm. 23), S. 11.

nes Museums in Mainz seine eigene Sammlung an das Museum des Wiesbadener »Vereins für Nassauische Altertümer« verkaufte[65].

Die Vereinsgründer waren davon ausgegangen, daß der Gemeinderat ihnen die bereits vorhandenen Altertümer anvertrauen werde und diese mit den vom Verein neu erworbenen Stücken in einem geeigneten Lokal ausgestellt werden könnten. Funde, die bei Neubauten auf städtischem Gelände gemacht würden, seien abzuliefern. Zudem erhoffte man eine geringe finanzielle Unterstützung, zumal alle künftigen Erwerbungen Eigentum der Stadt würden.

Nachdem es zeitweilig zwischen Verein und Stadt zu Streitigkeiten über die Verwaltung der Sammlungen gekommen war, bei denen persönliche Empfindlichkeiten eine Rolle spielten[66], wurde 1855 die Betreuung der Städtischen Sammlungen endgültig dem Altertumsverein übertragen. Zum Konservator wurde Ludwig Lindenschmit d. Ä. berufen, ein Mann mit vielseitigen künstlerischen Begabungen und Autodidakt in der Archäologie, der sich jedoch schnell fachliche Kompetenz erwarb[67]. Das Vereinsmuseum erhielt nicht zuletzt Zugänge durch Grabungen, die der Verein beim Bau der Hessischen Ludwigsbahn in Rheinhessen durchführte[68].

Der Mainzer Altertumsverein hat der praktischen Archäologie, der Ausgrabungstätigkeit, dem Erwerb auswärtiger Sammlungen wie der Bandelschen Sammlung aus Worms (1862) sowie der Präsentation der Funde in einem Museum für Mainz entscheidende Impulse gegeben. Dies schlug sich auch in der Vereinszeitschrift nieder, der heutigen »Mainzer Zeitschrift. Mittelrheinisches Jahrbuch für Archäologie, Kunst und Geschichte«[69]. Zwar kam es um 1867 zu finanziellen und persönlichen Schwierigkeiten, was die Sammeltätigkeit jedoch kaum beeinträchtigt zu haben scheint. 1910 übergab der Verein seine Sammlungen an die Stadt[70]. Sie sind heute Teil des Landesmuseums Mainz.

Mit Mainz verbunden ist die 1852 erfolgte Gründung des »Gesamtvereins deutscher Geschichts und Altertumsvereine«. Einer seiner wichtigsten Protagonisten war Ludwig Lindenschmit d. Ä. Er hat nicht nur das Römisch-Germanische Museum, sondern auch das Museum des Mainzer Altertumsvereins im Eisenturm geleitet. Von 1863 bis zu seinem Tod 1893 war er zudem Vorsitzender des Mainzer Altertumsvereins[71]. Als 1906 der erste Band der »Mainzer Zeitschrift« erschien, firmierten als Herausgeber das Römisch-Germanische Central Museum und der Mainzer Altertumsverein[72].

65 Vgl. Stephan PELGEN, Joseph Andreas Emele (1796 1847), in: MZ 89 (1994), S. 167–172.
66 Vgl. MATHY (wie Anm. 23), S. 12.
67 Vgl. Gottfried BORRMANN, Ludwig Lindenschmit d. Ä. (1809 1893), in: MZ 89 (1994), S. 181–185.
68 Vgl. REIDEL, Wissenschaftliches Streben (wie Anm. 13), S. 217–219 und MATHY (wie Anm. 23), S. 13.
69 Vgl. Alois GERLICH, Die Mainzer Zeitschrift – eine Forschungsbilanz nach 150 Jahren, in: MZ 89 (1994), S. 85–100, hier: S. 86 f.
70 Vgl. MATHY (wie Anm. 23), S. 13 f.
71 EBD., S. 12 f. und BORRMANN (wie Anm. 23), S. 18; vgl. zum Gesamtverein oben bei Anm. 23.
72 Vgl. GERLICH (wie Anm. 69), S. 87 mit Abb. des Titels.

3.4 Mannheimer Altertumsverein (1859)

Die Gründung des Mannheimer Altertumsvereins im Jahr 1859 fällt in den Zeitraum zwischen der badischen Erhebung 1848/49 und der Reichgründung von 1871. Diese verhältnismäßig späte Gründung führt Christoph Popp[73] auf den Niedergang der einstigen kurpfälzischen Residenzstadt um 1800, die notwendige Schaffung einer wirtschaftlichen Grundlage und die damit parallel gehende Herausbildung eines selbstbewußten Bürgertums zurück. So sei es kein Zufall, daß in Mannheim Gründer und frühe Mitglieder nicht aus dem Bildungsbürgertum kamen, das sich erst später eingebracht habe. Es waren nicht die sonst zu beobachtenden Gelehrten, Lehrer, Pfarrer, Ärzte und Beamte, sondern Männer aus Kreisen der Handwerkerschaft und des Handels. Der Initiator des Vereins, Johann Philipp Zeller (1824–1862), war nach Popp ein »gescheiterter Akademiker und Dialektdichter«. Aktueller Anlaß zur Gründung einer Sammlung und eines Vereins waren Funde von Tongefäßen, Münzen und Tierknochen, die im Frühjahr 1859 mehr zufällig nach dem Brand der Kahn'schen Bettfedernfabrik in Mannheim gemacht worden waren. Eine Stammtischrunde um Zeller, in deren Hände die Funde gelangten, beschloß daraufhin, eine Sammlung aufzubauen und dafür einen Verein zu gründen.

Die fehlenden Voraussetzungen für eine Beschäftigung mit schriftlichen Quellen verwies die Aktivitäten des Vereins auf eine autodidaktisch und oft genug dilettantisch betriebene Archäologie. Doch sollte dabei nicht übersehen werden, daß »Ausgraben« noch stets das Interesse altertumskundlich interessierter Zeitgenossen gefunden hat. Die Ausgrabungstätigkeit ließ die Sammlung rasch anwachsen. Es wurden Verbindungen zu anderen Vereinen und Sachkennern geknüpft; 1860 kam es zu einem förderlichen Kontakt mit Theodor Mommsen.

Zellers Tod 1862 schien den jungen Verein seines Motors zu berauben. Als mit dem Arzt Dr. Ludwig Gerlach jedoch ein Mann mit wissenschaftlichem Anspruch und organisatorischen Fähigkeiten an die Spitze trat, brachte das außer programmatischen Vorstellungen und systematischer Vereinsarbeit samt Beitritt zum Gesamtverein deutscher Geschichts- und Altertumsvereine 1875 eine Überarbeitung der aus dem Gründungsjahr 1859 stammenden Statuten. In den Vordergrund trat in § 1 als Vereinszweck die »Aufsuchung, Sammlung, Erhaltung, Bekanntmachung und wissenschaftliche Verwertung von Altertümern und historischen Denkmälern jeder Art, besonders aus dem Gebiet der Pfalz [sic![74]], vornehmlich der Stadt Mannheim selbst«[75]. 1866 hatte der Schriftführer in das Protokollbuch geschrieben, daß die Mehrzahl der Mitglieder und des Vorstands Dilettanten seien. Doch dürfe man darauf stolz sein, da es die Fachgelehrten verabsäumt hätten, die notwendige Ar-

73 Christoph Popp, Der Mannheimer Altertumsverein 1859–1949. Regionale Forschungen, Sozialstruktur und Geschichtsbild eines Historischen Vereins, Mannheim 1996 (= Mannheimer hist. Forschungen 10), S. 41–46.

74 Gemeint ist die ehemalige Kurpfalz. Der Verein ist jedoch nicht im linksrheinischen Rheinbayern und damit im Arbeitsbereich des Historischen Vereins der Pfalz tätig geworden.

75 Popp (wie Anm. 73), S. 47 f.

beit zu leisten. Zu bedauern sei die späte Vereinsgründung, weil vieles bereits abgewandert sei und nur mit hohen Kosten wieder zurückerworben werden könne. Außerdem gäbe es starke Konkurrenz, worunter vor allem der bereits 1842/44 gegründete »Altertumsverein für das Großherzogtum Baden« in Baden-Baden gehörte[76].

Inzwischen waren zunehmend Angehörige des gebildeten Besitzbürgertums dem Verein beigetreten. Für die weitere Entwicklung erwies sich der Kontakt zu dem Gymnasialprofessor Karl Borromäus Fickler, der auch Kustos des Großherzoglichen Antiquariums war, von Bedeutung. Daraus entstand eine enge Bindung zwischen Antiquarium, Gymnasium und Altertumsverein. Die Ausgrabungen fanden mit Fickler einen fachkundigen Leiter, für die technischen Arbeiten wurden Arbeitskräfte beschäftigt. Angeleitet wurden sie von aus Mannheim an die Grabungsplätze gereisten Vereinsmitgliedern und örtlichen Honoratioren. Bei der Auswahl der Grabungsplätze, wobei es sich zumeist um römische Kastellanlagen handelte, mußte der Verein auf seine finanziellen Möglichkeiten Rücksicht nehmen, da er außer den Mitgliedsbeiträgen nur eine geringe Unterstützung durch die Stadt Mannheim erhielt[77].Wegen des Anwachsens der Sammlungen mietete der Verein 1868 Räume im Schloß an. Das war zwar reputierlich, zog aber weitere finanzielle Verpflichtungen nach sich. Daher bemühte man sich um eine engere Bindung zum Antiquarium, zumal dies durch die Mitgliedschaft von dessen Leiter im Vereinsvorstand vorgegeben war[78].

Mit der Hinwendung des Mannheimer Bildungsbürgertums zum Verein fand laut Popp ein soziokultureller Umstrukturierungsprozeß statt. Beginnend um 1880, erfuhr der Verein bis zum Beginn des Ersten Weltkrieges 1914 eine Blütezeit; 1887 übernahm Erbgroßherzog Friedrich II. das Protektorat über den Verein. Neben den Ausgrabungen[79] trat allerdings in den Vorträgen außer der Archäologie zunehmend das Interesse an der Geschichte und besonders der kurpfälzischen Geschichte in den Vordergrund. Der Verein brachte verschiedene Publikationen heraus, darunter Inventare seiner Sammlungen. Ab 1900 erschien eine Vereinszeitschrift, die »Mannheimer Geschichtsblätter«, und 1905 wurde in der ehemaligen Schulkirche am Marktplatz das Stadtgeschichtliche Museum eröffnet[80].

Bemühungen des Vereins, über ein Vermächtnis zu besseren Räumen für sein Museum zu kommen und die Sammlungen in die Hand der Stadt zu geben, scheiterten 1913[81]. Erst 1921 konnte die Übernahme der Vereinssammlungen und damit des Stadtgeschichtlichen Museums durch die Stadt Mannheim erreicht werden. Dabei behielt der Verein das Eigentumsrecht an den von ihm eingebrachten Gegen-

76 Vgl. EBD., S. 48.
77 Vgl. POPP (wie Anm. 73), S. 50 f. und ESCH (wie Anm. 9), S. 179.
78 Vgl. POPP (wie Anm. 73), S. 52 f.
79 Vgl. EBD., S. 277–290.
80 Vgl. EBD., S. 55–63.
81 Vgl. EBD., S. 416 ff.

ständen[82]. 1926 zog das Museum um als Schloßmuseum[83]. Nachdem das Schloß und ein großer Teil der Sammlungen 1943 einem Luftangriff zum Opfer gefallen waren, kam es nach 1945 zur musealen Nutzung des ehemaligen Zeughauses und schließlich zum Neubau des Reiß-Museums. Der Verein trägt seit der 1949 aufgrund einer Forderung der Besatzungsmacht erfolgten Neugründung den Namen »Gesellschaft der Freunde Mannheims und der ehemaligen Kurpfalz – Altertumsverein Mannheim von 1859«[84]. Die von ihm seit 1994 wieder herausgegebenen »Mannheimer Geschichtsblätter« werden im Untertitel als »Ein historisches Jahrbuch zur Archäologie, Geschichte, Kunst- und Kulturgeschichte Mannheims und der ehemaligen Kurpfalz« bezeichnet und in Verbindung mit dem Stadtarchiv und dem Reiß-Museum der Stadt herausgegeben.

3.5 Altertumsverein Worms (1879)

Die Gründung des Wormser Vereins erfolgte in einem Zeitraum, in dem das Vorhandensein eines Altertumsvereins und eines Museums in einer Stadt für selbstverständlich gehalten wurde. Am 5. Juli 1860 nahm die in Worms erscheinende liberale Zeitung »Rheinischer Herold« zu diesem Thema Stellung. Obgleich die Wormser Geschichte einschließlich deren Überreste für Altertumsverein und Museum genügend Material an die Hand geben könnte, »entbehrt unsere Stadt solcher Anstalten, deren Mangel als ein sehr negatives Zeugnis für ihre Bildungsstufe erscheinen muß, um so mehr als die bedeutende Anzahl hiesiger Professoren, Ärzte, Baumeister, Beamten und sonstiger tüchtiger Männer aus allen Klassen der Gesellschaft jeden Einheimischen zu der Voraussetzung berechtigen, daß jene Anstalten geschaffen werden, und jeden Fremden zu der Annahme, daß sie schon bestehen«[85].

Worms hatte 1797 als Folge des Friedens von Campo Formio seine Funktion als Bischofsresidenz und seinen Rechtsstatus als Reichsstadt verloren. Nach dem Ende der Franzosenzeit fiel die Stadt 1816 beim Tausch von Westfalen gegen die 1818 als »Rheinhessen« bezeichnete linksrheinische Provinz zusammen mit Alzey, Bingen und Mainz an das Großherzogtum Hessen-Darmstadt. Dabei verlor Worms einen großen Teil seines Hinterlandes, weil es an die südliche Peripherie Hessens unmittelbar an der Grenze zur bayerisch gewordenen Rheinpfalz (Rheinbayern) zu liegen kam. Das wirkte sich auf die ohnehin schlechte Wirtschaftslage negativ aus. Erst die um die Jahrhundertmitte einsetzende Industrialisierung sollte im letzten Jahrhundertdrittel eine Besserung bringen. Die Bürger gewannen ein neues Selbstbewußtsein und erinnerten sich an die große Geschichte ihrer Stadt[86].

Als 1855 der Mainzer Verein zur Erforschung der Rheinischen Geschichte und Alterthümer[87] in Worms wegen der Überlassung von im Rathaushof aufgestellten

82 Vgl. EBD., S. 423.
83 Vgl. EBD., S. 379 ff.
84 Vgl. EBD., S. 100–103.
85 Vgl. REUTER, Altertumsverein und Paulusmuseum (wie Anm. 6), S. 20.
86 Vgl. DERS., Worms 1800–1882 (wie Anm. 5), S. 8–11 und 128 ff.
87 Siehe Abschnitt 3.3.

Grabsteinen, Sarkophagen und Steinbildwerken aus Römerzeit und Mittelalter anfragte, lehnte der Gemeinderat das ab. Die Stücke sollten in Worms bleiben, aber auch eine bessere Unterkunft erhalten[88]. Zur gleichen Zeit besaß der Wormser Weingutsbesitzer und Altertümersammler Johann Philipp Bandel (1785–1866) eine umfangreiche Sammlung von Bodenfunden. Ein großer Teil der Stücke war bei Arbeiten in seinen Weinbergen gefunden worden. An solches Sammelgut, zu dem noch die Archivalien des ungepflegten Stadtarchivs hinzukamen, dürfte der unbekannte Verfasser des Zeitungsartikels gedacht haben. Es geschah jedoch nichts. Statt dessen ging der Gemeinderat 1862 auf ein Verkaufsangebot Bandels, der in die Schweiz übersiedeln wollte, nicht ein. Seine archäologische Sammlung wurde vom Mainzer Altertumsverein angekauft und war damit für ein Wormser Museum verloren[89].

Am 2. März 1865 machte sich dann auch die »Wormser Zeitung« zum Sprecher für die Gründung eines Altertumsvereins: »Und wie sehr notwendig ein solcher Verein gerade hier in Worms wäre, einer alten, historisch merkwürdigen Stadt, wo man noch lange nicht mit dem Ausgraben und Finden verborgener Altertumsschätze zu Ende ist, geht aus der Tatsache hervor, daß schon viele, leider nur zu viele archäologische Ruderas in auswärtige Sammlungen entführt worden sind. [...] Erfreulich ist es deshalb zu erfahren, daß eine Anzahl hiesiger, sich für die Sache lebhaft interessierender Männer die Absicht hat, einen Altertumsverein ins Leben zu rufen«[90]. Der Gedanke hatte offensichtlich an Boden gewonnen. Dennoch sollte es noch fast 15 Jahre dauern, ehe die Vereinsgründung Wirklichkeit wurde. In dieser Zeit gingen weitere Fundobjekte verloren. Doch wurden durch Forscher wie den Arzt Dr. Karl Koehl zahlreiche neue vor- und frühgeschichtliche Funde gemacht[91]. Bei Ausschachtungsarbeiten im Bereich der Wormser Textilindustrie im Norden und vor allem der Lederindustrie im Süden der Stadt traten zunächst zufällige, nach der Gründung des Altertumsvereins systematisch ergrabene römerzeitliche Funde zutage[92].

Die Gründung des Altertumsvereins Worms erfolgte am 14. Juli 1879. Dazu aufgerufen hatten in der »Wormser Zeitung« die Mitglieder der Stadtverordnetenversammlung und in Worms wohnhafte Mitglieder des Historischen Vereins für das Großherzogtum Hessen[93]. Die 41 Anwesenden, von denen 40 dem Verein beitraten, gehörten mehrheitlich einer Gruppe an, die von Fabrikanten und Be-

88 Vgl. Reuter, Worms 1800–1882 (wie Anm. 5), S. 47.
89 Vgl. Reuter, Bandel (wie Anm. 11), S. 52 f., 56 f., 57 und 63.
90 Vgl. Reuter, Altertumsverein und Paulusmuseum (wie Anm. 6), S. 23.
91 Vgl. Erich Grill, Der Altmeister rheinhessischer Bodenforschung, in: Wormsgau 1 (1925), H. 5, S. 109–113 (Nachdruck unter dem Titel »Sanitätsrat Dr. Karl Koehl« in: Wormser Profile, wie Anm. 10, S. 50–55) und Otto Böcher, Weckerling – Koehl – Bonin, in: Wormsgau 13 (1979/81), S. 39–44.
92 Vgl. Weckerling, Römische Abteilung (wie Anm. 6), Einzelbelege.
93 Vgl. zum Historischen Verein für das Großherzogtum Hessen oben, Abschnitt 3.2; Differenzen wie bei der Gründung des Altertumsvereins Mainz gab es in Worms nicht.

sitzbürgern bis zu Handwerksmeistern reichte[94]. Es folgten Ärzte, Pfarrer, Gymnasiallehrer und höhere Beamte. Dem Verein schlossen sich in kurzer Zeit neben Bildungsbürgern überraschend viele Handwerker und Kleingewerbetreibende an. Sieht man vom Fehlen von Fabrikarbeitern ab, so bot die Mitgliederliste um 1884 einen Querschnitt durch die gesamte Einwohnerschaft. Frühzeitig traten dem Verein auch Frauen bei, die 19 Stadtverordneten waren ebenfalls alle Vereinsmitglieder[95]. Das Amt des Ersten Vorsitzenden übernahm Bürgermeister Heimburg[96].

Bei der Gründungsversammlung wurde der Vereinszweck angegeben mit »Sammlung von Alterthümern, Sammlung aller auf Worms bezüglicher Geschichtswerke und älterer Literatur, Verbreitung der Kenntnis der Geschichte der Stadt«. In der Satzung ist die Reihenfolge jedoch geändert: »Zweck des Vereins ist die Erforschung der Geschichte der Stadt Worms und ihrer Umgebung und Sammlung und Erhaltung der hierauf bezüglichen Schriften, Drucksachen und Alterthümer«[97]. Nur scheinbar trat die Beziehung zur Altertumskunde und der Archäologie zurück. Bürgermeister Heimburg hatte darum gebeten, dieses Thema und damit die Absicht der Einrichtung eines Museums vorläufig nicht anzusprechen, da sich zwei Freunde der Kunst mit dem Gedanken trugen, »den inneren Raum der Pauluskirche für ein Museum herzurichten«[98]. Dabei handelte es sich um den Rittmeister Karl Maximilian Heyl, Bruder des Lederindustriellen Cornelius Wilhelm Heyl und Teilhaber an der Lederfabrik Cornelius Heyl AG, sowie dessen Freund Lorenz Gedon, einen Münchener Bildhauer, Innenarchitekten und Dekorationskünstler[99].

Es gelang Maximilian Heyl, die Pauluskirche für das Museum anzumieten, wie dies bereits in dem Zeitungsartikel von 1860 vorgeschlagen worden war. Am 9. Oktober 1881 erfolgte die festliche Einweihung. Die fachliche Betreuung übernahmen der zu den Vereinsgründern gehörende Sanitätsrat Dr. Karl Koehl (1847–1929), ein durch seine Grabungen und Schriften ausgewiesener Vorgeschichtsforscher, und der kurze Zeit später dem Verein beigetretene Gymnasiallehrer Prof. Dr. August Weckerling (1846–1924)[100]. Letzterer legte 1885/87 in zwei Heften mit dem Titel »Die Römische Abteilung des Paulus Museums der Stadt Worms«[101] eine sowohl forschungsgeschichtlich wie für die römerzeitliche Sammlung noch heute wichtige Veröffentlichung vor.

94 Ein anwesender Fabrikarbeiter trat dem Verein nicht bei.

95 Vgl. Reuter, Altertumsverein und Paulusmuseum (wie Anm. 6), S. 31 ff.

96 Vgl. Ders., Worms 1800–1882 (wie Anm. 5), S. 106–108.

97 Vgl. Ders., Altertumsverein und Paulusmuseum (wie Anm. 6), S. 31.

98 Vgl. Georg Illert, 100 Jahre Altertumsverein Worms, in: Wormsgau 12 (1976/78), S. 13–80, hier: S. 15 und Reuter, Worms 1800–1882 (wie Anm. 5), S. 128 ff.

99 Vgl. Fritz Reuter, Dr. Ing. e. h. Karl Maximilian Freiherr von Heyl (1844–1925). Ein Mäzen und Musenfreund, in: Wormsgau 16 (1992/95), S. 7–11, Mathilde Grünewald, Max von Heyl und das Paulusmuseum, in: ebd., S. 12–19 und Brigitte Gedon, Lorenz Gedon. Die Kunst des Schönen, München 1994, S. 156–158.

100 Vgl. Otto Böcher, August Weckerling, in: Wormser Profile (wie Anm. 10), S. 40–49, und Ders., Weckerling – Koehl – Bonin (wie Anm. 91), S. 40 f.

101 Vgl. Weckerling, Römische Abteilung (wie Anm. 6).

Dr. Koehl hatte dem Museum, dessen Schwerpunkt anfänglich auf Vor- und Frühgeschichte sowie Römerzeit lag, seine eigene Sammlung zur Vor- und Frühgeschichte überlassen. In den folgenden Jahren erhielt das Museum zahlreiche archäologische Schenkungen, wie sich Veröffentlichungen in der Wormser Zeitung sowie der seit 1902 erscheinenden Zeitungsbeilage »Vom Rhein, Monatsblatt des Wormser Altertumsvereins« entnehmen läßt, deren Redakteur Weckerling war. Darin finden sich Hinweise auf Ausgrabungen, die der Altertumsverein durchgeführt hat oder durchführen ließ[102]. Allerdings treten schon bald Beiträge zur Archäologie hinter solche zur Stadt-, Kunst- und Kirchengeschichte zurück. Dies gilt auch für die seit 1926 gemeinsam mit der Stadt Worms herausgebrachte Vereinszeitschrift »Der Wormsgau« sowie die daneben erscheinenden, meist Monographien enthaltenden »Wormsgau Beihefte«. Hier unterscheidet sich der Altertumsverein Worms nicht von sonstigen Geschichtsvereinen.

Die Gebäude und die Kirche des »Paulus-Museums«, wie es nach seinem ersten Standort genannt wurde und unter welchem Namen es in die Fachliteratur eingegangen ist, waren nur angemietet. 1925 wurden sie von der katholischen Martinsgemeinde zurückgefordert, um dort ein Dominikanerkloster einzurichten. Daraufhin ließ die Stadt das ehemalige Andreasstift, das bisher als Magazin und Feuerwehrgerätehaus ein trauriges Dasein gefristet hatte, mit Hilfe eines Legats des Freiherrn Maximilian v. Heyl zum Museum umbauen. 1928 wurde zwischen Stadt und Altertumsverein ein Vertrag geschlossen, wonach die Sammlungen in das Eigentum der Stadt Worms übergingen. Das am Tag der »Rheinlandbefreiung«, dem 1. Juli 1930, eröffnete neue Museum erhielt den Namen »Museum der Stadt Worms«. Der Verein konnte sich vertraglich die Mitsprache im Kulturausschuß sichern, sofern Angelegenheiten der Bibliothek und des Museums – beides Vereinsgründungen – betroffen sind[103]. Die Stadtverwaltung Worms hat, entgegen den Vorstellungen des Altertumsvereins, aus finanziellen Gründen um 1990 die bis dahin vom Fachpersonal des Museums durchgeführten Ausgrabungen einstellen lassen. Sie werden seither von der Archäologischen Abteilung (Bodendenkmalpflege) des Landesamtes für Denkmalpflege Rheinland-Pfalz in Mainz wahrgenommen.

102 Karl KOEHL, Ein germanisches Totenfeld bei Westhofen, in: Vom Rhein. Monatsblatt des Wormser Altertumsvereins (Beilage der Wormser Zeitung), 1/1902, S. 10 f., 19 f., 43 f. und 52–54, DERS., Aufdeckung von Römerstraßen innerhalb der Stadt Worms, in: EBD., S. 44–46, DERS., Neue Untersuchungen und Entdeckungen des Altertumsvereins: 1. Entdeckung eines Gräberfeldes der beginnenden Eisenzeit (Hallstadt-Periode) innerhalb der Stadt Worms, in: EBD. 2/1903, S. 34 f., DERS., 2. Aufdeckung eines Grabes aus der Bronzezeit bei Ibersheim, in: EBD., S. 35, und DERS., 3. Untersuchungen von Römerstraßen innerhalb der Stadt Worms, in: EBD., S. 43; siehe auch Julius GRÜNEWALD, Ausgrabungen im fränkischen Gräberfeld bei Westhofen, in: Wormsgau 13 (1979/81), S. 64–78, hier: S. 64, GRÜNEWALD, Römer in Worms (wie Anm. 1), S. 9–11, 26 und 75 und DIES., Der Römische Nordfriedhof in Worms. Funde von der Mainzer Straße, Worms 1990, S. 9.

103 Vgl. ILLERT (wie Anm. 98), S. 42–44 und Fritz REUTER, Vom Paulusmuseum zum Museum der Stadt Worms. Persönlichkeiten, Aufgaben, Perspektiven, in: Wormsgau 13 (1979/81), S. 45–48.

Als »Anerkannte Denkmalpflegeorganisation« nach dem rheinland-pfälzischen Denkmalschutz- und -pflegegesetz vom 23. März 1978 nimmt sich der Altertumsverein Worms e. V. aktueller denkmalpflegerischer Anliegen an, wobei die Bodendenkmalpflege jedoch kaum eine Rolle spielt. Weniger um einer deutlicheren Umschreibung des Vereinszwecks als um der Reputation willen hat sich der Verein die zusätzliche Bezeichnung als »Gesellschaft der Freunde Rheinischer Geschichte und Kultur Worms« zugelegt.

3.6 Verein für vaterländische Natur- und Altertumskunde. Altertumsverein für Alzey und Umgebung (1906)

Die Gründung eines Altertumsvereins in der ehemals kurpfälzischen Oberamtsstadt, nach 1816 rheinhessischen Landstadt Alzey, hängt eng mit der Entdeckung und Ausgrabung eines Römerkastells durch die hessische Denkmalpflege im Jahr 1902 zusammen. Das dadurch geweckte Interesse an der Geschichte Alzeys zur Römerzeit ließ alsbald die Forderung laut werden, künftighin die Abwanderung von Funden aus Alzey und dem Umland in umliegende Museen wie Darmstadt, Mainz, Wiesbaden oder Worms nicht mehr zuzulassen, sondern ein eigenes Museum zu gründen. Träger sollte ein Altertumsverein werden. Nachdem die Presse in mehreren Artikeln das Thema behandelt hatte, brachte es Bürgermeister Dr. Sutor vor die Stadtverordnetenversammlung. Diese stellte im Burggrafiat, dem Bereich der ruinösen ehemaligen kurpfälzischen Burg, Räume für die bereits vorhandenen Funde sowie eine Geldsumme zur Verfügung. 1905 riefen der Bürgermeister und einige weitere Altertumsfreunde in der Zeitung zur Gründung eines »Vereins für vaterländische Natur- und Altertumskunde« auf. Der Vereinsname geht auf die Absicht zurück, erstens Altertümer und Gegenstände von kulturhistorischem Interesse für Alzey und Umgebung, zweitens bemerkenswerte Stücke der heimischen Tierwelt und drittens mineralogische und zoologische Fundstücke aus der Heimat zu sammeln. Über 150 Bürger erklärten daraufhin ihre Bereitschaft zum Beitritt und schenkten zugleich Gegenstände für das Vereinsmuseum. Am 15. Februar 1906 fand die Gründungsversammlung statt. Da ein Großteil der Mitglieder wie auch der Funde aus der Umgebung kam, wurde dies 1926 durch eine Namensänderung verdeutlicht: »Altertumsverein für Alzey und Umgebung«[104].

Der Alzeyer Verein gehört, wie im Grunde auch der Altertumsverein Worms, in die Gruppe von Geschichtsvereinen, die Heimpel als Selbstverständlichkeit bezeichnet hat. Es gehörte sich einfach, einen solchen Verein am Ort zu haben. Zweifellos haben in Alzey das ältere Beispiel von Mainz und das nicht so alte von Worms mitgespielt. Die Initialzündung ging jedoch von der Auffindung des Römerkastells aus[105], so daß die »Selbstverständlichkeit« nach Heimpel hier doch nicht so selbstverständlich war. Gehörten die Gründer dem Bildungs- und Besitzbürgertum der kleinen Stadt an, so läßt die schnell zunehmende Mitgliederzahl vermuten, daß sich

104 Vgl. Katharina REIDEL, Die Geschichte des Altertumsvereins für Alzey und Umgebung zwischen 1906 und 1981, in: Alzeyer Geschichtsbll. 16 (1981), S. 44–92, hier: S. 44 f.
105 Vgl. REIDEL, Altertumsverein Alzey (wie Anm. 104), S. 75 mit Anm. 298.

breite Kreise der handwerklich-bäuerlichen Bevölkerung in und um Alzey angeschlossen haben.

Die Ausgrabungen der hessischen Denkmalpflege 1902 haben nach der Vereinsgründung offenbar keine größeren Ausgrabungen durch den Verein nach sich gezogen. Dabei spielten wohl auch finanzielle Gesichtspunkte eine Rolle. Erst nachdem das Museum 1925 von einem gemeinsam von Altertumsverein und der Stadt Alzey getragenen Kuratorium übernommen worden war, kam es zu systematischen Grabungen durch den Museumsleiter Dr. Georg Durst und seine Frau Edith Durst. Dabei wurde räumlich weit über die Stadt Alzey hinausgegriffen. Auch nach 1945 gingen die Ausgrabungen weiter, wurden jedoch, da weder das Museumskuratorium noch der Altertumsverein dazu finanziell in der Lage waren, von der Landesdenkmalpflege Rheinland-Pfalz und der Deutschen Forschungsgemeinschaft getragen[106]. Eine eigene Zeitschrift besitzt der Verein seit 1964, die »Alzeyer Geschichtsblätter«. 1983 hat die Stadt Alzey das Museum übernommen, eine hauptamtliche Leiterstelle eingerichtet und mit dem Ausbau des Alten Hospitals geeignete Räume geschaffen. Das gemeinsame Kuratorium wurde aufgelöst[107].

4. Zusammenfassung

Die Betrachtung des Zusammenhangs zwischen Geschichtsverein und Archäologie, wie sie hier an ausgewählten Beispielen für das 19. Jahrhundert mit Ausblick in das 20. Jahrhundert vorgenommen wurde, läßt neben Gemeinsamkeiten ortstypische Eigentümlichkeiten erkennen. So spielen die geographische Lage, die Ortsgeschichte, der Zeitpunkt der Gründung, die personellen Gegebenheiten, die speziellen Neigungen der Gründer, finanzielle Möglichkeiten sowie die Zu- oder Abneigung politischer Gremien gegenüber einem Geschichts- und Altertumsverein und seinen Aktivitäten eine Rolle.

Als wichtigste Voraussetzung zeigt sich das spezielle Interesse von Einzelpersonen, die sich als Laien der Archäologie zuwandten. Dabei liegt der Schwerpunkt durchweg weniger auf der allgemeinen Vor- und Frühgeschichte, sondern auf der römerzeitlichen Geschichte einer Region oder Stadt. Ausgrabungen gehören von Anfang an ebenso dazu wie das Anlegen von Sammlungen. Daraus entstand die Notwendigkeit der Schaffung eines Museums, um das Fund- und Sammelgut unterzubringen, zu erschließen und zugleich der Öffentlichkeit zugänglich zu machen. Diese Museen waren nicht zuletzt werbende Einrichtungen zugunsten der Vereine. Zudem suchte man durch Vorträge und Exkursionen, unter denen in der Frühzeit der Vereine archäologische Themen und Ziele beliebt waren, ein breiteres Publikum zu gewinnen. Dem gleichen Ziel dienten Einzelschriften und Periodika, die allerdings zumeist mehr auf ein Fachpublikum zugeschnitten wurden, auch

106 Vgl. Reidel, Altertumsverein Alzey (wie Anm. 104), S. 57: Kuratorium; 75 ff.

107 Eröffnung des Museums Alzey im neuen Museumsgebäude (Hospital), in: Alzeyer Geschichtsbll. 18 (1983), S. 3–19, hier: S. 3.

wenn alle Mitglieder Anspruch auf sie hatten. Der Wunsch, Themen der Geschichte im weitesten Sinne darzubieten, um so das Interesse der Leser zu gewinnen, dürfte neben dem Aufschwung historischer Forschungen dann zu der Zurückdrängung archäologischer Themen geführt haben. Der Terminus »Archäologie« findet sich eher selten im Untertitel von Vereinszeitschriften[108]. Zu beobachten ist, daß überregionale wissenschaftliche Beziehungen bei den frühen Gesellschaften eine größere Rolle gespielt haben als später in den mitgliederstarken Geschichtsvereinen. Doch nicht das Interesse an der Archäologie ging zurück, sondern die ursprünglich gegebene Möglichkeit, mit Kopf und Hand an ihr teilzuhaben. Konsequenterweise schuf sich die Facharchäologie ihre eigenen Korrespondenzblätter und Zeitschriften.

Die Verbindung zwischen Geschichtsverein, Archäologie und Stadt ergab sich einmal aus dem räumlich umschriebenen Arbeitsbereich und den personellen Gegebenheiten. Ortsansässige Gelehrte, Honoratioren und Bildungsbürger haben sich frühzeitig den Gesellschaften und Vereinen zugewandt. Im späten 19. Jahrhundert spielte dann das Engagement von Bürgermeistern und Stadtverordneten zunehmend eine Rolle. Es war die Zeit der wachsenden Mitgliederzahlen und damit des breiten bürgerschaftlichen Interesses an der Vereinsarbeit, auch wenn diese stets von einem kleinen, engagierten Personenkreis getragen wurde. Schwierig zu beantworten ist die Frage nach der Mitarbeit von Vereinsmitgliedern bei Ausgrabungen. Für die Anfänge der Limesforschung, wohin die Vereinsmitglieder mit Hacke und Schaufel zogen und Scheffels Pfahlgrabenlied sangen[109], ist diese praktische Tätigkeit nachweisbar. Sonst aber scheint sie sich auf wenige Personen beschränkt zu haben, während der Sammeltrieb ausgeprägt war. Enger wurde die Verbindung zur Stadt wegen der Notwendigkeit, Räumlichkeiten zu finden und die Trägerschaft für das Museum zu regeln. Allerdings gaben die meisten Vereine dabei die ursprüngliche Verflochtenheit ihrer Arbeit mit der jetzt städtischen Sammlung zumindest partiell auf. Wissenschaftliche Anforderungen und finanzielle Zwänge ließen ihnen keine andere Wahl.

Damals wie heute war und ist Raubgräberei, bei der Fundzusammenhänge zerstört und Objekte nur unter dem Gesichtspunkt »Schmücke Dein Heim« oder um des Versilberns auf Antikmärkten willen gesucht werden, nicht von Geschichtsvereinen zu verantworten. Im Gegenteil: Kleinere, oftmals dörfliche Geschichts- und Heimatvereine betreiben auch in unseren Tagen in unterschiedlichem Umfang Feldarchäologie, die über das Suchen und mehr zufällige Auffinden von archäologischen Objekten hinausgeht. In Burgenlandschaften wie der Pfalz oder in Thüringen nehmen sich solche Vereine der Untersuchung und der Sicherung von Burgruinen an, oder sie widmen sich einer Stadtarchäologie, die über sichernde und denk-

108 Vgl. oben bei Anm. 69 für Mainz und bei Anm. 84 für Mannheim.

109 Vgl. ESCH (wie Anm. 9), S. 164 und KLÖTZER (wie Anm. 21), S. 8 f. Das »Pfahlgrabenlied« mit der Überschrift »Am Grenzwall« bei Joseph Victor von SCHEFFEL, Ausgewählte Werke, Bd. 4, Leipzig 1925, S. 171–173 (freundlicher Hinweis von Wolfgang Klötzer, Langen).

malpflegerische Arbeiten hinausgeht (Altstadtvereine u. ä.). Wesentlich kommt es dabei auf die Zusammenarbeit mit staatlichen und städtischen archäologischen Fachämtern an, die nicht immer reibungslos ist und auch von diesen nicht immer gerne gesehen wird. Zum Nutzen beider Partner sollte sie jedoch intensiviert werden.

Gemessen an der Bedeutung der Archäologie in der Frühzeit der Geschichtsvereine, spielt sie heute eine nachgeordnete Rolle. Ihre eigentliche Bedeutung lag im 19. Jahrhundert. Die Gründungsgeschichten der vorgestellten Gesellschaften und Vereine bestätigen das. So läßt sich eine Feststellung zum Thema »Geschichtsvereine und Archäologie« auf eine griffige Formel bringen: »Am Anfang war die Archäologie« – zumindest in den meisten Fällen.

Archäologie in den Quadraten: Grabungen in der Mannheimer Innenstadt und vorläufige Ergebnisse

VON INKEN JENSEN

Im Jahre 1606 legte Kurfürst Friedrich IV. von der Pfalz den Grundstein zur Festung Friedrichsburg und damit letztlich auch zur heutigen Stadt Mannheim[1]. Die Bewohner des seit 766 n. Chr. urkundlich belegten Dorfes Mannheim wurden umgesiedelt, ihre Häuser – soweit möglich – transferiert und der Rest dem Erdboden gleichgemacht. Im Januar des Jahres 1607 verlieh der Kurfürst seiner Neugründung städtische Privilegien, ein Ereignis, das sich im Jahre 2007 zum 400. Male jährt und bei vielen Institutionen Anlaß zu Überlegungen für eine würdige Jubiläumsfeier gibt.

Mannheim, die ehemalige Haupt- und Residenzstadt der Kurpfalz, liegt im Neckarmündungsgebiet, das durch fruchtbaren Boden begünstigt ist und mit Funden aus allen ur- und frühgeschichtlichen Perioden zu den archäologisch fundreichsten Gebieten Deutschlands zählt. Der Bereich der Mannheimer Innenstadt mit ihrem rechtwinkligen Straßennetz, das die mit fortlaufenden Buchstaben und Ziffern bezeichneten sogenannten »Quadrate« durchzieht, bleibt dagegen, was die ur- und frühgeschichtlichen Perioden betrifft, fast fundleer mit Ausnahme von wenigen Einzelfunden und Befunden verschiedener Zeitstellungen[2]. Die Fundarmut für diese Perioden mag zum einen durch die wenig günstige Lage der Stadt im Über-

1 Einführende Literatur zur Mannheimer Stadtgeschichte: Friedrich WALTER, Mannheim in Vergangenheit und Gegenwart. 3 Bde., Mannheim 1907, Ludwig BÖHM, Mannheim und der Rhein-Neckar-Raum. Studien zu Kunst und Geschichte der Pfalz, Mannheim 1965 (= Forschungen z. Gesch. Mannheims u. d. Pfalz, NF Bd. 4), Die Stadt- und die Landkreise Heidelberg und Mannheim. Amtliche Kreisbeschreibung. 3 Bde., Karlsruhe 1966–1970, Mannheimer Stadtkunde, Mannheim 1977, Hans HUTH, Die Kunstdenkmäler des Stadtkreises Mannheim I und II, München 1982, Grit ARNSCHEIDT (Hg.), Festung, Fürsten, freie Bürger. Vier Jahrhunderte Mannheimer Stadtgeschichte. Ein Kurzführer, Mannheim 1995, Hansjörg PROBST, Kleine Geschichte der Stadt Mannheim, Mannheim 1997 (= Schriften d. Ges. d. Freunde Mannheims u. d. ehem. Kurpfalz – Mannheimer Altertumsverein v. 1859, H. 25), auch in: Alexander SCHWEIKERT (Hg.), Kurpfalz, Stuttgart 1997 (= Schriften z. pol. Landeskd. Baden-Württ., Bd. 25), S. 300 ff.

2 Albrecht DAUBER, Erich GROPENGIESSER, Berndmark HEUKEMES, Meinrad SCHAAB, Archäologische Karte der Stadt- und der Landkreise Heidelberg und Mannheim, Karlsruhe/Freiburg 1967 (= Bad. Fundberichte, Sonderh. 10). – In der archäologischen Schausammlung des Museums für Archäologie und Völkerkunde auf dem Quadrat D 5 befindet sich eine von Karl W. Beinhauer erarbeitete Karte, die die bekannten archäologischen Fundpunkte bis einschließlich 1987 zeigt. Seitdem sind weitere Fundstellen hinzugekommen.

schwemmungsbereich von Rhein und Neckar bedingt sein. Zum anderen wurde der Boden der Innenstadt im Verlaufe des Baues von Festung und Stadt, bei Stadtzerstörungen, Schleifen der Festung, Umbauten und Wiederaufbaumaßnahmen in den vergangenen Jahrhunderten vielfach umgewälzt, so daß die unbeobachtete Zerstörung von Siedlungsresten anzunehmen ist.

Der älteste Fund, der bereits im Jahre 1907 im Schloßgarten entdeckt wurde, ist ein Grab der Glockenbecherkultur vom Ende der Jungsteinzeit, das um 2300 v. Chr. angelegt worden war. Nicht weit davon entfernt, auf einer eiszeitlichen Sanddüne im Bereich des Schlosses, wurden im Jahre 1958 Scherben der Karolingerzeit entdeckt. Auf dieser Hochuferzone vermutet man das Dorf »Mannenheim«, das im Jahre 766 n. Chr. erstmalig im Lorscher Codex erwähnt wird. Die Funde waren aber zu spärlich, um die Lage des bei der Neugründung der Stadt Mannheim zerstörten alten Dorfes Mannheim in diesem Bereich lokalisieren zu können.

Bodenfunde aus späteren Perioden des Mittelalters und aus der Neuzeit haben die Archäologen – und das nicht nur in Mannheim – lange Zeit nur am Rande interessiert. Mittlerweile hat sich die Einsicht durchgesetzt, daß die Erforschung des Mittelalters ohne die ergänzenden archäologischen Quellen nicht zu denken ist. Die Bearbeitung neuzeitlicher Bodenfunde hat an Umfang und Bedeutung gewonnen.

Die schweren Zerstörungen des Zweiten Weltkrieges haben einem Teilbereich der Archäologie, der archäologischen Stadtkernforschung, einen ungeahnten Auftrieb gegeben. Mannheim wurde vor allem in den Jahren 1943 bis 1945 durch Bombenangriffe stark zerstört. Der Wiederaufbau hätte sicherlich genug Möglichkeiten für eine Stadtkernforschung geboten, doch konzentrierte sich das Interesse der in Stadt- und Landkreis tätigen Archäologen in den 1960er und 1970er Jahren auf Neubaugebiete, von denen bereits Funde bekannt waren, oder auf neu entstehende Stadtteile. Aus der Mannheimer Innenstadt gab es nach dem Zweiten Weltkrieg zwar immer wieder kleinere Fundmeldungen, aber die Beobachtung von Baugruben und Fundbergungen größeren Ausmaßes setzte erst Ende der 1970er Jahre ein. Der Bau von Tiefgaragen und die Schließung der noch vorhandenen Baulücken boten die letzte Möglichkeit, auch in Mannheim noch eine – wenn auch bruchstückhafte – Stadtkernforschung zu betreiben, die gleichwohl noch interessante Ergebnisse brachte. Die in dieser Zeit entdeckten Funde stammen nicht aus den vor- und frühgeschichtlichen Perioden, sondern gehören der Zeit nach der Gründung von 1606 beziehungsweise 1607 an, so der zweiten Hälfte des 17. Jahrhunderts, der Zeit des Wiederaufbaus nach dem Dreißigjährigen Krieg, vornehmlich aber dem 18. Jahrhundert, der Blütezeit Mannheims in der Regierungszeit der Kurfürsten Carl Philipp und Carl Theodor (Abb. 1)[3].

An verschiedenen Stellen konnten Reste der ehemaligen Stadtbefestigung Mannheims beobachtet werden. Der im Jahre 1995 gegründete Verein »Pro Denkmal« bemüht sich schwerpunktmäßig um die Entdeckung, Dokumentation und Erfor-

3 Inken JENSEN, Archäologie in den Quadraten. Ausgrabungen in der Mannheimer Innenstadt, Mannheim 1986, Plan 1. – Die in diesem Beitrag veröffentlichte Abb. 1 zeigt den Stand von 1997.

schung der noch unter Tage vorhandenen Befestigungsreste, die bei Bauarbeiten immer wieder angeschnitten werden.

Aus der Anzahl der Grabungen sollen hier ein Baubefund des 18. Jahrhunderts auf dem Quadrat C 5 (Toulonplatz) erläutert und eine Fundgattung des 17. Jahrhunderts vorgestellt werden, die auch überregional von Bedeutung ist. Die beiden Beispiele wurden ausgewählt um zu zeigen, daß auch in einer so jungen Stadt wie Mannheim noch wichtige archäologische Funde aus der Zeit nach dem Dreißigjährigen Krieg entdeckt wurden, deren Aussagekraft sich durch die Heranziehung schriftlicher Quellen zudem noch vergrößerte. Durch die sich ergänzenden Aussagen beider Quellengattungen konnten wichtige Beiträge zur Stadtgeschichte Mannheims geleistet werden.

Das Quadrat C 5 (Toulonplatz) hatte um die Mitte des 18. Jahrhunderts ein ganz anderes Aussehen. Auf dem südwestlichen Teil des Quadrates stand der sog. Schweizerhof, die Kaserne der kurfürstlichen Schweizergarde, auf dem nordöstlichen Teil die Garnisonskirche[4]. Der Aufstieg der Stadt Mannheim zur kurfürstlichen Residenz unter Carl Philipp im Jahre 1720 brachte eine starke Zunahme des Militärs und ein Aufgehen der Friedrichsburg in Mannheim. Die Vergrößerung der Garnison machte die Erbauung eines eigenen Gotteshauses notwendig. Der Bau der Garnisonskirche auf dem Quadrat C 5 war bereits 1735 geplant; 1737 wurde der Grundstein gelegt. Im Jahre 1739 war der Bau vollendet und wurde vom Wormser Weihbischof geweiht.

Im Jahre 1777 legte Kurfürst Carl Theodor auf dem Quadrat C 5 den Grundstein für das Zeughaus; nach dessen Erbauung störte die Garnisonskirche das architektonische Bild. Sie wurde im Jahre 1782 geschlossen und danach abgerissen; die Kirche hatte demnach nur 43 Jahre gestanden. Die Existenz der Kirche geriet in Vergessenheit, bis im Jahre 1939 beim Bau einer Zisterne Reste des Gebäudes entdeckt und untersucht wurden. Da man weitere Reste der Kirche unter der Abdeckung des Platzes vor dem Zeughaus vermutete, wurde der in Frage kommende Bereich im Jahre 1979 vor dem Bau einer Tiefgarage durch Mitarbeiter der Archäologischen Sammlungen des Reiss-Museums im Auftrage des Landesdenkmalamtes Baden-Württemberg teilweise untersucht. Dabei wurden die Fundamentmauern der ehemaligen Garnisonskirche entdeckt und größtenteils freigelegt, wobei der östliche und nördliche Teil für eine planmäßige Untersuchung nicht zur Verfügung standen. Die Kirchenfundamente (Abb. 2) erstreckten sich über eine Länge von ca. 42 m und über eine Breite von ca. 18,5 m mit Mauern von 2 m Höhe und 1,5 m Breite aus grob behauenen, vermörtelten Sandsteinen. Die Kirche war Südwest/Nordost orientiert; im Südwesten zum Zeughaus hin lag die Apsis, in deren Eingangsbereich sich eine zu einer Gruft gehörende Steinsetzung befand (Abb. 3). Im Eingangsbereich der Kirche wurden Unterbauten für das Portal und Reste eines Tonnengewölbes freigelegt. Nach der Fertigstellung der Tiefgarage wurde der Grundriß der Kirche im Pflaster des Toulonplatzes durch niveaugleiche farbige Mauerstreifen aus rotem Buntsandstein gekennzeichnet.

4 Jensen 1986 (wie Anm. 3), S. 44 ff. (mit weiterer Literatur), 54 f. und Taf. 24–28.

Vom Aussehen der Kirche kann man sich recht genaue Vorstellungen machen. Im Bayerischen Hauptstaatsarchiv in München befinden sich Grundrisse, Aufrisse und Schnitte der Kirche, die von Ing. Lieut. Karl von Biederauer vor dem Abriß der Kirche im Jahre 1782 angefertigt worden waren. Die Kirche war ein einfacher, schmuckloser Bau, der von einem Dachreiter über dem Haupteingang auf der Nordseite bekrönt wurde.

Der wichtigste Fund der Grabung von 1979 war der aus Sandstein gearbeitete, auf der Außenseite und zusätzlich auf der Innenseite des Randes rotbemalte Grundstein (Abb. 4)[5], der aus den Fundamentmauern des Eingangsbereiches der Kirche ausgebaggert wurde. Er war von Backsteinen umgeben, die allerdings nicht mehr in ihrer ursprünglichen Lage aufgefunden wurden. Einer der Backsteine trägt die Jahreszahl der Grundsteinlegung: 1737.

Zum Inhalt des Grundsteins gehört ein Satz der damals als Zahlungsmittel im Umlauf befindlichen Münzen, die sich sämtlich in einem sehr guten Erhaltungszustand befinden. Dazu zählen drei Goldmünzen und fünf Silbermünzen; erstere zeigen auf der Vorderseite den Kopf des zu dieser Zeit regierenden Kurfürsten Carl Philipp im Profil nach rechts und werden als »Carolin« bezeichnet. Im Innern des Grundsteins befanden sich außerdem Reste eines Glasbehälters und ein Rosenkranz, dessen Perlen aus Knochen bestehen und dessen Metallkreuz Spuren von Versilberung zeigt. Zuunterst lag eine stark versinterte Bleiplatte mit Inschrift (Abb. 5), die die Kirche unter das Patronat der Heiligen Apostel Philippus und Jacobus stellt und die Regierungsjahre des Papstes Clemens XII., des Kaisers Karl VI. und des Landesfürsten Carl Philipp nennt.

Der wichtigste Befund der Grabung von 1979 waren vier Bestattungen in der Gruft im Bereich der Apsis[6], von denen drei in Holzsärgen beigesetzt waren. Ehe die Kirche im 18. Jahrhundert abgerissen wurde, hatte man diese Bestattungen durchwühlt und wohl auch beraubt. Das zeigte der verschobene Deckel des mittleren Holzsarges, das zeigten die Skelette, deren Knochen teilweise nicht mehr im Verband lagen. Die Gruft war im 18. Jahrhundert zugefüllt worden, so daß ihre Existenz erst im Jahre 1979 durch die Grabung wiederentdeckt wurde. Alle Toten in der Gruft waren Nordost/Südwest orientiert, die Schädel lagen im Nordosten zum Grufteingang hin mit dem Blick zur Apsis. Die Skelette wurden im Institut für Anthropologie der Johannes-Gutenberg-Universität Mainz untersucht. Dabei gab es folgende Ergebnisse: Skelett 1 wurde durch die anthropologische Untersuchung als männlich bestimmt, das biologische Sterbealter mit 33 bis 44 Jahren angegeben. Nach der anthropologischen Bestimmung von Skelett 2 handelte es sich ebenfalls um einen Mann, sein biologisches Sterbealter ist mit 63,5 bis 70 Jahren bestimmt worden, das durch die zusätzliche Zahnschliffuntersuchung auf 61 ± 5,6 Jahre festgelegt wurde.

Skelett 3 war nur sehr unvollständig erhalten. Es handelte sich um eine weibliche Tote. Das biologische Sterbealter wurde mit 48 bis 57 Jahren angegeben und

5 Jensen 1986 (wie Anm. 3), S. 46 und 55 ff. mit Taf. 29–35.
6 Jensen 1986 (wie Anm. 3), S. 48 ff und 62 f. mit Taf. 36–39.

durch die zusätzliche Zahnschliffuntersuchung auf 43,5 ± 4,0 Jahre eingegrenzt. Neben den drei in Holzsärgen bestatteten Toten wurde an der Westseite der Gruft ein weiteres Skelett freigelegt, das trotz der Störungen als weiblich klassifiziert wurde mit einem biologischen Sterbealter von 51 ± 2,5 Jahren.

Es handelte sich hier um einen höchst interessanten Befund: Vier in einer ehemaligen Kirchengruft bestattete Tote, deren Sterbealter durch anthropologische Untersuchungen annähernd festgelegt waren, deren Identifikation als historische Personen jedoch noch ausstand. Da erwies es sich als Glücksfall, daß sich von den Ausstattungsgegenständen der Garnisonskirche heute noch drei Kirchenbücher im Besitz der Jesuitenkirche in Mannheim befinden; die Durchsicht dieser Kirchenbücher lieferte wichtige Daten für die Identifizierung der Toten. Eine Eintragung im Garnisonskirchenpfarrbuch vom 7. Oktober 1738 besagt, daß der kurpfälzische Hofkanzler Freiherr von Hallberg[7] die Erlaubnis erhielt, auf eigene Kosten für sich und seine Familie in der Garnisonskirche vor dem Hohen Altar eine Begräbnisgruft einbauen zu lassen. Die beiden Tauf-, Ehe- und Totenbücher der katholischen Garnisonskirche Mannheim 1685–1763 und 1764–1810 enthalten Tauf- und Sterbedaten der Familie von Hallberg. Der Sterbeeintrag vom 2. November 1739 besagt, daß die Frau des Hofkanzlers, Anna Maria Josepha, in der Garnisonskirche, und zwar in *cryptam sepulchralem propriam*, also in der eigenen Gruft, begraben wurde. Nach »Thesaurus Palatinus«, der in München aufbewahrten Handschrift aus dem 18. Jahrhundert, gab es in der Garnisonskirche ein Grabmal der Anna Maria Josepha, das nicht erhalten geblieben ist und ihr individuelles Sterbealter mit 45 Jahren angab. Die Verknüpfung von Grabungsbefund, anthropologischer Untersuchung und Kirchenbucheintragung macht es nun höchst wahrscheinlich, daß es sich bei Skelett 3 um Anna Maria Josepha, die Frau des Hofkanzlers von Hallberg, handelt.

Eine weitere Kirchenbucheintragung vermerkt, daß der Hofkanzler Jacob Tillmann von Hallberg am 25. September 1744 mit 63 Jahren starb und am 27. September in der Familiengruft der Garnisonskirche begraben wurde. Nach »Thesaurus Palatinus« gab das in der Garnisonskirche vorhanden gewesene Grabmal des Hofkanzlers den 13. Dezember 1681 als Geburtsdatum und den 25. September 1744 als Sterbedatum an. Die Verknüpfung von Grabungsbefund, anthropologischer Untersuchung und Kirchenbucheintragung macht es nun höchst wahrscheinlich, daß es sich bei Skelett 2 um den Hofkanzler handelt, der am kurpfälzischen Hof im Dienst des Kurfürsten Carl Philipp eine wichtige Rolle gespielt hatte. 1721 war er in den Reichsadelsstand als Edler von Hallberg erhoben worden; er war kaiserlicher und kurpfälzischer Geheimer Rat, kurpfälzischer Geheimer Staats- und Konferenzminister sowie Hofkanzler und wurde 1731 von Kaiser Karl VI. in den Reichsfreiherrnstand erhoben. Westlich des Rheins, in Fußgönheim beim heutigen Ludwigshafen, ließ er sich ein Schloß bauen, in dessen Kapelle auch heute noch Messen für die Familie von Hallberg gelesen werden. Durch die nur selten mögliche Kombination von archäologischen und schriftlichen Quellen mit naturwissenschaftlichen Untersuchungen konnten zwei der in der Kirchengruft Bestatteten mit

7 Jensen 1986 (wie Anm. 3), S. 49 f. mit weiterer Literatur.

an Sicherheit grenzender Wahrscheinlichkeit identifiziert werden, nämlich der Hofkanzler Jacob Tillmann von Hallberg und seine Frau Anna Maria Josepha, während die Identifizierung der beiden übrigen Toten in der Gruft einstweilen noch nicht gelungen ist; hier stehen noch weitere Untersuchungen an.

Durch eine Ende der 1970er und Anfang der 1980er Jahre an verschiedenen Fundstellen in der Mannheimer Innenstadt entdeckte unscheinbare aber wichtige Fundgruppe des 17. Jahrhunderts in Gestalt zahlreicher Fragmente von Tonpfeifen gelang der Einstieg in ein bislang unbekanntes Gebiet kurpfälzischer Geschichte und Mannheimer Stadtgeschichte, das auch überregional von Bedeutung ist: Der Beginn der Tonpfeifenproduktion im 17. Jahrhundert, eng verbunden mit dem Tabakanbau in der Kurpfalz nach dem Dreißigjährigen Krieg.

Zum historischen Hintergrund[8]: Das Ende des Dreißigjährigen Krieges und der Westfälische Friede von 1648 brachten dem pfälzischen Kurfürsten Carl Ludwig, dem Enkel des Stadtgründers, die Wiedereinsetzung in seine Erblande, die er bis 1680 regierte. Seine Jugend- und Studienjahre hatte er im Exil verbracht, seit 1624 in den Niederlanden, seit 1635 aber auch immer wieder in England, mit dessen Königshaus er durch seine Mutter Elisabeth Stuart verwandt war. In England war um 1590 die neue Sitte des Rauchens hoffähig geworden. Von dort aus erreichte der Tabakkonsum rasch den Kontinent und wurde insbesondere durch die Soldaten im Dreißigjährigen Krieg verbreitet. Englische Pfeifenmacher führten ihr neues Handwerk in den Niederlanden ein, wo die Stadt Gouda ab 1617 für zwei Jahrhunderte zum führenden Produktionsort für Tonpfeifen wurde.

Um die verwüstete rheinische Pfalz wiederaufzubauen, betrieb Carl Ludwig nach seiner Rückkehr im Jahre 1649 eine großzügige Bevölkerungs- und Wirtschaftspolitik, die protestantische Einwanderer aus vielen Ländern Europas, darunter auch aus den Niederlanden, in die Kurpfalz lockte. Seine besondere Aufmerksamkeit galt dem Wiederaufbau der Stadt Mannheim, deren Bürgern er durch die 1652 erneuerten und erweiterten Stadtprivilegien Zunft- und Gewerbefreiheit, Zollfreiheit und andere Vergünstigungen gewährte und damit gute Voraussetzungen für die Ansiedlung neuer und gewinnbringender Produktionszweige schuf. Durch die planerische Voraussicht Carl Ludwigs wurde der Tabakanbau in der durch geeignetes Klima und fruchtbaren Boden begünstigten Kurpfalz in großem Maßstab eingeführt und gefördert, und zwar mit solchem Erfolg, daß sich schon in den 60er Jahren des 17. Jahrhunderts ein großer Teil der Bevölkerung Mannheims und seiner Umgebung von Tabakanbau und Tabakverarbeitung ernährte. Der älteste schriftliche Beleg für Tabakanbau in der Umgebung Mannheims, aufbewahrt im Generallandesarchiv Karlsruhe, stammt aus dem Jahr 1654[9].

8 Vgl. z. B. Volker SELLIN, Die Finanzpolitik Karl Ludwigs von der Pfalz. Staatswirtschaft im Wiederaufbau nach dem Dreißigjährigen Krieg, Stuttgart 1978, und DERS., Kurfürst Karl Ludwig von der Pfalz. Versuch eines historischen Urteils, Mannheim 1980 (= Schriften d. Ges. d. Freunde Mannheims u. d. ehem. Kurpfalz – Mannheimer Altertumsverein v. 1859, H. 15).

9 Generallandesarchiv Karlsruhe 145/711, Schreiben vom 22. Dezember 1654. Hinweis bei Felix MONHEIM, Agrargeographie des Neckarschwemmkegels, Heidelberg/München 1961 (= Heidelberger Geogr. Arbeiten, Bd. 5), S. 55–57. Für den Hinweis danke ich Friedrich

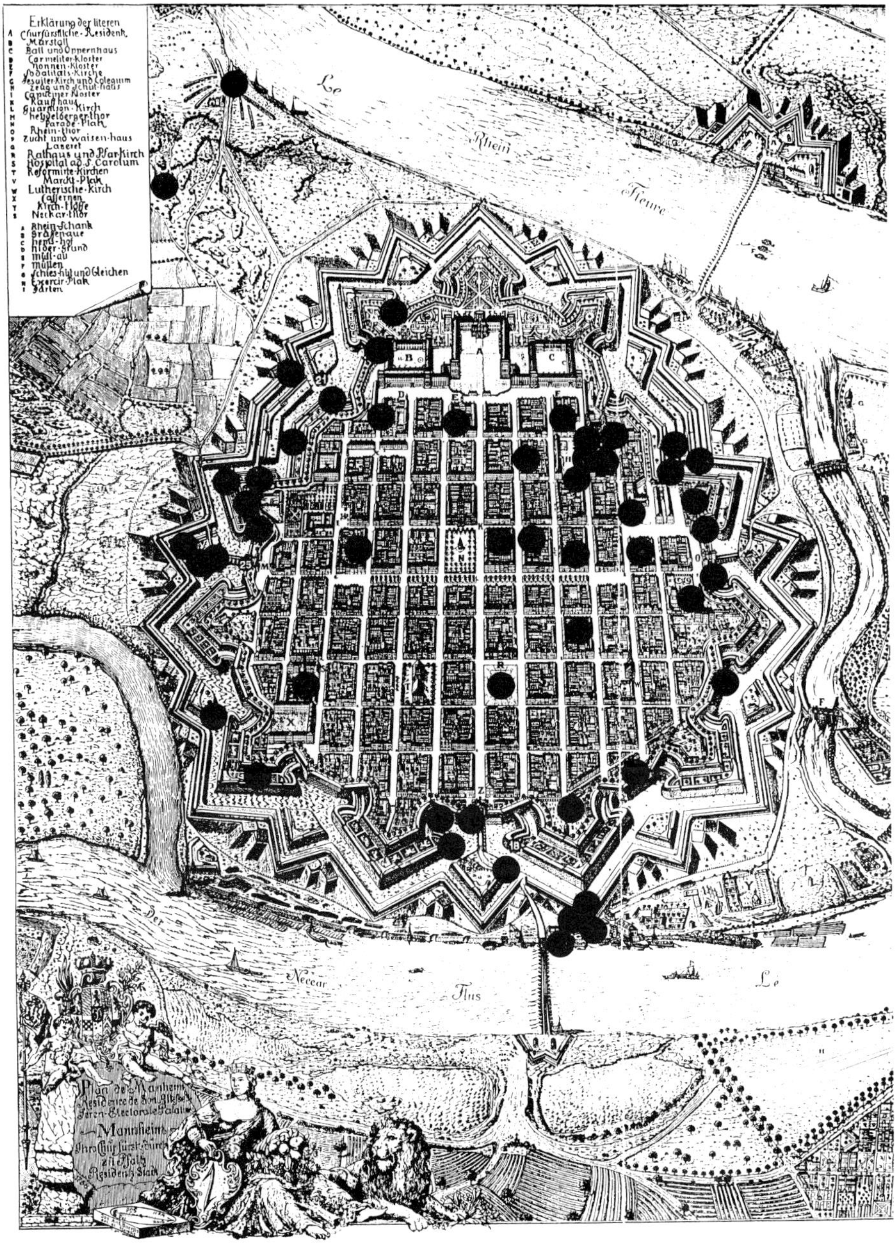

Abb. 1: Mannheim im Jahre 1758, Ansicht aus der Vogelschau. Kupferstich des Joseph Anton Baertels aus den Stadtgeschichtlichen Sammlungen des Reiss-Museums. Ausschnitt nach Baertels mit Fundstellen des 17. und 18. Jahrhunderts (Entwurf Karte: Inken Jensen, Reiss-Museum Mannheim, und Bernd Fillafer, Mannheim)

Abb. 2: Mannheim, C 5 (Toulonplatz). Garnisonskirche, Fundamente von Westen (Foto: Heini Geil, Reiss-Museum Mannheim)

Abb. 3: Mannheim, C 5 (Toulonplatz). Garnisonskirche, Blick in die Gruft von Nordosten (Foto: Heini Geil, Reiss-Museum Mannheim)

Abb. 4: Mannheim, C 5 (Toulonplatz). Garnisonskirche, Grundstein in Seitenansicht. L. 34 cm; B. 33 cm; H. 27 cm. Verbleib: Archäologische Sammlungen, Reiss-Museum Mannheim (Foto: Jutta Meirer, Reiss-Museum Mannheim)

Abb. 5: Mannheim, C 5 (Toulonplatz). Garnisonskirche, Inschrifttafel, Blei, aus dem Grundstein. L. 22 cm; B. 22 cm. Verbleib: Archäologische Sammlungen, Reiss-Museum Mannheim (Foto: Jutta Meirer, Reiss-Museum Mannheim)

Abb. 6: Mannheim, B 2,3. Verziertes Stielfragment einer Tonpfeife (Abbrollung: Günter Mössinger, Reiss-Museum Mannheim) mit zweizeiliger Umschrift »MAHNHEIM ANNO 1650«. Länge der Umschrift 2,4 cm. Verbleib: Archäologische Sammlungen, Reiss-Museum Mannheim (Foto: Jean Christen, Reiss-Museum Mannheim)

Abb. 7: Mannheim, B 2,3. Verziertes Stielfragment einer Tonpfeife (Abbrollung: Günter Mössinger, Reiss-Museum Mannheim) mit der Umschrift »PHILIP FINSLER«. Länge der Umschrift 3,2 cm. Verbleib: Archäologische Sammlungen, Reiss-Museum, Mannheim (Foto: Jean Christen, Reiss-Museum Mannheim)

Die Kurpfalz wurde auch zum Tabaklieferanten für Holland, das in Tabakindustrie und -handel bereits eine führende Stellung innehatte. So nimmt es nicht wunder, daß gleich zu Anfang der Regierungszeit Carl Ludwigs auch die ersten Erzeugnisse heimischer Pfeifenbäcker auftreten, bei deren Produktion niederländischer Einfluß sicher eine entscheidende Rolle gespielt hat. Die ältesten Zeugnisse hierfür lieferten die Ausgrabungen in Mannheim – zwei Pfeifenstielfragmente mit der zweizeiligen Stielmarke »MAHNHEIM ANNO 1650« (Abb. 6), die die Stadt als frühen Produktionsort für Tonpfeifen belegen mit dem bislang frühesten Produktionsdatum für die Kurpfalz sowie für Süddeutschland[10]. Die Untersuchung weiterer Pfeifenfragmente aus Mannheim brachte erfreuliche Ergebnisse. Der interdisziplinären Zusammenarbeit mit dem Stadtarchiv Mannheim ist es zu verdanken, daß der Zusammenhang zwischen archäologischen Funden und schriftlichen Quellen hergestellt werden konnte. Bei letzteren handelt es sich in erster Linie um Mannheimer Ratsprotokolle, aufbewahrt im Stadtarchiv Mannheim, die ab 1661 erhalten sind[11]. Eine systematische Durchsicht dieser Ratsprotokolle ab 1661 bis 1720 ergab zahlreiche, meist aus Anlaß von Streitfällen festgehaltene Belege zum Thema Tabak sowie zur wirtschaftlichen Bedeutung dieser Sonderkultur für die Mannheimer Region im 17. Jahrhundert und ihren Einfluß auf die finanzielle und soziale Situation der Bevölkerung in dieser Zeit.

Durch Pfeifenfragmente und Ratsprotokolle ließen sich für das 17. Jahrhundert eine Reihe von Pfeifenmachern namentlich erfassen. In drei Fällen gelang es, in den Ratsprotokollen erwähnte und somit schriftlich belegte Mannheimer Pfeifenmacher des 17. Jahrhunderts und ihre Produkte – mit Namensumschriften versehene Tonpfeifen – in Verbindung zu bringen. Ausgangspunkt der Forschungen war ein Pfeifenbruchstück mit flächendeckendem Ornament, das die einzeilige Namensumschrift »Julius West« zeigt[12]. Ein Pfeifenmacher dieses Namens wird in Mannheimer Ratsprotokollen von 1676 bis 1686 mehrfach erwähnt. Die früheste Er-

Teutsch, Stadtarchiv Mannheim. – Zu ersten Tabakanbauversuchen in der Pfalz vgl. Frank Swiaczny, Die Juden in der Pfalz und in Nordbaden im 19. Jahrhundert und ihre wirtschaftlichen Aktivitäten in der Tabakbranche. Zur historischen Sozialgeographie einer Minderheit, in: Südwestdeutsche Schriften, Bd. 20, Mannheim 1996, S. 87 und 92 ff., und Ders., Räumliche Aspekte des Modernisierungsprozesses der jüdischen Bevölkerung in der Pfalz und Nordbaden. Dargestellt am Beispiel der ökonomischen Aktivitäten in der Tabakbranche, in: Badische Heimat 78 (1998), S. 243.

10 Fundort: Mannheim, G 1 (Marktplatz) und B 2, 3. Verbleib: Archäologische Sammlungen, Reiss-Museum Mannheim, Inv.-Nrn. BW 1978/17 und BW 1979/213. – Vgl. Jensen 1986 (wie Anm. 3), S. 119 ff., Taf 95, 1.2 (37 b), Dies., Zu den Anfängen der Mannheimer Tonpfeifen-Produktion im 17. Jahrhundert, in: Mannheimer Hefte 1990/1, S. 96, Abb. 6, Martin Kügler, Pfeifenbäckerei im Westerwald. Die Geschichte der Pfeifenbäckerei des unteren Westerwaldes von den Anfängen um 1700 bis heute, Köln 1995 (= Werken u. Wohnen. Volkskundliche Untersuchungen im Rheinland, Bd. 22), S. 36 ff. mit Karte 4 und Abb. 9.

11 An dieser Stelle gilt mein Dank Friedrich Teutsch vom Stadtarchiv Mannheim für die jahrelange gute und produktive Zusammenarbeit sowie Line Huber, Dr. Hermann Maier und Dr. Hans Günther Rein für ihren engagierten Einsatz bei der Durchsicht der Ratsprotokolle.

12 Fundort: Mannheim, B 2, 3. Verbleib: Archäologische Sammlungen, Reiss-Museum Mannheim, Inv.-Nr. BW 1979/179.

wähnung des Julius West in der Ratssitzung vom 10. Oktober 1676 nennt ihn im Zusammenhang mit dem Brennen von Tabakpfeifen, weist ihn also als Pfeifenmacher aus, als der er auch in späteren Ratsprotokollen erwähnt wird[13]. Auch Reichard West, Vater des Julius West, war bereits Pfeifenmacher, wie verschiedenen Eintragungen von 1673 bis 1675 zu entnehmen ist[14]. Bei der Untersuchung der in Mannheim gefundenen Pfeifenfragmente wurde ein Pfeifenkopf mit seitlich angebrachten Rosetten entdeckt. Die Marke auf der Ferse des Pfeifenkopfes zeigt eine gekrönte Rose zwischen den Buchstaben »R« und »W«, den Initialen des Reichard West[15]. Obwohl der endgültige Beweis noch fehlt, ist es doch so gut wie sicher, daß dieser Pfeifenkopf aus der Produktion des Reichard West stammt. Es sind jedenfalls bisher keine anderen Mannheimer Pfeifenmacher bekannt, auf die diese Initialen zutreffen.

Der Name »Philip Finsler« erscheint des öfteren auf Mannheimer Fragmenten, wobei der Nachname stets mit »F« beginnt (Abb. 7)[16]. Wegen des häufigen Vorkommens lag es nahe, einen in Mannheim ortsansässigen Pfeifenmacher zu vermuten. Der Nachweis gelang durch das Protokoll der Ratssitzung vom 18. Oktober 1661, in dem ein »Hans Philip Vintzler« erwähnt wird, zwar nicht als Pfeifenmacher, aber als Hafner. Der Nachname wird mit »V« und »tz« geschrieben[17]. Mit Hilfe dieses Ratsprotokolls konnte schließlich auch eine Fersenmarke gedeutet werden, die sich auf der Unterseite einer Reihe von Pfeifenköpfen befindet: Eine gekrönte Punktrosette zwischen den Initialen HP (ligiert) und V[18]. Beide Marken – die Stielmarke »Philip Finsler« mit »F« und die Fersenmarke mit den Initialen »HP V« –, erscheinen getrennt auf zahlreichen Mannheimer Fragmenten. Sie finden sich jedoch bei einer Pfeife aus Heidelberg an ein und demselben Stück[19]. Der Zusammenhang beider Marken ist somit eindeutig.

Wir haben also davon auszugehen, daß es sich bei »Philip Finsler« mit »F« am Anfang und »s« in der Mitte des Nachnamens und »Hans Philip Vintzler« mit »V« am Anfang und »tz« in der Mitte des Nachnamens um ein und dieselbe Person handelte. Die verschiedene Schreibweise ein und desselben Namens ist durch archäologische Funde und schriftliche Quellen belegt und für eine Zeit ohne Recht-

13 Vgl. Jensen 1986 (wie Anm. 3). S. 119 ff., Taf. 96, 1.2 (37 e), und Dies. 1990 (wie Anm. 10), S. 90 ff. mit Anm. 10 und 91, Abb. 1.

14 Vgl. Jensen 1986 (wie Anm. 3), S. 119 ff., und Dies. 1990 (wie Anm. 10), S. 90 ff., bes. S. 92 ff. mit Anm. 14, 16 und 19–24.

15 Fundort: Mannheim. Verbleib: Archäologische Sammlungen, Reiss-Museum Mannheim, Inv.-Nr. BW 1979/286. Vgl. Jensen 1990 (wie Anm. 10), S. 95, Abb. 5.

16 Fundort: Mannheim, B 2, 3. Verbleib: Archäologische Sammlungen, Reiss-Museum Mannheim, Inv.-Nr. BW 1979/179 (sechs Exemplare).

17 StadtA Mannheim, Mannheimer Ratsprotokoll 1661/62, S. 92–95, Sitzung vom 18. Oktober 1661.

18 Fundort: Mannheim, B 2, 3. Verbleib: Archäologische Sammlungen Reiss-Museum Mannheim, Inv.-Nrn. BW 1979/179 und BW 1979/297.

19 Fundort: Heidelberg, Kornmarkt. Verbleib: Badisches Landesmuseum Karlsruhe, Inv.-Nr. XP 1.1. – Vgl. Kalliope Sarri, Neue Genüsse, in: Vor dem großen Brand. Archäologie zu Füßen des Heidelberger Schlosses, Stuttgart 1992, S. 116 mit Abb. 152, 11.

schreibungsnormen auch nicht überraschend. Philip Finsler signierte seine Produkte in zweifacher Weise: Bei der Stielmarke schrieb er seinen vollständigen Nachnamen mit »F« am Anfang, für die Fersenmarke verwendete er seine Initialen und für den Nachnamen den Buchstaben »V«. Der Grund für diese Doppelmarkierung ist nicht bekannt. Philip Finsler wird in dem genannten Ratsprotokoll als »Hafner« bezeichnet, ein Hinweis dafür, daß der neue Produktionszweig der Tonpfeifenbäckerei zumindest teilweise von Töpfern mit übernommen wurde. Diese berufliche Kombination läßt sich durch schriftliche Quellen bei den Gebrüdern Grüttmann belegen: Der eine war Hafner, der andere Pfeifenbäcker, ohne daß wir jedoch ihre Produkte nachweisen können[20].

Sowohl das Haus des Hafners Hans Philip Vintzler beziehungsweise Philip Finsler als auch das des Pfeifenmachers Reichard West konnten auf alten Mannheimer Stadtplänen mit Hilfe von Ratsprotokollen annähernd lokalisiert werden. In der bereits erwähnten Ratssitzung vom 18. Oktober 1661 geht es um Streitigkeiten wegen eines Hauses, das der Hafner Hans Philip Vintzler vor Monatsfrist, also etwa Anfang September 1661, verkauft hatte. Über den Namen des Käufers Johannes Klemm läßt sich das ehemalige Vintzler-Haus auf dem Plan aus dem Jahre 1663 mit den Namen der Hauseigentümer auf dem heutigen Quadrat H 3 lokalisieren[21]. Ohne auf die einzelnen schriftlichen Quellen und die Recherchen näher eingehen zu können, sei lediglich vermerkt, daß das Haus des Reichard West im Bereich der Nordwestecke des Quadrates XXXVI, heute J 2, gelegen haben muß, in der Nachbarschaft eines Brunnens, für den Reichard West in der Ratssitzung vom 11. November 1670 als Brunnenmeister genannt wird und der auf dem Grundriß mit Quadrateeinteilung von 1684 verzeichnet ist[22]. Interessanterweise liegen die Häuser der beiden Handwerker nicht weit voneinander entfernt, beide in der Nähe der »Haffner Gasz«. Allerdings geben diese Quellen nur Hinweise auf den Hausbesitz. Das Feuerrecht dürfte aber wie bei anderen Berufen als Realrecht mit dem Grundstück verbunden gewesen sein, so daß dort auch die Werkstätten zu vermuten sind.

Diese Ergebnisse werden durch einen Zufallsfund aus dem Stadtarchiv von Frankenthal ergänzt, nach dem Philip Finsler am 6. September 1661 ebendort ein neu erworbenes Haus messen ließ[23]. Sein Hausverkauf in Mannheim hatte demnach einen Ortswechsel nach Frankenthal zur Folge. In den wichtigen Tonpfeifenbeständen des dortigen Erkenbert-Museums, die leider nicht aufgearbeitet sind, befindet sich nach schriftlicher Auskunft ein Fragment mit der Marke »HPV FRANC(en)THAL«, ein Anhaltspunkt dafür, daß Philip Finsler offenbar sein

20 Für den Hinweis danke ich Friedrich Teutsch, Stadtarchiv Mannheim.

21 Lokalisierung auf der verkleinerten Wiedergabe des Stadtplans aus dem Jahre 1663 von J. v. Deyl mit den Namen der Hausbesitzer, abgedruckt bei Walter (wie Anm. 1), 1, zw. S. 202 und 203.

22 Vgl. Jensen 1990 (wie Anm. 10), S. 92 ff. mit Anm. 16–18 und Abb. 4.

23 Für die Auskunft danke ich Dr. Edgar J. Hürkey, Frankenthal. Vgl. auch Edgar J. Hürkey, Kunst, Kommerz, Glaubenskampf – Frankenthal um 1600, in: Ders. (Hg.), Kunst, Kommerz, Glaubenskampf – Frankenthal um 1600, Worms 1995, S. 14.

Handwerk ab Herbst 1661 auch dort ausgeübt haben muß. Frankenthal ist als weiterer kurpfälzischer Produktionsort für Tonpfeifen im 17. Jahrhundert belegt, wobei die bislang bekannten Produktionsdaten etwas später als in Mannheim einsetzen, wie unter anderem das Beispiel »Finsler« sowie zwei Pfeifenfragmente aus Mannheim zeigen, deren Abrollung die Stielmarke »FRANCENTHAL ANNO 1668«[24] erkennen läßt.

In jener Zeit gab es keinen Markenschutz, Nachahmungen waren an der Tagesordnung. So wird in der Ratssitzung vom 2. Februar 1683 Beschwerde darüber geführt, daß Mannheimer Pfeifenmacher das Frankenthaler Stadtzeichen für ihre Produkte verwendeten, was ihnen unter Strafandrohung untersagt wurde. Bei diesem Stadtzeichen handelte es sich um einen Dreieckstein, der auf der Fersenmarke einer in Mannheim gefundenen Tonpfeife zu sehen ist[25]. Es kann also derzeit nicht entschieden werden, ob diese Pfeife ein Frankenthaler Produkt oder eine Mannheimer Nachahmung ist. Die Mannheimer Pfeifenmacher produzierten ihre Ware nicht nur für den regionalen Bedarf, sondern sie verhandelten sie auch über das Neckarmündungsgebiet hinaus, wie Funde aus Baden-Württemberg, Frankreich und der Schweiz belegen mit Umschriften wie »MANHEIM ANNO 1681« und »MANHEIM ANNO 1682«[26]. Auch die archivalischen Quellen bezeugen die Ausfuhr der in Mannheim gefertigten Pfeifen, so gibt die Ratssitzung vom 6. September 1686 den Hinweis, daß Julius West Pfeifen nach Straßburg lieferte[27].

Bei archäologischen (Stadtkern-)Grabungen werden oftmals Tonpfeifen in großer Stückzahl gefunden. Ihrer wissenschaftlichen Bearbeitung hat sich der 1988 gegründete »Arbeitskreis zur Erforschung der Tonpfeifen« zum Ziel gesetzt, der aus Wissenschaftlern verschiedener Fachrichtungen, engagierten Sammlern und regionalgeschichtlich interessierten Personen besteht, die vorwiegend aus dem gesamten Bundesgebiet, aber auch aus England, Frankreich, den Niederlanden und Schweden kommen. Der Forschungsgegenstand des Arbeitskreises[28] wurde lange von der Archäologie der Neuzeit nicht beachtet. Durch die auf Pfeifenkopf und Pfeifenstiel eingestempelten Daten, Initialen, Marken und Namen geben die Ton-

24 Fundort: Mannheim, B 2, 3 und D 5. Verbleib: Archäologische Sammlungen, Reiss-Museum Mannheim, Inv.-Nrn. BW 1979/179 und BW 1984/24.

25 Fundort: Mannheim, B 2, 3. Verbleib: Archäologische Sammlungen, Reiss-Museum Mannheim, Inv.-Nr. BW 1979/297.

26 Fundort: Freiburg im Breisgau, Schloßberg. Vgl. Michael SCHMAEDECKE, Tonpfeifenfunde vom Schloßberg in Freiburg im Breisgau. In: Archäologische Nachrichten aus Baden 42 (1989), S. 29, Abb. 2, 6 und 7. – Fundort: Heidelberg, Kornmarkt. Verbleib: Kurpfälzisches Museum Heidelberg, Inv.-Nr. XP 3.1. Vgl. SARRI (wie Anm. 19), S. 116, Abb. 152, 4. – Fundort: Besançon, Frankreich. Für diesen Hinweis danke ich Holger Haettich, Buchholz-Sprötze.

27 StadtA Mannheim, Mannheimer Ratsprotokoll 1686, S. 321, 438. Sitzung vom 6. September 1686.

28 Das Publikationsorgan des Arbeitskreises »Knasterkopf. Mitteilungen für Freunde irdener Pfeifen« erscheint zweimal jährlich und wird herausgegeben von Dr. Martin Kügler, Höhr-Grenzhausen, dem Leiter des Arbeitskreises, im Auftrage des Hamburger Museums für Archäologie und Geschichte Harburgs – Helms-Museum, Hamburg.

pfeifen jedoch wichtige Hinweise zu Pfeifenmacherwerkstätten, Handelswegen und chronologischer Einordnung archäologischer Funde und Befunde. Die leicht zerbrechlichen, daher kurzlebigen und durch die Marken einem ständigen Wandel unterliegenden Fundstücke eignen sich gut als Datierungsmittel. Sie sind damit historischen Quellen wie Münzen und Medaillen vergleichbar.

Der Forschungsstand ist für Deutschland trotz der in den letzten zehn Jahren intensivierten Forschung – im Gegensatz zu den Niederlanden oder Großbritannien – noch als außerordentlich niedrig zu bezeichnen. Dem Bearbeiter von Fundstücken ist daher die Verbindung von Verbrauchs- und Produktionsort und damit eine weitergehende Interpretation häufig nicht möglich. Nur aus sehr wenigen der über 200 bisher aus schriftlichen Quellen bekannten deutschsprachigen Produktionsorte sind auch Produkte bekannt geworden. Mannheim gehört zu diesen wenigen Ausnahmen.

Erste archivalische und archäologische Forschungen haben ergeben, daß die Kurpfalz zu den frühesten Tabakanbaugebieten Deutschlands gehörte und daß spätestens ab 1650 – und damit für deutsche Verhältnisse ebenfalls sehr frühzeitig – in Mannheim und wohl etwas später in Frankenthal Tonpfeifen hergestellt worden sind. Diese Vorgänge haben sich im 17. Jahrhundert vielerorts vollzogen, und es ist von einer gegenseitigen Einflußnahme auch über große räumliche Distanzen hinweg auszugehen. Weitere bisher unbearbeitete umfangreiche Quellenbestände und archäologische Fundstücke lassen das Gebiet der ehemaligen Kurpfalz als besonders geeignet erscheinen, um die Verbreitung des Tabakanbaus und die Etablierung der Tonpfeifenbäckerei exemplarisch zu untersuchen.

Eine systematische Erfassung und Auswertung von archäologischen und schriftlichen Quellen zum Thema Tabakanbau und Tonpfeifenproduktion im 17. Jahrhundert wäre sicherlich ein wichtiger Beitrag zur Alltags-, Kultur-, Wirtschafts- und Sozialgeschichte einmal für das Gebiet der ehemaligen Kurpfalz, darüber hinaus aber auch für das gesamte Bundesgebiet und die angrenzenden Nachbarstaaten. Zu diesem Thema haben in Mannheim die Archäologischen Sammlungen des Reiss-Museums und das historische Archiv des Stadtarchivs bereits wichtige Grundlagen erarbeitet. Ergänzende Untersuchungen mit naturwissenschaftlichen Methoden versprechen aufgrund von Materialanalysen zusätzliche Ergebnisse.

Eine gute interdisziplinäre Zusammenarbeit verschiedener Fachrichtungen hat in Mannheim, wo die archäologische Erforschung der Innenstadt aus den eingangs geschilderten Gründen erst spät eingesetzt hat, noch wichtige Ergebnisse für die Mannheimer Stadtgeschichte und die Geschichte der Kurpfalz auch mit Aspekten von überregionaler Bedeutung gebracht. Archäologische Ausgrabungen und anthropologische Untersuchungen, historische und genealogische Forschungsmethoden haben damit zu neuen und zuverlässigen Erkenntnissen geführt.

Diskussionsbeiträge zu den einzelnen Referaten[1]

DISKUSSION ZUM VORTRAG NEYSES

Wüst: Ist es so, daß sich derartige Untersuchungen auf Prestigeobjekte konzentrieren wie etwa die römischen Hafenanlagen, die Sie uns vorgeführt haben, oder läßt sich sagen, daß die Forschungsergebnisse der Stadtarchäologie eine weitere historische Rezeption erfuhren? Eine weitere Frage stellt sich nach der Nutzung dieser Institutionen, die ja überwiegend in den Händen des Landes oder der Universitäten liegen. Werden etwa von seiten der Eigentümer dendrochronologische Ergebnisse systematisch genutzt? Wie steht es damit und wie weit betreffen die Ergebnisse tatsächlich den Bereich, den wir als mittelalterliche »Alltagskultur« umschreiben würden?

Neyses: Als die dendrochronologische Methode noch relativ neu war (bis zu Beginn der 80er Jahre), wurden in der Tat eher bedeutende Baudenkmäler und weniger Zeugnisse der Alltagskultur untersucht. Heute ist die Dendrochronologie ein ganz wesentliches Instrument für den Archäologen bzw. Bau- und Hausforscher. Dendrochronologische Untersuchungen sind inzwischen obligatorischer Bestandteil bei Bauaufnahmen von Bürger- oder Bauernhäusern. In welchem Umfang die Methode jedoch eingesetzt wird, hängt ganz wesentlich von den beteiligten Institutionen ab bzw. davon, wie die jeweiligen Mitarbeiter in bezug auf naturwissenschaftliche Untersuchungen geschult sind. Hier sind große Unterschiede zu beobachten. Während in der Schweiz oder in Baden-Württemberg die Methode eher regelhaft eingesetzt wird, sind z. B. in Rheinland-Pfalz noch zumeist Einzeluntersuchungen festzustellen.

Untermann: Das föderalistische System führt dazu, daß die Einbindung der Archäologie in Deutschland sehr unterschiedlich ist. In Rheinland-Pfalz etwa wird die Archäologie stark auch von lokalen Institutionen getragen.

Neyses: Der Einsatz der Methode hängt natürlich sehr von den finanziellen Mitteln ab, die den jeweiligen Auftraggebern zur Verfügung stehen. Dies ist insofern bedauerlich, als unter wissenschaftlichem Aspekten jeder archäologische oder historische Holzfund dendrochronologisch bearbeitet werden müßte; denn neben dem rein datumsorientierten Einsatz beinhaltet jede Jahrringdatierung auch eine dendrointerne Zielsetzung, wie z. B. der Aufbau verfeinerter Regionalchronologien oder der Aufbau von Chronologien für verschiedene Holzarten.

1 Rolf d'Aujourd'hui, Basel, sah sich nicht in der Lage, eine Druckfassung seines Referates bei der Freiburger Tagung zu liefern; die Diskussion dieses Vortrages ist daher ebenfalls nicht abgedruckt.

Klötzer: Ich habe eine ganz banale Frage: Bekommen Sie Hölzer im Ganzen geliefert?

Neyses: Das ist unterschiedlich: Von vielen Auftraggebern bekommen wir die für die Dendrountersuchung vorbereiteten Holzschnitte. Diese werden ausschließlich jahrringanalytisch bearbeitet. Aus dem Arbeitsgebiet des Rheinischen Landesmuseums, dem das Labor angegliedert und das zugleich Amt für Bodendenkmalpflege im Regierungsbezirk Trier ist, erhalten wir die Hölzer »im Ganzen«. Hier werden nicht nur datierende Bestimmungen vorgenommen, sondern die Hölzer auf ihre holzphysikalischen und technologischen Merkmale hin analysiert.

Klötzer: Unterhalten Sie ein »Holzarchiv«? Haben Sie die Schnitte archiviert?

Neyses: Ja, die Holzschnitte werden archiviert. Unsere wichtigsten Urkunden sind aber die Meßwerte bzw. Rohdaten, die gespeichert und dokumentiert werden.

Ehbrecht: Sehr spannend fand ich Ihre Bemerkungen zu dieser Kurve der Eichenholznutzung. Sie haben gesagt, die Eiche ist im 4. Jahrhundert abgenutzt, und der Historiker fängt sofort an, nach Krisenmomenten zu fragen. Gibt es auch andere Argumente? Ich gehe jetzt ins Mittelalter hinein, da war so – wenn ich das richtig gesehen habe – nach 1250 auch eine tiefe Zäsur. Man überlegt auch hier und ist schnell bei einer Interpretation: Die Phase stauferzeitlicher Konjunktur des Städtewachstums hat städtebaulich erst einmal den Eichenbestand erheblich verkleinert. Ein vorschneller Schluß? Ich will darauf hinaus, daß wir bei Langzeituntersuchungen immer so schnell dabei sind, deren Ergebnisse für andere Argumentationen zu verwenden. Können Sie uns vielleicht bei den Zäsuren die Hoffnung geben, diese Einschnitte auch anders erklären zu können, ähnlich wie Sie es schon für die Spätantike getan haben?

Neyses: Die zeitliche Belegdichte der westdeutschen Eichenchronologie spiegelt gleichsam bestimmte Höhepunkte der baugeschichtlichen Entwicklung wider. Das spärliche Vorkommen von Eichenhölzern im 4. Jahrhundert ist aber für Trier ein besonderes Merkmal. Obwohl in dieser Zeit intensiv gebaut wurde, finden sich keine Eichenholzfunde, sondern Holzarten (Erle, Haselnuß, Pappel, usw.), die sich nicht als Bauhölzer eignen. Darüber hinaus sind die wenigen Eichenhölzer, die uns vorliegen, entweder ungewöhnlich schwach dimensioniert oder von schlechter Qualität. Aus diesen Befunden läßt sich durchaus ableiten, daß es am Ende der Antike infolge jahrhundertelanger Übernutzung des Waldes zu einer allgemeinen Eichenholzverknappung gekommen war. Die Fundlücke, die sich in unserer Region bis in das 10. Jahrhundert ausdehnt, hängt für die Zeit ab 395 dann wiederum mit den historischen Ereignissen zusammen.

Fouquet: Es ist interessant, daß Stadthistoriker das gleiche fragen. Der Einschnitt, der im 4. Jahrhundert mit dem Verschwinden der Eichen aufgetreten ist, hat mich fasziniert. Ich glaube, Ihr Argument einer verstärkten Bautätigkeit ist ein relativ schwaches Argument. Denn ich würde den Rückgang der Eichen im 4. Jahrhundert nicht als Symptom von Krise werten, sondern von seiten der Wirtschaftsgeschichte aus könnte die Übernutzung der Wälder auch auf eine hohe Prosperität hindeuten. Holz wurde nicht nur zum Bauen und für Heizzwecke gebraucht, sondern auch für das Berg- und Hüttenwesen, für die Glasherstellung etc. Also könnte es daran liegen? Gibt es archäologische Hinweise im Umkreis Triers, daß es in der Zeit des 4. Jahrhunderts eine nennenswerte Bergbau- und Hüttentätigkeit gegeben haben könnte, sind andere Formen von wirtschaftlichen Aktivitäten nachgewiesen worden, für die man Holz, speziell Eichenholz, gebraucht hätte?

Steuer: Sie sprachen vorhin davon, daß Pfosten bei der Brücke von Mainz wiederverwendet wurden. Ich würde gerne wissen, wie es ganz generell mit der Wiederverwendung von Holz aussieht. Können Sie da Prozentangaben nennen? Und gibt es vielleicht auch Phasen, in denen Holz öfter oder überhaupt nicht wiederverwendet wurde?

Neyses: Betrachtet man das dendrochronologische Datenspektrum, spielt die Wiederverwendung von Hölzern generell keine sehr große Rolle. Die meisten Probenserien zeigen übereinstimmende Fällungsdaten der Hölzer, »Ausreißer« sind selten. Ganz besonders trifft dies auf die vorrömische und römische Epoche zu. Ab dem Mittelalter sind hin und wieder Sekundärverwendungen zu beobachten, Prozentzahlen liegen uns allerdings nicht vor.

Becht: Ich möchte eine Bemerkung aufgreifen, Frau Neyses, die Sie am Rande hinsichtlich der Weinfässer aus den Niederlanden gemacht haben. Mich würde interessieren, inwieweit es möglich ist etwa bei Bauholz nicht nur das Alter, sondern auch die geographische Herkunft zu bestimmen. Die Möglichkeit festzustellen, woher, zu welcher Zeit und in welcher Menge Holz auf bestimmte Märkte gelangte, würde für die Untersuchung des Holzhandels interessante wirtschaftsgeschichtliche Perspektiven eröffnen. Gibt es tatsächlich die Möglichkeit, so präzise rückzuschließen?

Neyses: Unter günstigen Voraussetzungen sind Regionalanalysen von Hölzern möglich, d. h., es kann die Wuchsregion bestimmt werden, in der der Baum gewachsen ist. Dazu wird aber ein dichtes Netz von Lokal- und Regionalchronologien für alle Epochen benötigt. Es zeichnen sich hier auch erste Probleme ab. Zum Beispiel reagieren in der Eisen- und Römerzeit die Eichen sehr einheitlich über große geographische Entfernungen hinweg. Eine Differenzierung von Wuchsregionen dürfte sehr schwierig sein. Für die großen Fundkomplexe in Lübeck und Konstanz sind derartige Aspekte bereits angesprochen worden, insgesamt wäre hier aber noch intensive Grundlagenforschung notwendig.

Richter: Ist es möglich zu erfahren, wie sicher eigentlich Dendrochronologie arbeitet? Wir haben in Fürth bei den Ausschachtungsarbeiten für die U-Bahn einen Stamm mit Bearbeitungsspuren durch ein Langbeil gefunden. Eine erste dendrochronologische Analyse wies auf die Zeit um 600 nach Christus; damit wäre der Stamm mit seinen Bearbeitungsspuren das älteste Siedlungszeugnis unseres Raumes gewesen. Eine zweite dendrochronologische Analyse, die sicherheitshalber durchgeführt worden ist, ergab die Zeit 1600 vor Christus, womit sich die Bearbeitungsspuren quasi automatisch als sekundär erwiesen. Frage: Wie ist bei einer vermeintlich exakten Methode die Lieferung so unterschiedlicher Datierungen möglich?

Neyses: Das ist eine Frage, die man nur anhand der fraglichen Probe beantworten könnte.

DISKUSSION ZUM VORTRAG CLEMENS

Schulze: Ich habe eine generelle Frage, die das Verhältnis von mündlicher Tradition und Schriftlichkeit für das 10., 11. und 12. Jahrhundert betrifft, und zwar im Hinblick auf das Bewußtsein, das man in der Stadt – oder sagen wir es vorsichtiger –, das man in gewissen Kreisen eben noch von der ursprünglichen Funktion der spätantiken Bauten hatte, die in Trier ja noch massiv vorhanden waren. Ich vermute eher, daß viel Rezeption von Schriftlichkeit – antike Literatur, früh- und hochmittelalterliche Chronistik, Stichwort: Städtelob – und weniger ein von Generation zu Generation tradiertes Wissen den Blick auf die erhaltenen Bauten prägte. Das würde jetzt gegen die These sprechen, daß sich mit den alten Bauten auch das Bewußtsein über ihre ureigene Funktion erhält. Ich denke, daß man dies vor allem daran erkennt, daß ja einige Bauten, auch größere Bauten, in ihrer Funktion verkannt werden. Bei manchen Gebäuden war es ganz offensichtlich, wozu sie gedient hatten, bei anderen war das Ganze schon komplexer, und der Vergleich mit literarischen Quellen mag zu Fehldeutungen geführt oder diese verstärkt haben.

Clemens: Das man eine mögliche Kenntnis antiker Autoren berücksichtigen muß, ist gewiß richtig. Dies gilt sicherlich im Fall sogenanner *laudes urbium*, die eine lange Tradition aufweisen und bestimmte Topoi, etwa die Erwähnung einer ruhmvollen Vergangenheit der jeweiligen Stadt, von ihrem Genos her geradezu fordern. Für Trier – aber auch für zahlreiche andere Städte – gibt es jedoch Hinweise, daß man im Hochmittelalter noch die ursprüngliche Funktion damals noch wahrnehmbarer antiker Großbauten kannte. Dies gilt etwa für das Forum, das Kapitol, die Horrea etc. Darüber hinaus gibt es Beispiele, bei denen man sehr schön den Zeitpunkt ermitteln kann, an dem das Wissen um die ursprüngliche Funktion verlorenging. So etwa wurde das Trierer Amphitheater bis in das 12. Jahrhundert hinein noch als solches erkannt. Seit dem 13. Jahrhundert findet sich in der schriftlichen Überlieferung dann die Ansprache als »Kaskeller« (von »kas« moselfränkisch für Eiche, also für ein mit Eichen bestandenes Bauwerk mit unterirdischen Räumlichkeiten). Insgesamt wird an diesem Fortleben von Wissen eine weit zurückreichende Tradition erkennbar, die nichts mit einer sogenannten »Renaissance des 12. Jahrhunderts« zu tun hat.

Kirchgässner: Verstehe ich das recht, daß das Abbrechen dieser Tradition sehr unterschiedlich erfolgte?

Clemens: Das ist von Fall zu Fall natürlich unterschiedlich, läßt sich aber bei auffällig vielen Beispielen im 12. und 13. Jahrhundert nachweisen.

de Longueville: Wie erfolgte denn die Eigentumsübertragung bei diesen antiken Bauten? Wie lassen sich die Besitzverhältnisse nachvollziehen?

Clemens: In vielen Fällen – für Trier ist dies wiederum gut bezeugt – war es so, daß im Frühmittelalter ein Großteil der ehemals öffentlichen Bauwerke in königlichen Besitz überging, der anschließend aber oftmals tradiert wurde. So wurde in Trier der Erzbischof mit der Übertragung der städtischen Grafschaftsrechte durch König Ludwig das Kind im Jahr 902 auch Eigentümer der antiken Großbauten. Einige nutzte er in der Folgezeit – wie die Palastaula oder die Porta Alba – andere vergab er an geistliche Institutionen (etwa die Porta Nigra an das Stift St. Simeon) oder an Ministerialen- und Vasallenfamilien (z. B. die Barbarathermen an den Geschlechterverband *de Ponte*, die Kaiserthermen an die Familie *de Castello*). Noch im Spätmittelalter versuchte der Trierer Erzbischof, diese häufig usurpierten Rechte wieder geltend zu machen. So beschwerte er sich über den Teilabriß der Barbarathermen durch die Trierer Stadtgemeinde mit dem Hinweis, diese seien altes erzstiftisches Lehen.

DISKUSSION ZUM VORTRAG MAUER

Klötzer: Vielen Dank, Herr Mauer, für den schönen Vortrag, der sich ganz in das Spektrum unserer Thematik einordnet. In Markus Welser haben wir einen Patrizier, der sich nicht aufgrund seines Geldes auf seinen feudalen Landbesitz zurückgezogen hat, wie wir das im 16. Jahrhundert vielfach erleben, der seine wissenschaftliche Kenntnis für seine Vaterstadt einsetzte, natürlich primär aus persönlichem Interesse, denn man muß voraussetzen, daß er das nicht getan hätte, wenn er nicht persönlich daran interessiert gewesen wäre.

Wüst: Ich wollte an das anknüpfen, was Herr Klötzer schon angesprochen hat, um nach den wahren Motiven zu fragen. Sie haben Markus Welser vorgestellt als einen uneigennützigen, in bester humanistischer Tradition handelnden, nur an der Sache orientierten Forscher. Trügt da nicht das idealisierte Bild? Wir sollten Markus Welser auch sehen als einen Institutionenvertreter seiner Stadt, der ja im übrigen aufs engste von seiner Familie her vertraut war mit reichsstädtischen Eliten und Führungsämtern. Und da ist natürlich klar, daß die Welser als älteste der »großen« Familien Augsburgs auf die antiken Traditionen setzen mußten. Also nochmals meine Frage: Ist nicht die Betonung der Antikentradition sekundär als eine Art Familiensaga zu sehen? Je vornehmer das Patriziat, je weiter sollten schließlich die genealogischen Wurzeln zurückreichen.

Mauer: Der familiäre, hier sogar »patrizische« Hintergrund ist in diesem Zusammenhang von nicht zu überschätzender Bedeutung, das sehe ich wie Sie. Seine Familie wird allerdings in seiner Darstellung an keiner Stelle erwähnt; sagenhafte Ursprünge der Welser, die sich etwa als direkte Nachfahren römischer Senatorenfamilien sahen, suchen wir in Marcus Welsers Geschichtsschreibung vergeblich. Ich denke, daß man sein Ziel erkennen muß, die *dignitas* der Ratsämter und der Verfassung auszudrücken und somit auch seine eigene Position aufzuwerten, denn er war zu dieser Zeit zwar noch nicht Stadtpfleger, allerdings schon auf dem besten Weg dahin.

Fouquet: Sie haben uns eine Seite des Selbstverständnisses der Führungsschichten am Ende des 16. Jahrhunderts in Augsburg vorgeführt. Eine ganz banale Frage: Gibt es so etwas wie ein Aide-Mémoire Welsers, das die bauliche Umgestaltung Augsburgs unter Elias Holl theoretisch vorbereitet hätte?

Mauer: Nein, leider nicht. Es gibt aber auf der einen Seite gute Belege für sein Engagement in dieser Richtung und dort, wo diese fehlen, Vermutungen, daß Welser maßgeblich an der großen Umgestaltung der Stadt im ausgehenden 16. und beginnenden 17. Jahrhundert beteiligt gewesen war. Es ist schon auffallend, daß nach dem Tod Welsers, als das Rathaus durch Elias Holl gebaut wurde, auswärtige Berater herangezogen wurden, um das Bildprogramm im sogenannten »Goldenen Saal« des Rathauses auszuarbeiten.

Ott: Zur kritischen Beurteilung der Arbeitsweise Aventins, die aus dem Vortrag herauszuhören war, möchte ich anmerken: Mag sich Welser auch gegen Aventin geäußert haben, so steht er doch auch in einer methodischen Abhängigkeit zu dem bedeutendsten bayerischen Historiker des 16. Jahrhunderts. Dabei denke ich zum Beispiel an die Einbeziehung von dinglichen Überresten wie Inschriftensteinen, die erst mit Aventin, wenn auch von diesem eher illustrativ als argumentativ verwendet, in die süddeutsche Geschichtsschreibung Einzug gehalten haben. Darauf hat zuletzt Alois Schmid in seinem Beitrag zur Festschrift für Kurt Kluxen hingewiesen.

Ehbrecht: Achten Sie bei Augsburg möglicherweise zu sehr auf die Antike-Rezeption?

Mauer: Welser tut dies. Er läßt seine Darstellung mit der römischen Besiedlung beginnen und endet mit dem Untergang des Imperium. Er zitiert fast ausschließlich antike Autoren, wertet antike Inschriften und Münzen aus; mit der Antikenrezeption befand er sich zu dieser Zeit in durchaus guter Augsburger Gesellschaft, man denke nur an die Familien Occo, Henisch, Hoeschel etc. Neben den im Vortrag genannten Hauptmotiven zur Auseinandersetzung mit der römischen Vergangenheit der Stadt sind natürlich auch eskapistische Tendenzen denkbar: Etwa die Flucht in eine beruhigende Innerlichkeit, da ihm die desolate Lage des Welserschen Handelshauses wohl nicht verborgen geblieben war, ebensowenig die äußerst konfliktträchtigen konfessionellen und politischen Veränderungen im Reich .

Reuter: Mir ist aufgefallen, daß Herr Clemens darüber berichtete, daß im 13. Jahrhundert Gebäude oder Bereiche, die man vorher durchaus noch auf die Römerzeit bezogen hat, plötzlich einen anderen Namen erhielten. Ganz anders jetzt in Augsburg. Eine Zusatzfrage: Hat Welser eine Sammlung von Einzelobjekten besessen und was ist aus ihr geworden?

Mauer: Ja, er hat eine Sammlung besessen. In seinen Inschriftensammlungen wurden meist die aktuellen Standorte der genannten epigraphischen Quellen angegeben. So finden wir dort einige Stücke mit dem Hinweis: »Im Garten Marcus Welsers«. Vor allem in seinem Handexemplar sind einige nachträgliche Erwerbungen aufgeführt. Allerdings war seine Sammlung bedeutend kleiner als diejenige Peutingers. Insgesamt handelte es sich um weniger als ein Dutzend Stücke; es fällt jedoch auf, daß er bei recht vielen Inschriften lediglich angibt, sie befänden sich in Privatbesitz. Man könnte nun vermuten – aber das ist wirklich Spekulation – daß auch diese Steine zum Teil sein Eigentum waren. Von besonderer Bedeutung war die umfangreiche Sammlung Conrad Peutingers. Welser konnte sich ihrer auf Grund der verwandtschaftlichen Beziehungen bedienen. Diese Sammlung befindet sich heute zum Teil im Römischen Museum Augsburg, zum Teil immer noch in Peutingers Wohnhaus. Über den Verbleib der Sammlung Marcus Welsers ist nichts bekannt.

Klötzer: Nun ist das ja auch eine allgemeine Erscheinung. Ein Unternehmen blüht eine Weile, zwei drei Generationen, und dann kommt die Dekadenz, ob man will oder nicht.

Baer: Daß die Welser im Jahre 1611 in Konkurs gingen, zeichnete sich spätestens seit der zweiten Hälfte des 16. Jahrhunderts ab, als alle großen Augsburger Handelsgesellschaften – verursacht vor allem durch die großen Staatsbankrotte in Spanien und Frankreich – nacheinander in Zahlungsschwierigkeiten gerieten. Die meisten Augsburger Familien mußten den Bankrott erklären, als letzte die Welser. Markus Welser konnte auf die schwierige Situation der Handelsgesellschaft keinen Einfluß mehr nehmen, da er ein Jahr vor dem Konkurs verstarb. Einzig die Fugger überlebten, weil sie rechtzeitig die Zeichen der Zeit erkannt hatten und auf Grund- und Landbesitz setzten. Dabei spielte natürlich eine wichtige Rolle, daß sich die Fugger als Anhänger der alten Lehre im protestantisch gewordenen Augsburg nicht mehr wohlfühlten und auf dem flachen Lande niederließen.

Seitz: Mich würde interessieren, ob Markus Welser bekannt war, daß Augsburg in römischer Zeit nicht Colonie, also eine »Pflanzstadt« Roms, war, sondern nur den niedrigeren Rang eines Municipiums, einer Stadt mit Bürgerrecht, besaß?

Mauer: Er zitiert an einer Stelle Gellius, der bemerkte, daß alle Colonien kleine Abbilder Roms seien. Diesen Gedanken griff Welser auf und betonte das enge Band, das nicht nur Augsburg, sondern alle römischen Gründungen mit Rom verband. Ansonsten fällt der Terminus der Colonie nicht mehr; er wird wohl gewußt haben, daß Augsburg im rechtlichen Sinne keine Kolonie war. Dies kompensierte er allerdings durch die Bedeutung, die der Stadt als Provinzhauptstadt zukam.

Warmbrunn: Ich wollte noch auf den konfessionellen Aspekt eingehen: Gab es Unterschiede, was die Sicht der römischen Vergangenheit Augsburgs auf evangelischer und katholischer Seite betrifft? Läßt sich das im Werk von Markus Welser, der ja persönlich überzeugter Katholik war, nachvollziehen? Allgemeiner gefragt: Spiegelt sich die Tatsache, daß Augsburg in der zweiten Hälfte des 16. Jahrhunderts eine bikonfessionelle Stadt war, irgendwo in den von Ihnen behandelten Schriften Welsers wider?

Mauer: Nein.

DISKUSSION ZUM VORTRAG ALTEKAMP

Klötzer: Vielen Dank, Herr Altekamp. Ihr Pessimismus, der in den letzten Aussagen steckt, hat mich mehr oder weniger während des ganzen Vortrags verfolgt. Mir fällt das Sprichwort ein: Operation gelungen, Patient tot. Das trifft zumindest auf die verschütteten Städte des Vesuvs zu. Man hat sie ausgegraben und sie dem Untergang preisgegeben. Das betrifft aber auch eine alte Stadtstruktur, die moderner Stadtplanung zum Opfer fällt. Ich sehe Probleme über Probleme: einmal die Zwänge, daß eine Stadt mit einer Schicht von 20 Meter Lava und Aschemassen überschüttet ist, zum anderen die Zwänge, die sich in einer verbauten Stadt durch den modernen Vandalismus ergeben.

Wesoly: Sie haben sehr direkt und konkret auf die politischen Dimensionen hingewiesen, die die Archäologie hat. Ich denke, wir haben Vergleichbares im Rheinland. Die Gründung des »Königlich Preußischen Museums vaterländischer Alterthümer in den Rheinlanden-Westphalen« – dem Vorläufer des heute vom Landschaftsverband Rheinland betreuten Bonner Landesmuseums – im Jahre 1820 hat schon etwas damit zu tun, daß Preußen seinen Einfluß in dem 1815 einverleibten Gebiet stärken wollte. Aber es gibt dann 1841 die Gründung des »Vereins von Alterthumsfreunden im Rheinlande«, dessen Mitglieder überwiegend dem gehobenen Bürgertum zuzuordnen sind und die sicher meist keine Preußenfreunde waren. Sie haben in weiten Kreisen Interesse an der Archäologie geweckt und überdies das Museum in vielfältiger Weise unterstützt. Meine Frage ist nun: Wie sieht das zu dieser Zeit in Italien aus? Sie haben, wenn ich mich recht erinnere, erst für eine sehr viel spätere Zeit gezeigt – wohl erst für die Wende zum 20. Jahrhundert –, daß da ganz bewußt Archäologie und Herrschaft ein Verhältnis eingehen. Aber wie ist das in der Zeit der italienischen Einigung? Ist da ebenfalls die Archäologie vom Bürgertum als seine Sache angenommen worden? Und weiter ist zu fragen: Hat die politische Einigung Auswirkungen auf die Leute gehabt, die gegraben haben? Oder anders gefragt: Führte sie zu einem »Nationalismus in der Archäologie«?

Altekamp: Man kann sagen, daß die Verbindung von Archäologie und Nationalismus zur Zeit des Faschismus ihren Höhepunkt erreicht. Aber die Zeit seit 1870, also seit der Eingliederung Roms in den neuen Nationalstaat, ist auf jeden Fall in diesem Zusammenhang ganz stark zu berücksichtigen. Da spielen mehrere Komponenten eine Rolle. Zunächst einmal etabliert sich die Archäologie in Italien – also die Archäologie als Spatenwissenschaft gegenüber der traditionellen antiquarischen Forschung – und stellt jetzt der akademischen Tradition eine Wissenschaft entgegen, die im öffentlichen Raum arbeitet und die in dieser neuen Organisationsform auf öffentliche Deckung angewiesen zu sein glaubt. Das wäre zunächst einmal die Aufwertung der Archäologie als solche gegenüber der alten antiquarischen Forschung. Der nächste Punkt wäre eine Aufwertung der römischen Archäologie. Zeitgleich befindet sich die Archäologie generell, besonders in Deutschland, in einem sehr starken Aufschwung. Sie wird in fast allen deutschen Universitäten mit Lehrstühlen eingerichtet, aber sie hat einen ganz stark graecozentrischen Anstrich. Diese ›deutsche‹ Archäologie hält auch in Italien Einzug. Aber es gibt eine nationalistische Gegenbewegung; man sagt, man darf den römischen Aspekt der klassischen Archäologie nicht unterbewerten, der wird vernachlässigt. Und so steht seit 1870 die Archäologie sehr stark unter nationalen Vorzeichen.

Ehbrecht: Sie haben uns theoretisch vorgeführt, was man mit der Gegenüberstellung Archäologie in der Stadt und Stadtarchäologie machen könnte. Ich bin nicht ganz sicher, ob wir uns da einig werden. Der Stadtarchäologe von Soest findet stein- und kaiserzeitliche Siedlungen in der Stadt, das ist aber nicht die Archäologie der »Stadt« Soest. Ich wollte jetzt noch ein bißchen weitergehen: Jetzt können die »vorstädtischen« Funde ja auch auf eine »Stadt« einer älteren Epoche deuten. Die römische Stadt ist sicher eine solche andere Stadt. Wenn Herr Clemens uns heute gezeigt hat, daß in Trier offensichtlich diese römische Stadt weit ins Mittelalter reicht, wo sind dann die Kriterien für die Übergangsphase? Ich hoffe, daß ich diese Unterschiede zwischen »Archäologie in der Stadt«, »Stadtarchäologie« und einer epochenspezifischen Stadtarchäologie mit je eigenen Fragansätzen ein bißchen verständlich gemacht und nicht völlig in die falsche Richtung gedacht habe.

Klötzer: Ich darf vielleicht aushelfen. Ich würde es präzisieren: Liegt unter Herculaneum oder Pompeji noch eine ältere Stadt?

Altekamp: Rom ist ja ein Exempel für eine städtelandschaftliche Kontinuität. Sie hatten ja heute morgen auf die Bedeutung von Kontinuität hinweisen wollen. In meinem Zusammenhang war zunächst einmal ganz wichtig darzustellen, daß gerade in Rom durch die praktische Archäologie Historie nicht als Kontinuum, sondern als unverbundene Abfolge voneinander isolierter historischer Horizonte sichtbar gemacht wurde.

Klötzer: Das ist mir klar. So könnte man bestimmt auch im Anschluß an den Trierer Vortrag von Herrn Clemens über die Nutzung der Antike auch in Rom viele Beispiele finden, daß antike Bauten im Mittelalter ganz anders genutzt werden.

DISKUSSION ZUM VORTRAG REUTER

Untermann: In welchem Zeitraum beginnen die Stadtarchive mit Stadtgeschichtsforschung und wann koppeln sich die Geschichtsvereine an die Stadtarchive an?

Reuter: Bei den Stadtarchiven hängt dieser Zeitpunkt damit zusammen, wann das Archiv institutionalisiert und besetzt worden ist. Das hat sich in Städten wie Frankfurt relativ früh entwickelt, in kleineren Städten später, zumeist in der zweiten Hälfte des 19. Jahrhunderts. Meistens ergab sich die Verbindung zwischen Stadtarchiv und Verein durch die Person des Archivars.

Becht: Herr Reuter, eine Frage, die eigentlich weniger die von Ihnen ins Zentrum gestellte Gründungsphase dieser Vereine, sondern eher die praktische Tätigkeit betrifft: Wenn ich an die umfänglichen Grabungsarbeiten denke, die etwa die Vereine aus Karlsruhe und Sinsheim in einem beträchtlich großen Radius geleistet haben, würde ich gerne wissen, wer für diese Vereine die Objekte ausgewählt hat, wer die Planungen durchführte und wer die Grabungen bezahlt hat. Daß nicht der Karlsruher Bildungsbürger den Boden umgegraben hat, ist klar, aber wer war es dann: Bauunternehmen oder eigens angeworbene Arbeiter? Wie hat man sich das vorzustellen?

Reuter: Es gibt Beschreibungen und Photos, denen man entnehmen kann, daß offensichtlich Tagesarbeiter eingestellt wurden, um zumindest ein Planum schaffen zu lassen. Die Aufsicht führte ein Vereinsvertreter, der etwas von der Sache verstand oder das zumindest glaubte. Daß die Vereinsmitglieder selbst zum Werkzeug griffen, scheint seltener der Fall gewesen zu sein. Zwar gibt es Belege dafür, daß Vereinsmitglieder mit Hacke und Schaufel und natürlich auch mit feineren Werkzeugen aktiv wurden, der Regelfall war jedoch, daß man Leute angeheuert hat. Ab und an bekamen die Vereine auch von der Stadt oder auch vom Land Arbeitskräfte zugewiesen, bisweilen haben auch Fabrikanten, deren Terrain direkt betroffen war – z. B. die Lederwerke Heyl in Worms – Arbeitskräfte zur Verfügung gestellt. Die Auswahl der Objekte geschah mehr oder weniger zufällig.

DISKUSSION ZUM VORTRAG JENSEN

Löbbecke: Mich würde die Zielsetzung der Kirchengrabungen in Mannheim interessieren. Warum wurde das Gebäude ausgegraben?

Jensen: Ausgangspunkt war ein Tiefgaragenbau unterhalb des Marktplatzes; seit 1939 wußte man auch schon, daß noch Reste vorhanden sind.

SCHLUSSDISKUSSION

Beinauer: Ich halte es für ganz wesentlich, daß sich die Bürger mit den Ausgrabungen identifizieren, denn Archäologie in der Stadt, wird für die Stadt, für die Öffentlichkeit, für die Bürger betrieben. Die Dinge werden nicht in einem Museum gelagert, sondern bleiben vor Ort; man kann direkt daran teilhaben, man kann Geschichte erleben.

Klötzer: Im Anschluß an das eben Gesagte kommen mir doch gewisse Zweifel. Es heißt, der Bürger soll und will sich identifizieren mit dem, was Wissenschaftler, was fachlich gebildete Interessenten dem Bürger präsentieren. Nun komme ich aus einer Großstadt von 600 000 Einwohnern. Wenn ich bedenke, wieviele davon in kulturhistorischen Vereinen gebunden sind, dann sind das allemal 3000. Und da frage ich mich, ist die ganze Bürgerschaft wirklich angesprochen oder läßt sie sich ansprechen? Und schon bei dem Vortrag von Herrn d'Aujourd'hui ist mir da dieses Bedenken gekommen, daß man vielleicht da etwas zu euphorisch ist. Denn wenn man durch eine Stadt wie Frankfurt geht – und ich kann mir nicht vorstellen, daß das in Basel oder Mannheim anders ist –, ist der Vandalismus derart stark vertreten, daß ich mich frage, was für Kosten kommen auf uns zu, wenn wir immer wieder die Graffitti von Schildern und Bildern abkratzen müssen. Von einem Idealismus der Bürgerschaft insgesamt, von einer Integrierung ihrer Vorstellung in das, was wir vertreten, ist die Gesellschaft doch noch weit entfernt.

Hein: Ich glaube, die Identifizierung der Bürger mit sich selbst und mit ihrer Umgebung ist für die Gegenwart wie für die Zukunft eine ganz wichtige Sache. Und nur wenn es eine solche Identifikation gibt, werden auch Denkmalpflege und Archäologie mehr Möglichkeiten bekommen.

Klötzer: Ich bin mir völlig im klaren, daß in Baden-Württemberg das Geschichtsverständnis um vieles höher ist als in Hessen. Vor wenigen Wochen hat Professor von Schnurbein, der Präsident der Römisch-Germanischen Kommission in Frankfurt, einen sehr deprimierenden Vortrag gehalten und die hessischen Politiker massiv angegriffen, die noch bis vor wenigen Jahren gesagt haben, Geschichte vor Bismarck findet nicht statt. Es muß ein Umdenken stattfinden, und das muß in der Schule beginnen, und da sind die hessischen Lehrer noch nicht darauf vorbereitet.

Reuter: Ich bezweifle, daß der Wandel von den Schulen ausgehen kann, weil von den Schulen alles verlangt wird. Zu erwarten ist eher etwas von den Geschichtsvereinen und den Altstadtsvereinen.

Baer: Archäologie ist »in«. Das zeigt sich immer wieder bei großen Ausstellungen. Freilich hat man dabei zu differenzieren, denn Archäologie kommt bei der Bevölkerung nur dann gut an, wenn es sich um Archäologie aus vorgeschichtlicher, frühgeschichtlicher oder besonders aus römischer Zeit handelt. Funde aus der frühen Neuzeit etwa sind weniger interessant, obwohl gerade diese Zeit für die Forschung immer mehr an Bedeutung gewinnt. Bekanntlich hat heute »Industriekultur« große Konjunktur.

Steinhoff: Meinen Erfahrungen in der wissenschaftlichen Erwachsenenbildung nach sind Stadtarchäologie und allgemein Stadterhaltung Bereiche, die viele Bürger interessieren und auch gefühlsmäßig tangieren, und zwar sowohl ältere Erwachsene als auch Jüngere. Aber haben wir genügend dafür getan, daß das Historische unserer Stadträume nicht als Veränderungsbarriere gesehen, sondern als *das* Pfund erkannt wird, mit dem Bauherren und gerade auch die lokale Entwicklungspolitik heute wuchern können? Damit bürgerschaftliche Erhaltungsinteressen wirksam werden, wären sie systematisch aufzugreifen bzw. zu wecken. Eine entscheidende Frage scheint mir die zu sein, wie mit den – ja dominierenden! – Bauvorhaben im Bestand umgegangen wird: Wie die Bauherrenschaft dafür gewonnen werden kann, historische Bausubstanz in Umbauten zu integrieren *und* im eigenen Interesse öffentlich zugänglich zu machen. Das Bemühen um Stadtqualität könnte sich an vielen Stellen im öffentlichen Raum dokumentieren und bei entsprechender publizistischer Unterstützung rückwirkend ein günstiges Klima schaffen. Erforderlich scheint mir ein Arbeitskonzept, das drei Aspekte integriert: 1. historische Bauforschung, 2. aktive Bauberatung bei Umbauten im Bestand sowie 3. eine didaktisch durchdachte Öffentlichkeitsarbeit. Ein solches Konzept wurde meines Erachtens beispielhaft in der ›Monumentenarchäologie und Stadtkernforschung‹ beim Freiburger Hochbauamt von Herrn Beyer entwickelt. Im Bereich der Öffentlichkeitsarbeit erscheint es mir naheliegend, an eine verstärkte Verzahnung mit den Bildungssektoren zu denken, im beiderseitigen Interesse der Baugeschichte und der ortsgeschichtlichen Bildung von Schülern, Studierenden, Erwachsenen, auch etwa im Interesse der professionellen Stadtführerinnen im Tourismus. Insgesamt, und dies gilt es, verstärkt deutlich zu machen, eröffnete sich hier ein lohnendes Feld für die Kommunal- und Landespolitik, in Zukunft zunehmend auch im europäischen Zusammenhang! – Zweitens habe ich noch eine inhaltliche Frage an Herrn Untermann, über dessen Führung bzw. Vortrag leider noch nicht diskutiert werden konnte. Herr Untermann vertrat die These, zur Anlage der Bächle in Freiburg sei die gesamte Stadt im 12. Jahrhundert in einem Zuge um bis zu zwei Meter aufgehöht worden, und die Erdgeschosse der bestehenden Steinhäuser seien dadurch sozusagen im Erdreich versunken. Diese These scheint mir recht gewagt. Sie steht auch im Widerspruch zu publizierten baugeschichtlichen Analysen und jüngsten Funden der Freiburger Stadtkernforschung des Hochbauamtes. Ich möchte daher nach konkreten Belegen fragen: 1. Wodurch können Sie ein ausreichendes natürliches Gefälle des ursprünglichen Freiburger Siedlungsgeländes ausschließen? Lag nicht bereits das Laufniveau des 11./12. Jahrhunderts bei *Unter*linden (bzw. bei den von Ihnen ergrabenen Häusern in der Gauchstraße im Westen der Altstadt) um einige Höhenmeter tiefer als im Bereich des von Ihnen nachuntersuchten »Bären« in *Ober*linden, wo das Bächlesystem in die Stadt einmündet? 2. An welchen Stellen läßt sich die postulierte Aufhöhung im Schichtenprofil der Freiburger Straßen verfolgen bzw. nachweisen? Ihr bisheriger Hinweis auf Unterlinden ergibt keinen Sinn, denn dorthin sollte das Wasser ja gerade abfließen. 3. Sie haben zur Stützung Ihrer These auf baugeschichtliche Befunde hingewiesen, ohne diese näher zu nennen – auf welche Häuser und Befunde beziehen Sie sich?

Beyer: Zu der These von Herrn Untermann, Freiburg sei 1175 in einem einzigen Schritt um bis zu 2 Meter auf das heutige Niveau aufgehöht worden, um dadurch die Anlage der Stadtbäche zu ermöglichen, möchte ich sagen, daß diese These unseren baugeschichtlichen und stadtarchäologischen Befunden in mehrerer Hinsicht widerspricht: Erstens haben wir eine ganze Reihe von straßenseitigen romanischen und gotischen Häusern gefunden und dokumentiert, die nach 1175 datieren (Salzstraße 18, Oberlinden 14 und 17, Herrenstraße 34, 45 und 58). Die Erdgeschosse dieser Häuser weisen jedoch Fensteröffnungen (stehende Fensterschlitze) und Türen auf, die sich auf ein frühes, weit unter dem heutigen liegendes Laufniveau beziehen. Andererseits haben wir mehrere Häuser gefunden, deren bauliche Entwicklung mit der Höherlegung von Türschwellen eindeutig auf ein stufenweises Ansteigen des Straßenniveaus reagiert (z. B. Salzstraße 18–20; Münsterplatz 40). Zweitens muß das topographische Relief, auf dem Freiburg gründet, beachtet werden. Die romanische Stadt steht auf dem hochwassersicheren Mündungsschwemmkegel der Dreisam, die sich sekundär in diesen eingeschnitten hat. Der Mündungsschwemmkegel hat die Eigenschaft, sich mit einem annähernd gleichmäßigen Gefälle in die Breisgauer Bucht – einem Flußdelta vergleichbar – auszubreiten. Das Gefälle des Schwemmkegels, auf dem der erste Straßenbelag direkt aufgebracht ist, kann zwischen Schwabentor 280,3 ü. NN und Predigertor 272,8 ü. NN bei einer Distanz von 670 Metern exakt überprüft werden. Die Höhendifferenz zwischen beiden Punkten beträgt 7,5 Meter, woraus ein Gefälle von 1,12 Prozent resultiert. Dies entspricht fast genau dem heutigen Straßengefälle von 1,15 Prozent. Während der heutige Gefälleverlauf, kultuell bedingt, verformt ist (z. B. zwischen Schusterstraße und Münsterplatz), gestaltet sich das natürliche Gefälle der Schwemmkegeloberfläche sehr gleichmäßig. Drittens ist das Straßennetz der romanischen Stadt so ausgeworfen, daß es das vorhandene topographische Gefälle nutzt, um auf der leicht schiefen Ebene auf natürliche Weise entwässern zu können. Die vorhandene schiefe Ebene bildet doch wohl eher die Initialzündung für die Anlage der Stadtbäche, als daß sie deren Auswirkung ist! Die Bäche lagen mittig im konkaven Straßenprofil und dienten bei Regen auch der Abführung des Oberflächenwassers (Dach- und Straßenentwässerung). Viertens fanden wir 1997 bei Kanalarbeiten den romanischen Stadtbach im mittleren Bereich der Schusterstraße auf einer geöffneten Länge von ca. 2,0 Metern. Der Stadtbach liegt im ersten romanischen Straßenbelag. Er hat die Form einer ausgepflasterten, flachen und V-förmigen Rinne. Darüber liegen mehrere Bachquerschnitte im gleichen Muster, die dem sukzessiven Aufhöhungsprozeß folgen. Schließlich läßt sich fünftens durch die Vielzahl der von uns dokumentierten Straßenpflasterungen und andere begangene Bodenschichten nachweisen, daß die Aufhöhung der Straßen nicht einem einmaligen planerischen Akt unterlag. Sie war vielmehr Folge einer stufenweisen Aufhöhung, die sich jeweils im Zusammenhang mit Baumaßnahmen bis in das 19. Jahrhundert hinzieht. Mitte des 19. Jahrhunderts wurden die Stadtbäche an die Straßenseite verlegt, verbunden mit einer letzten Aufhöhung.

VERZEICHNIS DER VERFASSER UND DISKUSSIONSTEILNEHMER

PD Dr. Stefan ALTEKAMP, Berlin
Rolf D'AUJOURD'HUI, Basel
Dr. Wolfram BAER, Augsburg
Dr. Hans-Peter BECHT, Pforzheim
Dr. Wilhelm BEINAUER, Mannheim
Dr. Immo BEYER, Freiburg i. Br.
Dr. Lukas CLEMENS, Trier
Dr. Wilfried EHBRECHT, Münster
Prof. Dr. Gerhard FOUQUET, Kiel
Dr. Hermann HEIN, Freiburg i. Br.
Dr. Inken JENSEN, Mannheim
Prof. Dr. Bernhard KIRCHGÄSSNER, Mannheim
Prof. Dr. Wolfgang KLÖTZER, Langen
Frank LÖBBECKE, M. A., Freiburg i. Br.
Dipl. Kfm. Hans-Peter DE LONGUEVILLE, Stuttgart
Benedikt MAUER, Augsburg
Mechthild NEYSES, Trier
Martin OTT, M. A., Starnberg
Heinz PANTLI, Winterthur
Dr. Fritz REUTER, Worms
Dr. Helmut RICHTER, Fürth
Olaf SCHULZE, Pforzheim
Dr. Gabriele SEITZ, Freiburg i. Br.
Bernd STEINHOFF, Freiburg i. Br.
Prof. Dr. Heiko STEUER, Freiburg i. Br.
Dr. Matthias UNTERMANN, Freiburg
Dr. Paul WARMBRUNN, Speyer
Dr. Kurt WESOLY, Bonn
PD Dr. Wolfgang WÜST, Augsburg

ORTS- UND PERSONENNAMEN

Abkürzungen: Bf – Bischof, Bgm – Bürgermeister, dt. – deutsch, Ebf – Erzbischof, Frhr – Freiherr, Ghz – Großherzog, Hz – Herzog, Kg – König, Ks – Kaiser, röm. – römisch